Halil Güveniş

Dialektik der Menschengesellschaft

Dialektik der Menschengesellschaft

Halil Güveniş

Dialektik der Menschengesellschaft

nach der historisch-empirischen Forschungsmethode
vom Konkreten zum Abstrakten abzusteigen

Bibliographische Information der Deutschen
Nationalbibliothek: Die Deutsche Nationalbibliothek
verzeichnet diese Publikation in der Deutschen
Nationalbibliografie; detaillierte bibliografische
Daten sind im Internet über dnb.dnb.de abrufbar.

Verlag: BoD · Books on Demand GmbH,
In de Tarpen 42, 22848 Norderstedt, bod@bod.de
Druck: Libri Plureos GmbH, Friedensallee 273, 22763 Hamburg

ISBN: 978-3-7597-8436-0

Inhalt

Vorwort

Das vorliegende Buch gliedert sich im Hauptteil in zehn wissenschaftliche Artikel, die einander ergänzen, aber unabhängig voneinander verfasst wurden (Artikel I-X). Im ersten Artikel wird die von Karl Marx bei der Kritik der Politischen Ökonomie angewandte logische Darstellungsmethode, vom Abstrakten zum Konkreten aufzusteigen, kritisiert und durch die historisch-empirische Forschungsmethode, vom Konkreten zum Abstrakten abzusteigen, ersetzt. Im zweiten Artikel wird der Arbeitsprozess in der Jäger- und Sammlergesellschaft nach der Methode des Absteigens vom Konkreten zum Abstrakten analysiert. Im dritten Artikel wird der Übergang von der Jäger- und Sammlergesellschaft zur Handwerker-, Händler-, Dienstleister- und Sklavenhaltergesellschaft nach der Methode des Absteigens vom Konkreten zum Abstrakten analysiert. Im vierten Artikel werden die dialektischen Gesetze bei der Evolution des Austauschprozesses in der neolithischen und urbanen Revolution abstrakt-schematisch dargestellt. Im fünften Artikel werden die dialektischen Gesetze bei der verhaltensbiologischen, kognitiven Evolution des Arbeitsprozesses vom Raubtierrudel bis zum Cro-Magnon-Stamm abstrakt-schematisch dargestellt. Im sechsten Artikel werden die dialektischen Gesetze bei der Evolution des Akkumulationsprozesses vom Manufakturbetrieb bis zur Finanzmarktgesellschaft abstrakt-schematisch dargestellt. Im siebten Artikel werden die dialektischen Gesetze bei der Evolution der Eigentumsverhältnisse vom Handwerksbetrieb bis zum Mitarbeiterunternehmen abstrakt-schematisch dargestellt. Im achten Artikel wird die Gesamtstruktur der dialektischen Gesetze bei der Evolution der Menschengesellschaft nach der Methode des Absteigens vom Konkreten zum Abstrakten analysiert und das Resultat der Analyse im Gesamtschema der Evolution der Menschengesellschaft dargestellt. Im neunten Artikel wird die Gesamtstruktur der dialektischen Gesetze bei der Evolution des Erkenntnisprozesses von der sinnlichen bis zur historisch-einheitlichen Erkenntnisweise nach der Methode des Absteigens vom Konkreten zum Abstrakten analysiert und das Resultat der Analyse im Gesamtschema der Evolution des Erkenntnisprozesses dargestellt. Im zehnten Artikel wird in einem autobiographischen Bericht der Erkenntnisweg des Autors von der einzelwissenschaftlichen zur historisch-empirischen Forschungsmethode, vom Konkreten zum Abstrakten abzusteigen, beschrieben.

Die Etappen auf dem Erkenntnisweg des Autors werden im Anhang durch vier weitere, wissenschaftliche Artikel dargestellt (Anhang I-IV). Im Anhang I wird das Akkumulationsproblem bei Rosa Luxemburg anhand der volkswirtschaftlichen Gesamtrechnungen auf die statistisch-empirische Grundlage gestellt und eine Begründung für die gegenwärtige Weltwirtschaftskrise angegeben. Im Anhang II wird die Marxsche Darstellung der kapitalistischen Produktionsweise mit Hilfe der Methode des Aufsteigens vom Abstrakten zum Konkreten kritisch aufgearbeitet. Im Anhang III wird die Evolution der metamodal-symbolischen Verhaltenssteuerung abstrakt-schematisch dargestellt. Im Anhang IV wird der politische Werdegang des Autors in den Jahren 1974-83 beschrieben.

Artikel I

Die historisch-empirische Forschungsmethode
vom Konkreten zum Abstrakten abzusteigen

Zusammenfassung

In der vorliegenden Arbeit wird die von Karl Marx bei der Kritik der Politischen Öko-nomie angewandte logische Darstellungsmethode, vom Abstrakten zum Konkreten auf-zusteigen, kritisiert und durch die historisch-empirische Forschungsmethode, vom Konkreten zum Abstrakten abzusteigen, ersetzt. Die im historisch-empirischen Bereich gültigen Gesetze und Regelmäßigkeiten werden nach dieser neuen Forschungsmethode durch eine doppelte Abstraktionsaufgabe (= durch zeitlich vertikale und räumlich hori-zontale Abstraktion) erkannt. Die zeitlich vertikale Abstraktion im historisch-empiri-schen Material der Politischen Ökonomie ergibt die folgenden drei Entwicklungsstufen der menschlichen Produktions- und Konsumtionstätigkeit (= der Menschengesell-schaft): 1. Den Arbeitsprozess in der Jäger- und Sammlergesellschaft, 2. den Aus-tauschprozess in der Handwerker-, Händler-, Dienstleister- und Sklavenhaltergesell-schaft, 3. den Akkumulationsprozess in der Arbeiter- und Kapitalistengesellschaft. Das Forschungsprogramm der Politischen Ökonomie besteht demnach unter anderem darin, diese drei Entwicklungsstufen der Menschengesellschaft durch räumlich horizontale Abstraktion konkret in der Geschichtsepoche zu analysieren, in der sie entstanden sind.

Einleitung

In einer vorangegangenen Arbeit haben wir die Marxsche Darstellung der kapitalistischen Produktionsweise mit Hilfe der logischen Methode des Aufsteigens vom Abstrakten zum Konkreten kritisch aufgearbeitet und an einigen problematischen Stellen Korrekturen vorgenommen.[1] In der vorliegenden Arbeit möchten wir einen Schritt weitergehen und die von Karl Marx bei der Kritik der Politischen Ökonomie angewandte logische Darstellungsmethode, vom Abstrakten zum Konkreten aufzusteigen, kritisieren und durch die historisch-empirische Forschungsmethode, vom Konkreten zum Abstrakten abzusteigen, ersetzen. Die Arbeit ist folgendermaßen aufgebaut: Der erste Abschnitt ist für Begriffsklärung vorgesehen. Im zweiten Abschnitt werden die Vorteile und im dritten Abschnitt die Nachteile der Methode des Aufsteigens vom Abstrakten zum Konkreten analysiert. Im vierten Abschnitt wird die theoretische Methode des Absteigens vom Konkreten zum Abstrakten behandelt. Im fünften Abschnitt wird ein Forschungsprogramm für die Politische Ökonomie angegeben.

1. Begriffsklärung

Friedrich Engels führt in seiner Rezension: *Karl Marx, „Zur Kritik der Politischen Ökonomie"* im Methodenzusammenhang aus, in welchem Verhältnis die von Marx angewandte, dialektische Methode zur Hegelschen Logik steht:

„Marx war und ist der einzige, der sich der Arbeit unterziehen konnte, aus der Hegelschen Logik den Kern herauszuschälen, der Hegels wirkliche Entdeckungen auf diesem Gebiet umfasst, und die dialektische Methode, entkleidet von ihren idealistischen Umhüllungen, in der einfachen Gestalt herzustellen, in der sie die allein richtige Form der Gedankenentwicklung wird. Die Herausarbeitung der Methode, die Marx' Kritik der politischen Ökonomie zugrunde liegt, halten wir für ein Resultat, das an Bedeutung kaum der materialistischen Grundanschauung nachsteht."[2]

Hier muss wohl statt „dialektische Methode" die Bezeichnung „historisch-empirische Methode" eingeführt werden, weil das Prädikat „dialektisch" für die mit dieser Methode gefundenen dialektischen Gesetze vorbehalten ist und die Begriffsbestimmung

---

[1] Güveniş, Halil: *Kritische Aufarbeitung der Marxschen Darstellung der kapitalistischen Produktions weise mit Hilfe der Methode des Aufsteigens vom Abstrakten zum Konkreten*; The General Science Journal, 2017; http://gsjournal.net/Science-Journals/Research Papers/View/6804

[2] Engels, Friedrich: *Karl Marx, „Zur Kritik der Politischen Ökonomie"*, MEW 13, S. 474

für die Methode die erst durch die Anwendung dieser Methode zu erzielenden Resultate nicht enthalten darf. Das Prädikat „historisch-empirisch" hingegen bezieht sich nicht auf das Resultat, sondern auf die Vorbedingungen der Methode und gibt an, dass die Methode auf das durch konkrete Forschung zutage geförderte „historisch-empirische Material" angewandt werden muss. Und die Bezeichnung „Methode" schließlich wird für die Art und Weise, für das „Wie" der Anwendung (= der Abstraktion) verwendet.

Demnach gibt es zwei Arten von Methode: 1. Die von Marx angewandte logische Darstellungsmethode, vom Abstrakten zum Konkreten aufzusteigen, 2. die historisch-empirische Forschungsmethode, vom Konkreten zum Abstrakten abzusteigen. Bei diesen Definitionen muss beachtet werden, dass der Unterscheidung „Absteigen" bzw. „Aufsteigen" eine räumliche Vorstellung zugrunde liegt. Das Abstrakte ist in der Tiefe des Forschungsgegenstands (= des historisch-empirischen Materials) positioniert, während das Konkrete an der Oberfläche des Forschungsgegenstands liegt. Demnach steigt man vom Konkreten zum Abstrakten „ab" und umgekehrt, steigt frau vom Abstrakten zum Konkreten „auf".

2. Die Vorteile der Methode des Aufsteigens vom Abstrakten zum Konkreten

Nachdem Friedrich Engels in der obengenannten Rezension: *Karl Marx, „Zur Kritik der Politischen Ökonomie"* das Verhältnis der dialektischen Methode zur Hegelschen Logik bestimmt, wirft er die bedeutende Frage auf, ob die von Marx geleistete Kritik der Politischen Ökonomie auf historische oder logische Weise dargestellt werden sollte:

„Die Kritik der Ökonomie, selbst nach gewonnener Methode, konnte noch auf zweierlei Weise angelegt werden: historisch oder logisch. Da in der Geschichte, wie in ihrer literarischen Abspiegelung, die Entwicklung im ganzen und großen auch von den einfachsten zu den komplizierteren Verhältnissen fortgeht, so gab die literargeschichtliche Entwicklung der politischen Ökonomie einen natürlichen Leitfaden, an den die Kritik anknüpfen konnte, und im ganzen und großen würden die ökonomischen Kategorien dabei in derselben Reihenfolge erscheinen wie in der logischen Entwicklung. Diese Form hat scheinbar den Vorzug größerer Klarheit, da ja die wirkliche Entwicklung verfolgt wird, in der Tat aber würde sie dadurch höchstens populärer werden. Die Geschichte geht oft sprungweise und im Zickzack und müsste hierbei überall verfolgt werden, wodurch nicht nur viel Material von geringer Wichtigkeit aufgenommen, sondern auch der Gedankengang oft unterbrochen werden müsste; zudem ließe sich die Geschichte der Ökonomie nicht schreiben ohne die der bürgerlichen Gesellschaft, und damit würde die Arbeit unendlich, da alle Vorarbeiten fehlen. Die logische Behandlungsweise war also allein am Platz. Diese aber ist in der Tat nichts andres als die historische, nur entkleidet der historischen Form und der störenden Zufälligkeiten. Womit diese Geschichte anfängt, damit muss der Gedankengang ebenfalls anfangen, und sein weiterer Fortgang wird nichts sein als das Spie-

gelbild, in abstrakter und theoretisch konsequenter Form, des historischen Verlaufs; ein korrigiertes Spiegelbild, aber korrigiert nach Gesetzen, die der wirkliche geschichtliche Verlauf selbst an die Hand gibt, indem jedes Moment auf dem Entwicklungspunkt seiner vollen Reife, seiner Klassizität betrachtet werden kann. "[3]

Engels berücksichtigt an dieser Stelle nur die Vorteile der logischen Vorgehensweise im Vergleich zu den Nachteilen der historischen Methode, ohne umgekehrt die Nachteile der logischen Vorgehensweise gegenüber der historischen Methode erwähnt zu haben. Auf die Nachteile der logischen Methode möchten wir im nächsten Kapitel eingehen; in diesem Kapitel soll nur ein weiteres Argument zugunsten der logischen Methode erwähnt werden.

Ein wesentliches Argument zugunsten der logischen Methode wird nämlich von Engels nicht ausführlich genug behandelt: Für die Anwendung der historischen Methode fehlen nicht nur die Vorarbeiten, sondern auch die Fachwissenschaftler. Für die Anwendung der logischen Methode hingegen zeichnet sich, als Philosoph vom Fach, eben Karl Marx aus. Um sich ein plastisches Bild von dem zu machen, was Marx bei seinem wissenschaftlichen Vorhaben bevorsteht, muss vor Augen geführt werden, dass er mit Hilfe der Methode des Aufsteigens vom Abstrakten zum Konkreten im historisch-empirischen Material der kapitalistischen Gegenwart vier aufeinanderfolgende(-liegende) historische Schichten logisch erkennen und nach Abstraktionsgrad klassifizieren muss. Vom Allgemeinen zum Besonderen aufsteigend handelt es sich bei diesen historischen Schichten um folgende Entwicklungsstufen der Produktion: 1. Der Arbeitsprozess im Allgemeinen, 2. der Austauschprozess im Allgemeinen, 3. der Akkumulationsprozess (= der Kapitalismus) im Allgemeinen, 4. der Akkumulationsprozess im Besonderen (= die historische Entwicklung der kapitalistischen Produktionsweise).[4]

Von seiner Ausbildung und von seinen Fähigkeiten her war Karl Marx sicherlich der einzige Fachmann seiner Zeit, der für diese Aufgabe in Frage kam. Selbst Friedrich Engels wäre, mit seinem besonderen Sinn fürs Praktische und fürs Theoretische zu-

---

[3] Engels, Friedrich: *Karl Marx, „Zur Kritik der Politischen Ökonomie"*, MEW 13, S. 474 f

[4] Güveniş, Halil: *Kritische Aufarbeitung der Marxschen Darstellung der kapitalistischen Produktions weise mit Hilfe der Methode des Aufsteigens vom Abstrakten zum Konkreten*; The General Science Journal, 2017, S. 6; http://gsjournal.net/Science-Journals/Research Papers/View/6804

gleich, dieser Aufgabe nicht gewachsen. Engels stand zu Marx im Verhältnis vom Praktiker zum Theoretiker; er ersetzte ihm den fehlenden Fachkollegen, der mit Rat und Tat beisteht, falls fachliche Probleme entstehen sollten. Darüber hinaus förderte Engels als Mäzen das Lebenswerk von Marx und brachte es durch seine populärwissenschaftliche Arbeit in eine für ein breites Publikum verständliche Form. Marx' theoretische Pionierarbeit wurde also nur dadurch möglich, weil ihm Engels bei all seinen praktischen Problemen unter die Arme griff.

3. Die Nachteile der Methode des Aufsteigens vom Abstrakten zum Konkreten

Engels' Hauptargument für die logische Darstellungsmethode ist, dass für die historische Forschung die Vorarbeiten fehlen, und die Geschichte sprungweise und im Zickzack verläuft und praktisch unendlich viele Entwicklungspfade aufweist, so dass deren Aufzählung und Beschreibung eine unendliche Aufgabe wäre. Dieser Betrachtung von Engels liegt offenbar die Vorstellung zugrunde, dass historisch-empirische Forschung die Aufgabe hat, geschichtliche Fakten im Einzelnen aufzudecken und möglichst detailliert darzustellen. Wie wir bereits ausgeführt haben[5], liegt der historisch-empirischen Methode nicht nur eine vertikale, zeitliche Abstraktion zugrunde, sondern zugleich eine horizontale, räumliche Abstraktion, die zwar qualifizierte Facharbeit erfordert, aber auf keinen Fall eine unendliche Aufgabe ist. Marx kennt bei seiner Darstellung der kapitalistischen Produktionsweise diese horizontale, räumliche Abstraktion nicht; er geht allein von der vertikalen, zeitlichen Abstraktion aus und strukturiert die einzelnen Kapitel und Abschnitte seines Hauptwerks *„Das Kapital"* mit Hilfe der Methode des Aufsteigens vom Abstrakten zum Konkreten. Der tiefere Grund, warum Marx bei seiner Methodenwahl auf halber Strecke bleibt und die historisch-empirische Methode des Absteigens vom Konkreten zum Abstrakten nicht kennt, muss wohl darin gesucht werden, dass Marx bei der Hegelschen Logik diese zweite Art von Methode, deren Kern wert wäre herauszuschälen, nicht in fertiger Form vorfindet. Trotzdem gelingt es aber Marx bei der logischen Betrachtung der jeweiligen Entwicklungsstufen der Produktion, die horizontalen, räumlichen Abstraktionsschritte peinlich genau herauszuarbeiten und zu strukturieren. Dass er dabei nicht zu einer Struktur nach der Me-

---

[5] ebd. S. 7

thode des Absteigens vom Konkreten zum Abstrakten gelangt, ist dem Umstand zuzuschreiben, dass er allzu sehr der logischen Methode seines Lehrmeisters Hegel verhaftet bleibt.

* * *

Folgt also aus dem bisher Gesagten, dass Marx mit seiner Wahl der logischen Darstellungsmethode einen gravierenden Fehler begangen hat? – Auf keinen Fall: Es ist durchaus legitim, bei Fehlen von historisch-empirischen Vorarbeiten und Fachwissenschaftlern notgedrungen die logische Darstellungsmethode zu wählen und die Hauptarbeit von einem Philosophen ausführen zu lassen. Was aber nicht legitim ist, aus der Not eine Tugend zu machen und die Gründe für diese Methodenwahl zu verschweigen. Dieser Punkt ist enorm wichtig, weil Marx dadurch seine Arbeit relativieren und sagen würde, dass seine Forschungsergebnisse bis zur Anwendung der historischen Forschungsmethode als Provisorium zu gelten haben und ab da seine Theorie sich den Resultaten der wissenschaftlich korrekten Methode zu stellen hat. Damit würden sich Marx und sein „Fachkollege" Engels aus ihrer wissenschaftlichen Vereinzelung und Isolation retten und zum gleichberechtigten Mitglied einer Wissenschaftler-Gemeinschaft (Fachwelt) werden.

Diese Vorgehensweise in der Not wäre auch aus einem weiteren Grund unbedingt notwendig: Die auf die Veröffentlichung des „*Kapital*" folgende Geschichtsepoche hat gezeigt, dass die logische Methode des Aufsteigens vom Abstrakten zum Konkreten die einzelnen Abstraktionsschritte nicht aufdeckt, wie Marx überhaupt zum Abstrakten gelangt ist, um anschließend das Aufsteigen vom Abstrakten zum Konkreten darstellen zu können. Weil der konkrete Forschungsweg hin zum Abstrakten fehlt, ist die Leserschaft bzw. die Fachwelt außerstande, die fehlenden Glieder in der Argumentationskette durch eigene Facharbeit zu ersetzen bzw. die Problematik überhaupt zu verstehen. Stattdessen greift ein Rätselraten innerhalb des philosophischen Paradigmas um sich, aus dem sich die Kontrahenten kaum herauswinden können. – Allein dieser Punkt zeigt, wie wichtig es ist, sich durch die Wahl einer objektiven Forschungsmethode (= eines Paradigmas) zum gleichberechtigten Mitglied einer Wissenschaftler-Gemeinschaft

(Fachwelt) werden zu lassen, damit die Fachkollegen die Arbeit des Einzel-Wissenschaftlers gebührend verstehen, anerkennen, kritisieren, wiederholen und durch eigene Facharbeit überschreiten können.

* * *

Marx' Isolation und Verbannung aus der Fachwelt ist nicht allein von seiner Forschungsmethode her, sondern auch aus seinem wissenschaftlichen Ethos heraus zu verstehen. Marx sah sich moralisch gesehen als Interessenvertreter der Arbeiterklasse (= des Proletariats) an und als Wissenschaftler ging er von der Grundthese aus, dass der Klassenkampf die treibende Kraft der Geschichte ist und das Proletariat die einzig wirklich revolutionäre Klasse im Kapitalismus bildet. Diese Weltanschauung hat sein Verhalten bestimmt und verhindert, dass er sich von seinem wissenschaftlichen Ethos her *der Wahrheit, aber nur der Wahrheit* verpflichtet fühlt. Wir haben in einer vorangegangenen Arbeit ausgeführt, wie diese dogmatische Haltung in Marx' konkrete wissenschaftliche Arbeit hineinfließt und zur ständigen Fehlerquelle wird.[6] Ohne auf diese Fehler noch einmal einzugehen, ist hier ein weiterer fataler Trugschluss von Marx zu erwähnen, der ihn endgültig vom Status des Fachwissenschaftlers zum Status des Fachphilosophen (Ideologen) degradiert: Marx analysiert unter dem Diktat seines wissenschaftlichen Ethos die kapitalistische Produktionsweise und gelangt auf mathematischem Wege zu solchen Größen (z. B. organische Zusammensetzung des Kapitals $= \frac{c}{v}$), die quantitativ nicht verifizierbar sind und abgeschnitten von volkswirtschaftlichen Gesamtrechnungen existieren. Er führt mit diesen fiktiven Größen historische Trendbestimmungen durch, denen in der Realität des Wirtschaftsgeschehens keine empirisch gegebenen Messwerte entsprechen. Diese Vorgehensweise mag vom philosophischen Standpunkt aus legitim sein; damit schneidet sich aber Marx den Weg zur empirischen Wissenschaft selber ab. Die Grundbedingung der empirischen Wissenschaft ist nämlich Verifizierbarkeit bzw. Falsifizierbarkeit der mathematischen Aussagen der Theorie durch empirisch gegebene Messdaten (bzw. Statistiken der volkswirtschaftlichen Gesamtrechnungen).

---

[6] Güveniş, Halil: *Die Zusammenbruchstheorie Rosa Luxemburgs und die gegenwärtige Weltwirtschaftskrise*; The General Science Journal, 2016, S. 30 ff; http://gsjournal.net/Science-Journals/Essays/View/6596

Zusammenfassend lässt sich also feststellen, dass Marx durch den Übergang vom Idealismus zum Materialismus das Hegelsche Gedankensystem nur „halbherzig" und entsprechend philosophischen Kriterien auf die historisch-empirische Material-Grundlage der Politischen Ökonomie stellt. Marx vollzieht den Übergang vom Idealismus zum Materialismus nur insofern, als er den Begriffen der Politischen Ökonomie eine mathematisch beschriebene Quantität zuordnet, aber nicht erkennt, dass diese Quantität (= Größe) in der Realität gemessen werden muss, um materiell existent (= real) zu sein. Damit verlässt Marx zwar den idealistischen Boden des Hegelschen Gedankensystems, kommt aber ganz und gar nicht in der empirischen Wissenschaft (= im Materialismus) an; seine Kritik der Politischen Ökonomie ist daher verurteilt, ein Zwischendasein zwischen Philosophie und Wissenschaft zu führen und bei Laien und Fachwissenschaftlern auf Unverständnis zu stoßen.

* * *

Durch die Kritik der Methodenwahl bei Marx gelangen wir also zu dem *Gesamturteil*, dass die von Marx bei der Kritik der Politischen Ökonomie angewandte logische Darstellungsmethode, vom Abstrakten zum Konkreten aufzusteigen, eine provisorische Notlösung war und bei einem korrekten Methodenansatz nicht aufrechterhalten werden kann. Anstelle der logischen Darstellungsmethode, vom Abstrakten zum Konkreten aufzusteigen, ist die historisch-empirische Forschungsmethode, vom Konkreten zum Abstrakten abzusteigen, zu wählen.

Interessant festzustellen ist, dass wir auch dann zu diesem Gesamturteil gelangen können, wenn wir von vorneherein die folgende Überlegung anstellen: Durch den Übergang vom Idealismus zum Materialismus wird das Hegelsche Gedankensystem nicht nur inhaltlich, sondern auch förmlich (= der logischen Struktur nach) auf die historisch-empirische Material-Grundlage der Politischen Ökonomie gestellt, d.h. die Theorie darf zu Beginn der historischen Forschung im Methodenzusammenhang nur das voraussetzen (= vorwegnehmen), was in der Form (= in der Struktur) des historisch-empirischen Materials bereits enthalten ist. Anstatt im historisch-empirischen Material der Politischen Ökonomie eine passende Antwort auf die Methodenfrage zu suchen, übernimmt Marx die Hegelsche logische Methode des Aufsteigens vom Abstrakten zum Konkreten mitsamt den dialektischen Gesetzen *unhinterfragt und pauschal* in die Politische Ökonomie und tauft sie auf den Namen „Darstellungsmethode", obwohl die empirische Wissenschaft außer der „Forschungsmethode" keinen derartigen Begriff kennt. Trotzdem gelingt es aber Marx zu zeigen, dass das historisch-empirische Material der Politischen Ökonomie vom Konkreten zum Abstrakten hin strukturiert ist. Also muss im Methodenzusammenhang die historisch-empirische Forschungsmethode, vom Konkreten zum Abstrakten abzusteigen, gewählt werden.

4. Die theoretische Methode des Absteigens vom Konkreten zum Abstrakten

Nehmen wir an, das gesamte historisch-empirische Material in einem bestimmten Wissenschaftsgebiet sei mit empirisch-wissenschaftlicher Methode aus der Außenwelt extrahiert worden, so dass nur noch die theoretische Aufgabe übrigbleibt, aus dem vorhandenen historisch-empirischen Material die historische Reihenfolge und das gegenseitige Abhängigkeitsverhältnis der in diesem Gebiet vorhandenen Gesetze und Regelmäßigkeiten korrekt zu abstrahieren. Was wir in so einer Situation benötigen, ist eine Strategie (= theoretische Methode), wie wir aus dem vorhandenen historisch-empirischen Material auf die korrekte, fertige Theorie schließen können. Um diese theoretische Methode erschließen zu können, entscheiden wir uns für eine Vorgehensweise, bei der die Struktur des Forschungsgegenstands voranalysiert und die vorhandenen Gesetze und Regelmäßigkeiten bestimmten, zeitlichen Abstraktionsebenen vom Konkreten zum Abstrakten absteigend zugeordnet werden. Auf jeder zeitlichen Abstraktionsebene sind dann die Gesetze und Regelmäßigkeiten logisch vom Konkreten zum Abstrakten absteigend aufgebaut. Da das historisch-empirische Material eine derartige Struktur aufweist, lässt sich das Erkennen der in diesem Bereich gültigen Gesetze und Regelmäßigkeiten nur durch eine doppelte Abstraktionsaufgabe (= durch zeitlich vertikale und räumlich horizontale Abstraktion) bewerkstelligen.

Ist in einem bestimmten Wissenschaftsgebiet diese doppelte Abstraktionsaufgabe gelöst, so ist der theoretische Forscher verpflichtet, im Nachhinein zu zeigen, dass die resultierende Struktur des Forschungsgegenstands exakt die Hierarchie besitzt, die eingangs von der theoretischen Methode vorausgesetzt (= vorweggenommen) wurde. Sollte bei dieser Überprüfung keine exakte Übereinstimmung erzielt werden, so muss die theoretische Methode entsprechend modifiziert und nach nochmaliger Anwendung mit Hilfe der resultierenden Struktur des Forschungsgegenstands verifiziert werden.

* * *

Zu den *Anwendern der historisch-empirischen Methode* wäre Folgendes zu sagen: Die Empiriker (= Fachleute aus dem betreffenden Wissenschaftsgebiet) liefern das historisch-empirische Material ihrer Disziplin. Und die Theoretiker (= Fachleute aus dem betreffenden Wissenschaftsgebiet) wenden die theoretische Methode des Absteigens vom Konkreten zum Abstrakten auf das zuvor zutage geförderte historisch-empirische Material an, um die historische Reihenfolge und das gegenseitige Abhängigkeitsverhältnis der in diesem Gebiet vorhandenen Gesetze und Regelmäßigkeiten herauszufinden. Hierbei wird vorausgesetzt, dass die Theoretiker systemanalytische Fähigkeiten, Kenntnisse und Erfahrung besitzen, um die Methode des Absteigens vom Konkreten zum Abstrakten adäquat anwenden zu können. Von ihnen wird erwartet, dass sie als Resultat ihrer Analyse und Synthese das abstrakte Schema ihres Anwendungsbereiches qualitativ und quantitativ angeben und im Detail beschreiben und erklären können.

* * *

Als *Anwendungsbereiche der theoretischen Methode* kommen die Basiswissenschaften Physik, Biologie und Anthropologie in Frage, weil nur in diesen Fachgebieten von einer grundlegenden historischen Entwicklung (= Evolution) gesprochen werden kann. Im Fall der Physik umfasst diese grundlegende historische Entwicklung die Teilgebiete Kosmologie, Kosmogonie, Geologie, Klimatologie, Ökologie. Historischer Teil der Biologie ist die Evolutionsbiologie, zu der auch die Paläoanthropologie hineingehört. Anthropologie selbst ist ein Sammelname für alle Wissenschaftsgebiete, die die nicht biologische, historische Entwicklung der menschlichen Produktions- und Konsumtionstätigkeit zum Forschungsgegenstand haben; im Einzelnen sind es die Fachgebiete: Kulturanthropologie, Ökonomie, Soziologie und Politik, die wir in Übereinstimmung mit Marxscher Tradition als Politische Ökonomie bezeichnen.

5. Ein Forschungsprogramm für die Politische Ökonomie

Wenn wir die historische Entwicklung der menschlichen Produktions- und Konsumtionstätigkeit mit Hilfe der theoretischen Methode des Absteigens vom Konkreten zum Abstrakten untersuchen, dann erhalten wir durch zeitlich vertikale Abstraktion die folgenden konkreten Entwicklungsstufen der Produktion (= der Menschengesellschaft): 1. Den Arbeitsprozess in der Jäger- und Sammlergesellschaft, 2. den Austauschprozess in der Handwerker-, Händler-, Dienstleister- und Sklavenhaltergesellschaft, 3. den Akkumulationsprozess in der Arbeiter- und Kapitalistengesellschaft.

Im Gegensatz zu Marxscher Analyse erhalten wir also die Entwicklungsstufen der menschlichen Produktions- und Konsumtionstätigkeit nicht „im Allgemeinen", sondern in Form von konkreten Gesellschaftsformationen, was gleichbedeutend damit ist, dass die konkreten Entwicklungsstufen der menschlichen Produktions- und Konsumtionstätigkeit nichts anderes sind als die Entwicklungsstufen der Menschengesellschaft. Mit anderen Worten: Politische Ökonomie hat die historische Entwicklung der menschlichen Produktions- und Konsumtionstätigkeit innerhalb bestimmter Gesellschaftsformationen zum Gegenstand. Oder ganz kurz formuliert: Politische Ökonomie ist Evolution der Menschengesellschaft.

* * *

Die zeitlich vertikale Abstraktion führt uns also zunächst zu einer Grobeinteilung des gesamten historisch-empirischen Materials der Politischen Ökonomie und ermöglicht uns, die Gesetze und Regelmäßigkeiten der politischen Ökonomie durch räumlich horizontale Abstraktion konkret in der Geschichtsepoche zu bestimmen, in der diese Gesetze und Regelmäßigkeiten zum ersten Mal in der Geschichte entstanden sind. Das ist eine enorme Erleichterung bei der Lösung der räumlich horizontalen Abstraktionsaufgabe, wenn man bedenkt, dass Marx die gleiche Abstraktionsaufgabe innerhalb der kapitalistischen Produktionsweise durch logisches Erkennen der Hierarchie der historischen Produktionsstufen zu lösen versucht und dabei mit der Reihenfolge und dem Abhängigkeitsverhältnis der Gesetze und Regelmäßigkeiten zwangsläufig durcheinanderkommt.

Das Forschungsprogramm der Politischen Ökonomie besteht also darin, durch räumlich horizontale Abstraktion zunächst die oben aufgeführten drei Entwicklungsstufen der menschlichen Produktions- und Konsumtionstätigkeit in der Reihenfolge, in der sie entstanden sind, zu analysieren und anschließend durch Einengen der zeitlich vertikalen Abstraktion die Entwicklung innerhalb der drei Stufen der Menschengesellschaft zu untersuchen. Als ständiger Begleiter und Wegweiser dient bei diesen Untersuchungen Marx' weit über seine Zeit hinausweisende theoretische Pionierarbeit.

Artikel II

Der Arbeitsprozess in der Jäger- und Sammlergesellschaft
nach der Methode des Absteigens vom Konkreten zum Abstrakten

Zusammenfassung

In der vorliegenden Arbeit wird der Arbeitsprozess in der Jäger- und Sammlergesellschaft nach der Methode des Absteigens vom Konkreten zum Abstrakten analysiert und das Resultat der Analyse in einem abstrakten Schema des Arbeitsprozesses dargestellt. Nach diesem Schema besteht die Jäger- und Sammlergesellschaft aus zwei Lebensbereichen, Produktions- und Konsumtionssphäre, die sich zu einem sich selbst erhaltenden (= reproduzierenden) Kreisprozess zusammenschließen. In der Produktionssphäre werden Gebrauchswerte und in der Konsumtionssphäre Arbeitskräfte produziert. Damit die Produktion von Gebrauchswerten stattfinden kann, werden die Produktivkräfte „Arbeitskraft und Produktionsmittel" benötigt, die sich während der Produktionstätigkeit in ganz bestimmten, konkreten und abstrakten Produktionsverhältnissen befinden müssen. Zur Produktion von Arbeitskraft hingegen benötigt man die Produktivkräfte „Vater und Mutter als Erzeuger, Versorger und Erzieher der Kinder und Konsumtionsmittel", die sich während der Konsumtionstätigkeit in ganz bestimmten, konkreten und abstrakten Konsumtionsverhältnissen (= Familien-, Verwandtschafts- und Volksverhältnissen) befinden müssen. Die Gesamtheit der konkreten und abstrakten Produktionsverhältnisse in der Produktionssphäre bildet die ökonomische Struktur (= die reale Basis) der Jäger- und Sammlergesellschaft, worauf sich in der Konsumtionssphäre ein sozialer, rechtlicher und politischer Überbau erhebt und welcher bestimmte gesellschaftliche Identitätsformen entsprechen. Die Produktionsweise des materiellen Lebens in der Produktionssphäre bedingt in der Konsumtionssphäre den sozialen, politischen und geistigen Lebensprozess überhaupt. Es ist nicht die Identität der Jäger und Sammler, die ihr Sein, sondern umgekehrt ihr gesellschaftliches Sein, das ihre Identität bestimmt.

Einleitung

In einer vorangegangenen Arbeit haben wir die historische Entwicklung der menschlichen Produktions- und Konsumtionstätigkeit mit Hilfe der theoretischen Methode des Absteigens vom Konkreten zum Abstrakten voruntersucht und durch zeitlich vertikale Abstraktion die folgenden konkreten Entwicklungsstufen der Produktion (= der Menschengesellschaft) erhalten[1]: 1. Den Arbeitsprozess in der Jäger- und Sammlergesellschaft, 2. den Austauschprozess in der Handwerker-, Händler-, Dienstleister- und Sklavenhaltergesellschaft, 3. den Akkumulationsprozess in der Arbeiter- und Kapitalistengesellschaft. Demnach besteht das Forschungsprogramm der Politischen Ökonomie darin, durch räumlich horizontale Abstraktion die oben aufgeführten drei Entwicklungsstufen der menschlichen Produktions- und Konsumtionstätigkeit in der Reihenfolge, in der sie historisch entstanden sind, zu analysieren.

In der vorliegenden Arbeit möchten wir diese Analyse mit dem Arbeitsprozess in der Jäger- und Sammlergesellschaft beginnen. Das Ziel der Arbeit ist, aus dem vorhandenen historisch-empirischen Material der Jäger- und Sammlergesellschaft die historische Reihenfolge und das gegenseitige Abhängigkeitsverhältnis der in diesem Forschungsgebiet vorhandenen Gesetze und Regelmäßigkeiten korrekt zu abstrahieren. Dieses Thema wurde im Rahmen der Methode des Aufsteigens vom Abstrakten zum Konkreten bereits zweimal behandelt – als Arbeitsprozess im Allgemeinen[2] und als Arbeitsprozess im Besonderen[3]. Die vorliegende Arbeit ist die dritte Untersuchung in diese Richtung und hat den Arbeitsprozess im Konkreten – die Jäger- und Sammlergesellschaft zum Forschungsgegenstand. Wie bei den ersten beiden Untersuchungen dient auch diesmal Karl Marx' weit über seine Zeit hinausweisende theoretische Pionierarbeit als ständiger Begleiter und Wegweiser der Forschungstätigkeit.

---

[1] Güveniş, Halil: *Die historisch-empirische Forschungsmethode vom Konkreten zum Abstrakten abzusteigen*; The General Science Journal, 2020; http://gsjournal.net/Science-Journals/Research Papers/View/8259

[2] Güveniş, Halil: *Kritische Aufarbeitung der Marxschen Darstellung der kapitalistischen Produktionsweise mit Hilfe der Methode des Aufsteigens vom Abstrakten zum Konkreten*; The General Science Journal, 2017; http://gsjournal.net/Science-Journals/Research Papers/View/6804

[3] Güveniş, Halil: *Darstellung der historischen Entwicklung der Jäger- und Sammlergesellschaft*; The General Science Journal, 2017; http://gsjournal.net/Science-Journals/Research Papers/View/6882

Die Arbeit ist folgendermaßen aufgebaut: Im ersten Abschnitt wird die Korrektheit der theoretischen Methode des Absteigens vom Konkreten zum Abstrakten untersucht. Im zweiten Abschnitt wird der Arbeitsprozess in der Jäger- und Sammlergesellschaft analysiert. Im dritten Abschnitt wird die Abhängigkeit der Produktionsverhältnisse von den Produktivkräften behandelt. Im vierten Abschnitt wird das Bedingungsverhältnis zwischen Basis und Überbau bestimmt.

1 Die Korrektheit der Methode des Absteigens vom Konkreten zum Abstrakten

Der Arbeitsprozess in der Jäger- und Sammlergesellschaft kann auf dreierlei Weise analysiert werden – als Arbeitsprozess im Allgemeinen, als Arbeitsprozess im Besonderen oder als Arbeitsprozess im Konkreten. Nach der Methode des Aufsteigens vom Abstrakten zum Konkreten erhalten wir den Arbeitsprozess im Allgemeinen, wenn wir von der konkreten, kapitalistischen Gegenwart ausgehen und dazu die tiefste Abstraktionsebene suchen. Der Arbeitsprozess im Besonderen ist dann die konkretisierte Form des Arbeitsprozesses im Allgemeinen, so wie er von der kapitalistischen Gegenwart aus gesehen wird. Wenn wir nach der theoretischen Methode des Absteigens vom Konkreten zum Abstrakten den historisch vorgegebenen, tatsächlichen Beginn der Menschengesellschaft suchen, dann erhalten wir den Arbeitsprozess im Konkreten, d.h. das historisch-empirische Material der Jäger- und Sammlergesellschaft.

Nach der Methode des Aufsteigens vom Abstrakten zum Konkreten wird also die historische Entwicklung der Menschengesellschaft als ein Konkretisierungsvorgang vom abstrakten Arbeitsprozess bis zum konkreten Akkumulationsprozess beschrieben, und umgekehrt wird die historische Entwicklung der Menschengesellschaft nach der Methode des Absteigens vom Konkreten zum Abstrakten als ein Abstraktionsvorgang vom historisch vorgegebenen, konkreten Arbeitsprozess bis zum abstrakten Akkumulationsprozess beschrieben. – Welche von diesen Methoden korrekt ist, kann aber im Voraus nicht entschieden werden. Erst nach abgeschlossener Forschungsarbeit kann gezeigt werden, ob die resultierende Struktur des Forschungsgegenstands exakt die Hierarchie besitzt, die eingangs von der theoretischen Methode vorausgesetzt (= vorweggenommen) wurde. Wird bei dieser Überprüfung eine exakte Übereinstimmung erzielt, dann gilt die Methode als verifiziert. Um diesem Verifikationsziel näher zu kommen, möchten wir im Folgenden bei der Analyse des Arbeitsprozesses in der Jäger- und Sammlergesellschaft zeigen, dass jeder von uns ausgeführte Abstraktionsschritt die von der theoretischen Methode des Absteigens vom Konkreten zum Abstrakten geforderte Struktur besitzt. Außerdem zeigen wir, dass jedem Abstraktionsschritt ein natürlich vorgegebener Begriff, der nicht vom theoretischen Forscher selbst konstruiert (= erfunden) wurde, zugeordnet werden kann.

2 Der Arbeitsprozess in der Jäger- und Sammlergesellschaft

Um den Arbeitsprozess im Konkreten (= in der Jäger- und Sammlergesellschaft) zu analysieren, bestimmen wir zunächst die abstrakten Momente des Arbeitsprozesses im Allgemeinen und konkretisieren dann die erhaltenen Momente in einem zweiten Schritt für den Arbeitsprozess in der Jäger- und Sammlergesellschaft.

2.1 Der Arbeitsprozess im Allgemeinen

Auf der tiefsten zeitlichen Abstraktionsebene lässt sich die Menschengesellschaft als *Arbeitsprozess im Allgemeinen* definieren:

„Als Bildnerin von Gebrauchswerten, als nützliche Arbeit, ist die Arbeit (...) eine von allen Gesellschaftsformen unabhängige Existenzbedingung des Menschen, ewige Naturnotwendigkeit, um den Stoffwechsel zwischen Mensch und Natur, also das menschliche Leben zu vermitteln."[4] „Der Arbeitsprozess ist daher zunächst unabhängig von jeder bestimmten gesellschaftlichen Form zu betrachten."[5]

Die abstrakten Momente des Arbeitsprozesses sind Produzenten, Produktion, Konsumenten, Konsumtion (Abb.1):

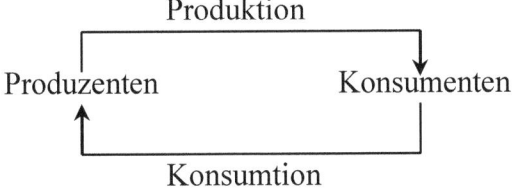

Abbildung 1: Der Arbeitsprozess im Allgemeinen

---

[4] Marx, Karl: *Das Kapital, Bd. 1, MEW 23,* S. 57
[5] ebd. S. 192

Vorbedingung für die Produktion ist die Existenz von Produzenten. Die Produktion geht von Produzenten aus und kommt bei Konsumenten an. Und umgekehrt geht die Konsumtion von Konsumenten aus und kommt bei Produzenten an. Produzenten und Konsumenten sind Zustandsgrößen des Arbeitsprozesses; zwischen diesen beiden Polen vermitteln die Strömungsgrößen Produktion und Konsumtion, die sich zu einem sich selbst erhaltenden (= reproduzierenden) Kreisprozess zusammenschließen.

2.2 Konkretisierung der Produktion und der Produzenten

Unsere Analyse des Arbeitsprozesses in der Jäger- und Sammlergesellschaft beginnt mit der Konkretisierung des abstrakten Moments „Produktion". Die Produktion in der Jäger- und Sammlergesellschaft umfasst drei Tätigkeitsbereiche: Jagen, Sammeln, Produktionsmittelherstellen. Folglich lassen sich die Produzenten der Jäger- und Sammlergesellschaft konkretisieren durch die Tätigkeitssubjekte: Jäger, Sammler, Produktionsmittelhersteller. All diesen Tätigkeitssubjekten ist es gemeinsam, mit Hilfe ihrer speziellen Produktionsmittel in irgendeiner Form Arbeitskraft zu verausgaben, um Gebrauchswerte (= Konsumtions- und Produktionsmittel, Dienstleistungen) herzustellen. Arbeitskraft und Produktionsmittel (= Produktivkräfte) sind Vorbedingungen der Produktion. Unsere Analyse beginnt daher mit der Konkretisierung der Vorbedingungen der Produktion in der Jäger- und Sammlergesellschaft.

2.2.1 Die Arbeitskraft

Die erste und wichtigste Vorbedingung der Produktion ist die Arbeitskraft:

„Unter Arbeitskraft oder Arbeitsvermögen verstehen wir den Inbegriff der physischen und geistigen Fähigkeiten, die in der Leiblichkeit, der lebendigen Persönlichkeit eines Menschen existieren und die er in Bewegung setzt, sooft er Gebrauchswerte irgendeiner Art produziert."[6]

Je nachdem, welchen Tätigkeitsbereich der Jäger- und Sammlergesellschaft wir betrachten, handelt es sich hier um die spezifischen, physischen und geistigen Fähigkeiten von den Tätigkeitssubjekten: Jäger, Sammler, Produktionsmittelhersteller, wobei Jäger und Sammler in ihrem eigenen Tätigkeitsbereich stets zugleich als Produktionsmittelhersteller auftreten, d.h. die physischen und geistigen Fähigkeiten der Jäger und Sammler umfassen nicht allein die Kenntnisse und Fertigkeiten des Jagens und Sammelns,

---

[6] ebd. S. 181

sondern auch die Kenntnisse und Fertigkeiten der dazu gehörenden Produktionsmittelherstellung. Dieses allseits ausgerichtete, kompakte Wissen und Können wird von den älteren Generationen auf die jüngeren von Kindesbeinen an übertragen, d.h. es ist eine spezielle Dienstleistung der älteren Generationen, das kulturelle Wissen und Können der Jäger- und Sammlergesellschaft an die jüngeren Generationen weiterzugeben.

2.2.2 Die Produktionsmittel

Die zweite Vorbedingung der Produktion sind die Produktionsmittel, die wir, in Anlehnung an Marx' Definition, als der unbelebte Gegenpol zur belebten Arbeitskraft definieren: Unter Produktionsmittel verstehen wir den Inbegriff aller Sachmittel, die außerhalb der Leiblichkeit, der lebendigen Persönlichkeit eines Menschen existieren und die eingesetzt werden, sooft Gebrauchswerte irgendeiner Art produziert werden. – Demnach sind Produktionsmittel und Sachmittel synonyme Bezeichnungen für denselben Gegenstand.

Die Produktionsmittel lassen sich konkret in folgende Unterkategorien einteilen:

2.2.2.1 Der Arbeitsgegenstand

„Alle Dinge, welche die Arbeit nur von ihrem unmittelbaren Zusammenhang mit dem Erdganzen loslöst, sind von Natur vorgefundene Arbeitsgegenstände. So der Fisch, der von seinem Lebenselement, dem Wasser, getrennt, gefangen wird, das Holz, das im Urwald gefällt, das Erz, das aus seiner Ader losgebrochen wird. Ist der Arbeitsgegenstand dagegen selbst schon sozusagen durch frühere Arbeit filtriert, so nennen wir ihn Rohmaterial. Z. B. das bereits losgebrochene Erz, das nun ausgewaschen wird. Alles Rohmaterial ist Arbeitsgegenstand, aber nicht jeder Arbeitsgegenstand ist Rohmaterial. Rohmaterial ist der Arbeitsgegenstand nur, sobald er bereits eine durch Arbeit vermittelte Veränderung erfahren hat.“[7]

Konkrete Arbeitsgegenstände (= Beute) der Jäger und Sammler sind wildwachsende Tiere und Pflanzen. Die Produktionsmittelhersteller in der Jäger- und Sammlergesellschaft verwenden als Arbeitsgegenstand bzw. Rohmaterial: Holz, Stein, Knochen, Häute, Felle oder andere Körperteile von erbeuteten Tieren und Pflanzen.

---

[7] ebd. S. 193

2.2.2.2 Das Arbeitsmittel

„Das Arbeitsmittel ist ein Ding oder ein Komplex von Dingen, die der Arbeiter zwischen sich und den Arbeitsgegenstand schiebt und die ihm als Leiter seiner Tätigkeit auf diesen Gegenstand dienen.“[8]

„Unter den Arbeitsmitteln selbst bieten die mechanischen Arbeitsmittel, deren Gesamtheit man das Knochen und Muskelsystem der Produktion nennen kann, viel entscheidendere Charaktermerkmale einer gesellschaftlichen Produktionsepoche als solche Arbeitsmittel, die nur zu Behältern des Arbeitsgegenstandes dienen und deren Gesamtheit ganz allgemein als das Gefäßsystem der Produktion bezeichnet werden kann, wie z.B. Röhren, Fässer, Körbe, Krüge usw.“[9]

Konkrete Arbeitsmittel (= Werkzeuge = Waffen) in der Jäger- und Sammlergesellschaft sind Speere, Lanzen, Harpunen, Speerschleuder, Pfeil und Bogen, Netze, Schlingen und jede Art von Wildtierfallen. Die Produktionsmittelhersteller in der Jäger- und Sammlergesellschaft verwenden als Arbeitsmittel: Holz-, Stein- und Knochenwerkzeuge.

2.2.2.3 Dienstleistungen

„Im weitren Sinn zählt der Arbeitsprozeß unter seine Mittel außer den Dingen, welche die Wirkung der Arbeit auf ihren Gegenstand vermitteln und daher in einer oder der andren Weise als Leiter der Tätigkeit dienen, alle gegenständlichen Bedingungen, die überhaupt erheischt sind, damit der Prozeß stattfinde. Sie gehn nicht direkt in ihn ein, aber er kann ohne sie gar nicht oder nur unvollkommen vorgehn. Das allgemeine Arbeitsmittel dieser Art ist wieder die Erde selbst, denn sie gibt dem Arbeiter den locus standi (Standort) und seinem Prozeß den Wirkungsraum (field of employment). Durch die Arbeit schon vermittelte Arbeitsmittel dieser Art sind z. B. Arbeitsgebäude, Kanäle, Straßen usw.“[10]

„Gewisse Dienstleistungen oder die Gebrauchswerte, (...) lassen kein handgreifliches, von der Person selbst unterschiednes Resultat zurück; oder ihr Resultat ist keine verkaufbare Ware. Z. B. der Dienst, den mir ein Sänger leistet, befriedigt mein ästhetisches Bedürfnis, aber was ich genieße, existiert nur in einer von dem Sänger selbst untrennbaren Aktion, und sobald seine Arbeit, das Singen, am Ende ist, ist auch mein Genuß am Ende: Ich genieße die Tätigkeit selbst - ihre Reverberation auf mein Ohr. Diese Dienste selbst, wie die Ware, die ich kaufe, können notwendige sein oder nur notwendig scheinen, z. B. der Dienst eines Soldaten oder Arztes oder Advokaten, oder sie können Dienste sein, die mir Genüsse gewähren. Dies ändert an ihrer ökonomischen Bestimmtheit nichts. Wenn ich gesund bin und den Arzt nicht brauche oder das Glück habe, keine Prozesse führen zu müssen, so vermeide ich es wie die Pest, Geld in ärztlichen oder juristischen Dienstleistungen auszulegen.“[11]

Dienstleistungen sind branchenunabhängig; sie können sowohl in der Produktions- als auch in der Konsumtionssphäre eingesetzt werden. Eine selbständige dritte Kategorie

---

[8] ebd. S. 194
[9] ebd. S. 195
[10] ebd. S. 195
[11] Marx, Karl: *Theorien über den Mehrwert, MEW 26.1*, S. 380

von Dienstleistungen sind die öffentlichen Dienstleistungen. Konkrete Dienstleistungen, die zu den Produktionsmitteln der Jäger und Sammler gehören, sind die folgenden:

1. *Transport und Kommunikation*: Um die Jagd- bzw. Sammeltätigkeit zu ermöglichen, muss der Jäger bzw. der Sammler sich selbst und seine speziellen Produktionsmittel von der Konsumtionssphäre zur Produktionssphäre bewegen (= transportieren), und umgekehrt muss nach der Jagd- bzw. Sammeltätigkeit die Beute von der Produktionssphäre zur Konsumtionssphäre transportiert werden. Als Transportmittel für sich selbst haben die Jäger und Sammler nur ihre natürlich gegebenen Füße zur Verfügung; Transportmittel für ihre Produktionsmittel können Körbe oder andere für diesen Zweck aus Pflanzen geflochtene Behälter sein. – Eine andere wesentliche Dienstleistung nicht nur allein bei der Jagd- bzw. Sammeltätigkeit ist die Kommunikation. Fast jede Tätigkeit des Menschen wird zur Verständigung, Mitteilung und Gefühlsübertragung unverzichtbar vom natürlichen Kommunikationsmittel (= Werkzeug) „Sprache" begleitet. Weitere symbolhafte Kommunikationsmittel in der Jäger- und Sammelgesellschaft sind Rauchzeichen, Sonnenspiegelungen an glatten Flächen, Trommeln, schamanische Geisterwelt-Reisen, Musik, Tanz, Totems und Fetische jeder Art.

2. *Aufbewahren und Lagern*: Um in aufeinander folgenden Jagd- bzw. Sammeltätigkeiten eingesetzt zu werden, müssen die dauerhaften Produktionsmittel bis zum nächsten Einsatz aufbewahrt werden. Diese Dienstleistung ist eine spezifisch menschliche, „kurz" vor der Menschwerdung des Homo sapiens erworbene Eigenschaft. In noch früheren Zeiten der Evolutionsgeschichte konnten die Mitglieder der Gattung Homo ihre dauerhaften Produktionsmittel gar nicht aufbewahren; ihre geistigen Fähigkeiten ließen das nicht zu. Die Produktionsmittel wurden entweder im Moment der Produktion der Umwelt entnommen (z. B. Steinbrocken oder Holzstücke) oder sie wurden unmittelbar vor der Produktion hergestellt (z. B. Entblätterung eines Astes) und danach weggeworfen. – Aufbewahren für eine längere Zeitperiode ist das Lagern (= Speichern). Eine wesentliche Überlebensstrategie (= Dienstleistung) der Jäger und Sammler ist das Lagern von Nahrungsmitteln durch Austrocknen bzw. Räuchern. Dadurch können Perioden der knappen Jagdbeute und Hungersnöte überbrückt werden.

2.2.2.4 Produktions- und Konsumtionsverhältnisse

Produktions- und Konsumtionsverhältnisse sind Vorbedingungen (= Sachmittel) der Produktion bzw. der Konsumtion in allen Epochen der Menschengesellschaft:

„In der Produktion wirken die Menschen nicht allein auf die Natur, sondern auch aufeinander. Sie produzieren nur, indem sie auf eine bestimmte Weise zusammenwirken und ihre Tätigkeiten gegeneinander austauschen. Um zu produzieren, treten sie in bestimmte Beziehungen und Verhältnisse zueinander, und nur innerhalb dieser gesellschaftlichen Beziehungen und Verhältnisse findet ihre Einwirkung auf die Natur, findet die Produktion statt.“[12]

Die Jäger- und Sammlergesellschaft lässt sich von den während der ganzen Geschichtsepoche (40.000 v. Chr. bis 12.000 v. Chr.) konstanten Produktions- und Konsumtionsverhältnissen her nach folgenden Kriterien konkret beschreiben:

1. *Arbeitsteilung beim Produktionsprozess*: Auf den ersten Blick wäre man geneigt, zu behaupten, die Besonderheit des Menschen bestehe darin, den Produktionsprozess grundsätzlich in Arbeitsteilung zu vollziehen. Dagegen wäre jedoch einzuwenden, dass der Mensch nicht das einzige arbeitsteilige Lebewesen ist; die Ameisen z. B. sind nicht weniger arbeitsteilig als die Menschen. Ihre Arbeitsteilung beruht allerdings auf Instinkthandlungen, im Gegensatz zur Menschengesellschaft, die auf moralische Grundwerte gegründet ist. In der Tat ist die Dominanz der moralisch bedingten Gefühle über die fast verkümmerten Instinkte das Grundcharakteristikum der Menschengesellschaft gegenüber allen anderen vormenschlichen Gesellschaften. Deshalb muss stets berücksichtigt werden, dass die Arbeitsteilung des Menschen beim Produktionsprozess von moralischen Grundwerten begleitet ist.

2. *Natürliche, gesellschaftliche Arbeitsteilung nach Geschlecht, Alter und Fähigkeit*: Die Jäger- und Sammlergesellschaft kennt nur die natürliche, gesellschaftliche Arbeitsteilung nach Geschlecht, Alter und Fähigkeit, besitzt aber keine weitere Arbeitsteilung auf Produktbasis, d.h. jeder Produzent und jeder Konsument der Jäger- und Sammlergesellschaft produziert bzw. konsumiert genau dieselben Gebrauchswerte, sodass kein Austausch von Produkten benötigt wird.[13]

---

[12] Marx, Karl: *Lohnarbeit und Kapital, MEW 6,* S. 407

[13] Güveniş, Halil: *Kritische Aufarbeitung der Marxschen Darstellung der kapitalistischen Produktionsweise mit Hilfe der Methode des Aufsteigens vom Abstrakten zum Konkreten;* The General Science Journal, 2017; http://gsjournal.net/Science-Journals/Research Papers/View/6804

Die natürliche, gesellschaftliche Arbeitsteilung nach Geschlecht, Alter und Fähigkeit ist bei jeder Jäger- und Sammlergesellschaft zu beobachten. So sind Männer je nach ihrer Fähigkeit überwiegend mit der gemeinschaftlichen Jagd großer Land- und Wassertiere und mit der Verteidigung des Stammesterritoriums beschäftigt, während Frauen eher aufs Sammeln von pflanzlicher Nahrung, auf Haushaltsarbeit und auf Kinderpflege konzentriert sind. Vollzeitspezialisten für einzelne Tätigkeiten gibt es nicht; nur gewisse Personen mit besonderen Fähigkeiten werden zeitweilig mit gesamtgesellschaftlich wichtigen öffentlichen Dienstleistungen beauftragt (z. B. Medizinleute, Schamanen, Kriegshäuptlinge, Clan-Ältesten). Während die Medizinleute und die Schamanen den Glauben der Jäger- und Sammlergesellschaft erhalten und „verwalten", stellen die Kriegshäuptlinge und die Clan-Ältesten bei allen gesamtgesellschaftlich wichtigen Beratungen und Entscheidungen ihre historische Erfahrung und Erkenntnis (= Wissen) zur Verfügung.

* * *

Die natürliche, gesellschaftliche Arbeitsteilung trat erst ab 40.000 v. Chr. auf. Die umfangreichen archäologischen Funde belegen, dass vor diesem Datum Mitglieder der vormenschlichen Gesellschaften relativ ähnliche Aufgaben übernahmen; die Neandertaler beispielsweise kannten keine gesellschaftliche Arbeitsteilung. Erst die Evolution zum Cro-Magnon-Menschen verschaffte dem modernen Menschen *(Homo sapiens)* die genetische Anlage, moralische Grundwerte zu entwickeln und im Rahmen dieser Grundwerte u. a. eine gesellschaftliche Arbeitsteilung nach Geschlecht, Alter und Fähigkeit einzugehen. Von daher ist der Beginn der Menschheitsgeschichte mit dem Aufkommen der natürlichen, gesellschaftlichen Arbeitsteilung in der Jäger- und Sammlergesellschaft gleichzusetzen. Das Ende der Jäger- und Sammlergesellschaft wird dann ab etwa 12.000 v. Chr. durch die Einführung der Arbeitsteilung auf Produktbasis (= „Neolithische Revolution" = Ackerbau und Viehhaltung) eingeleitet.

3. *Eigentums- und Besitzrechte*: Die Forschung geht heute davon aus, dass in der Jäger- und Sammlergesellschaft abgestufte Eigentums- und Besitzrechte vorkommen. So verfügen die natürlichen Rechtspersonen „Jäger und Sammler" unmittelbar und individuell über ihre eigene Arbeitskraft, über ihren persönlichen Besitz und über das von ihnen

beim Jagen und Sammeln eingesetzten Handwerkzeuge. Das erlegte Wild und die gesammelte pflanzliche Nahrung hingegen gehören den Jägern bzw. SammlerInnen gemeinsam, sofern diese von ihnen durch eine kooperative Handlung erwirtschaftet wurden. Auf natürliche Ressourcen und gespeicherte Vorräte wird in Solidargemeinschaft zurückgegriffen. Über Land (= Territorium), Wasser, Kultstätten und historisches Wissen hat nur der gesamte Stamm (= die Glaubensgemeinschaft mit ihren Ahnen und Enkelkindern) kollektive Verfügungsgewalt.

4. *Familien-, Verwandtschafts- und Volksverhältnisse*: Die Jäger- und Sammlergesellschaft ist in Gruppen (= „Horden") von Kleinfamilien gegliedert, die an verwandtschaftliche Clan-Linien gebunden sind. Je nach Umweltbedingungen können sich zeitweilig mehrere Gruppen zu größeren Einheiten zusammenschließen; die Stärke solcher Gruppen liegt allerdings immer unter 100 Köpfen. Die Partnerwahl erfolgt außerhalb der eigenen Gruppe, jedoch meistens innerhalb des eigenen Volksstammes; in den allermeisten Fällen ziehen die verheirateten Frauen zur Gruppe des Mannes. Die über Verwandtschaftsverhältnisse miteinander verbundenen Gruppen bilden einen Volksstamm bzw. eine Glaubensgemeinschaft, die mehrere tausend Köpfe umfassen kann.

5. *Territoriale Zugehörigkeit*: Untrennbar verbunden mit den Familien-, Verwandtschafts- und Volksverhältnissen ist das abgegrenzte Gebiet (= das Territorium = der Heimatboden), auf dem der betreffende Volksstamm lebt. Meistens durch die Mythen der Glaubensgemeinschaft tabuisiert wird das Stammesterritorium mit allen Mitteln gegen äußere Feinde verteidigt – gegebenenfalls durch die Phratrie (= Bruderschaft) der verwandten Volksstämme. Wenn man bedenkt, dass die Jäger- und Sammlergesellschaft auf diese Weise mehrere tausend Stammesangehörige gegen äußere Feinde mobilisieren kann, dann wird es einem klar, was für einen Evolutionsvorteil der auf Verwandtschaftsverhältnissen basierende Stammesverband bietet. Der Neandertaler zum Beispiel war aller Wahrscheinlichkeit nach wegen fehlender Verwandtschaftsverhältnisse nicht imstande, mehrere Dutzend Krieger auf die Beine zu stellen. Im Stammesverband organisiert war also der Cro-Magnon-Mensch dem Neandertal-Menschen weit überlegen, obwohl vom Körperbau her ein einzelner Neandertaler einem einzelnen Cro-Magnon-Menschen gegenüber eindeutig im Vorteil war. Daraus folgt, dass sogar ein einziger Cro-Magnon-Stamm von dem in ihm steckenden Vernichtungspotential her

nicht nur die gesamten Neandertaler-Populationen der Welt, sondern alle noch übriggebliebenen *Hominini* (= die nächsten Verwandten der Gattung *Homo*) sukzessive aus-
gerottet haben könnte; allerdings fehlen bis heute beweiskräftige, archäologische Funde
für eine derartige Gesamtausrottung.

6. *Moralische Legitimation der Jäger- und Sammlergesellschaft*: Das Grundcharakteristikum der Menschengesellschaft gegenüber allen anderen vormenschlichen Gesellschaften ist die Dominanz der moralisch bedingten Gefühle über die fast verkümmerten
Instinkte.[14] Demnach kann die Jäger- und Sammlergesellschaft bei der Motivationssu-
che für ihre Taten nicht auf phylogenetisch festgelegte Instinkthandlungen zurückgreifen; sie ist gezwungen, moralische Grundwerte und Verhaltensnormen zu entwickeln,
um ihre Gesellschaftsordnung durch historische Erfahrung, Erkenntnis und Glauben zu
legitimieren.[15]

* * *

Die Glaubensvorstellungen *aller* weltweit zerstreuter Jäger- und Sammlergesellschaften weisen weitreichende Gemeinsamkeiten auf. Wenn man die Clan-Ältesten und die
Schamanen der Jäger- und Sammlergesellschaft fragt, warum sie eigentlich glauben,
dass ihr Stamm den richtigen Lebensweg geht und sich nicht im Labyrinth des Lebens
verirrt, dann fällt ihre Antwort im Wesentlichen gleich aus:

Es ist der Wille des Großen Geistes, dass wir nach dem Mythos der am Anfang offen-
barten Wahrheit leben. Von Generation zu Generation wird diese geheim gehaltene
Wahrheit weitergereicht, damit die Mitte des Volkes nicht verloren geht und die neuen
Generationen die am Anfang offenbarte Wahrheit befolgen können.

Alle Völker im Weltall, von Sternvölkern bis zu Zweibeinigen, sind verwandt miteinander, denn ihre Mutter und ihr Vater ist ein Geist – der Große Geist. Der Leib des
Menschen gehört Mutter Erde, die Seele dem Großen Geist. Bei der Geburt werden
dem Menschen diese beiden Substanzen verliehen und nach dem Tod zu ihrem Ursprung zurückgeführt.

---

[14] ebd. S. 11
[15] ebd. S. 10

Die Kraft der Welt wirkt sich stets in Kreisen aus. Die Mitte des Kreises gehört als Kraftzentrum dem Großen Geist. Um im Leben Kraft zu schöpfen, muss sich daher der Stamm in den von verwandten Völkern gebildeten Lebenskreis begeben und den Großen Geist in der Mitte des Kreises als Schöpfer dieser heiligen Ordnung tief im Herzen fühlen. Indem der Mensch – die letzte Schöpfung des Großen Geistes – mit der am Anfang offenbarten Wahrheit eins wird, schließt sich der Kreis und der Mensch tut vor der gesamten Schöpfung kund, dass er als einziger unter allen Völkern dazu imstande ist, die Weltseelen im Kreise fließen zu lassen und daraus Kraft zu schöpfen.

7. *Die sinnliche Erkenntnisweise*: Damit sich die Jäger- und Sammlergesellschaft durch historische Erfahrung, Erkenntnis und Glauben legitimieren kann, muss die sinnliche Erkenntnisweise voll entwickelt sein. Dabei verstehen wir unter sinnlicher Erkenntnisweise jene Erkenntnisgewinnung, bei der allein die von der biologischen Evolution her gegebenen natürlichen Erkenntnismittel zur Verfügung stehen. Im Einzelnen sind es die folgenden Erkenntnismittel:

a) Um in der Natur und in Gesellschaft Erfahrungen sammeln zu können und danach zu handeln, braucht der Mensch als Erkenntnismittel vor allem seine Sinnesorgane. Darüber hinaus muss ihm ein intaktes Gedächtnis mit verschiedenen Abrufmöglichkeiten der gespeicherten Information zur Verfügung stehen. Schließlich muss er ein frühkindlich und sozialisationsmäßig eingeübtes motorisches System besitzen, um die in der Menschengesellschaft vorkommenden, vielfältigen Verhaltensanweisungen ausführen zu können. – Der Mensch besitzt die aufgezählten Erkenntnismittel (= *die erste Entwicklungsstufe der sinnlichen Erkenntnisweise*) mit vielen Säugetieren (z. B. mit Löwen, Wölfen, etc.) gemeinsam.

b) *Die zweite Entwicklungsstufe der sinnlichen Erkenntnisweise* wird mit Herstellung und Gebrauch von Werkzeugen eingeleitet. Um das Werkzeug aus der Umwelt zu extrahieren und ihm eine selbständige Rolle in einem Gesamtplan zu geben, braucht der Mensch als Erkenntnismittel vor allem sein Abstraktionsvermögen und seine Vorstellungskraft. – Der Mensch besitzt diese beiden Erkenntnismittel mit den am meisten fortgeschrittenen Arten der Gattung *Homo* (= *Homo Erectus* und *Neandertaler*) gemeinsam.

c) *Die dritte Entwicklungsstufe der sinnlichen Erkenntnisweise* wird mit Herstellung und Gebrauch von Kult- bzw. Kunstgegenständen (= Dienstleistungen) eingeleitet. Um Kult- bzw. Kunstgegenstände herzustellen, braucht der Mensch als Erkenntnismittel vor allem sein Identifikationsvermögen und sein Wahrnehmungsorgan für die Geisterwelt. Durch sein Identifikationsvermögen mit einem Welt- und Menschenbild verschafft sich der Mensch die emotionale Grundlage, als Ersatz für die fast verkümmerten Instinkte moralische Grundwerte und Verhaltensnormen zu entwickeln und danach zu handeln. Sein Wahrnehmungsorgan für die Geisterwelt dient ihm dazu, seine moralischen Grundwerte und Verhaltensnormen durch spirituelle Erfahrungen zu legitimieren und diesen Erfahrungen symbolhaft den unerschütterlichen Wahrheits- und Gerechtigkeitsanspruch eines Kult- bzw. Kunstgegenstands zu geben. – Der Mensch besitzt diese beiden Erkenntnismittel mit keiner Art der Gattung *Homo* gemeinsam; folglich sind diese beiden Erkenntnismittel konstituierend fürs Menschsein.

2.3 Besitzer von Arbeitskraft und Produktionsmitteln

Nachdem wir *auf der höchsten zeitlichen und räumlichen Abstraktionsebene* die Jäger, Sammler und Produktionsmittelhersteller als die konkreten Produzenten der Jäger- und Sammlergesellschaft im Einzelnen beschrieben und definiert haben, steigen wir nun auf der räumlichen Abstraktionsachse eine Stufe tiefer, um die Besitzverhältnisse zu definieren.

Karl Marx definiert die Arbeitskraft als den Inbegriff der physischen und geistigen Fähigkeiten, die in der Leiblichkeit, der lebendigen Persönlichkeit eines Menschen existieren. Die physischen Fähigkeiten des Menschen umfassen alle Körperfunktionen bis auf die Funktionen des Aktions- und Verhaltenssteuerungsorgans „Gehirn". Alle geistigen Fähigkeiten des Menschen gehen vom Gehirn aus und steuern über Nervenbahnen die physischen Fähigkeiten des Menschen, d.h. die geistigen Fähigkeiten des Menschen existieren losgelöst (= abstrahiert) von physischen Fähigkeiten als ihr Steuerungs- bzw. Lenkzentrum im Gehirn (= in der Tiefe des menschlichen Körpers). Das Gehirn funktioniert derart, dass die Ereignisse in der Außenwelt durch die Sinnesorgane wahrgenommen und dadurch einzelne Gegenstände den menschlichen Individuen im Sinne einer objektiv bestimmbaren Ursache-Wirkungskette als ihr Besitz zugeordnet werden. Die Besitzer von Produktionsmitteln sind dann jene Menschen, die den betreffenden

Gegenstand zum ersten Mal in der Geschichte in die Welt gesetzt (= produziert oder in fertiger Form gefunden) haben. Der eigentliche Besitzer von Arbeitskraft hingegen ist ein übersinnlicher Schöpfer, der durch seinen Schöpfungsakt den weltlichen Besitz der Arbeitskraft unveräußerlich der unmittelbaren und individuellen Verfügungsgewalt jedes einzelnen Menschen überlassen hat. – Damit sind die Rechtspersonen „Besitzer von Arbeitskraft und Produktionsmitteln" vom Konkreten zum Abstrakten absteigend als *natürlich vorgegebene Begriffe* definiert. Wesentlich bei dieser Begriffsbildung ist, dass der hierbei ausgeführte Abstraktionsschritt nicht vom theoretischen Forscher selbst konstruiert (= erfunden) wurde, sondern mitten im physischen und geistigen Geschehen als real existierende Struktur entdeckt wurde.

2.4 Die Produzenten

Wenn die Besitzer von Arbeitskraft und Produktionsmitteln zwecks Produktion zusammengeführt und im Rahmen eines Gesamtplans in Aktion gesetzt werden, dann müssen für diesen Vorgang ganz bestimmte Besitzer verantwortlich sein. Wir nennen diese im Rahmen eines Gesamtplans für die Produktion verantwortlichen Besitzer „Produzenten" (= Besitzer von Produktivkräften) und stellen sie als abstraktes Moment vom Konkreten zum Abstrakten absteigend (= in der Tiefe des menschlichen Gehirns) unter die Besitzer von Arbeitskraft und Produktionsmitteln. Sind die Produktionsverhältnisse einer bestimmten Epoche gegeben, so ist unter anderem auch festgelegt, welche Art von Besitzern der Produktivkräfte die historische Verantwortung für die Produktion trägt.

Es reicht also, aus der Definition der Besitzer von Arbeitskraft und Produktionsmitteln die Moralität der Besitzer der Produktivkräfte zu extrahieren (= zu abstrahieren), damit die Jäger- und Sammlergesellschaft eine im Rahmen eines Gesamtplans für die Produktion historisch verantwortliche, moralische Instanz bekommt. Die Schaffung eines Menschen, der diese moralische Instanz als geistige Fähigkeit in sich trägt, ist keine leichte Aufgabe, wenn man bedenkt, dass dieser Mensch zugleich in ein- und derselben Person Jäger-Krieger-Produktionsmittelhersteller-Vater oder Sammlerin-Haushälterin-Mutter-Produktionsmittelherstellerin sein muss. Die Konzentration all dieser gesellschaftlichen Rollen auf einzelne Personen ist die besondere Leistung der Jäger- und Sammlergesellschaft und erzeugt vom Selbstbewusstsein, Stolz und Glücksgefühl her derart ganzheitliche Menschen, die im weiteren Verlauf der Menschheitsgeschichte nicht anzutreffen sind.

2.5 Konkretisierung der Konsumtion und der Konsumenten

Bisher haben wir die Produktion von ihren konkreten Vorbedingungen (= von Produzenten) her betrachtet. Wir betrachten sie nun von ihrem Resultat (= von Konsumenten und von der Konsumtion) her (Abb. 1). Die Konsumtion umfasst drei Tätigkeitsbereiche: Konsumtion von Konsumtionsmitteln, Konsumtion von Produktionsmitteln und Konsumtion von öffentlichen Dienstleistungen. Folglich lassen sich die Konsumenten der Jäger- und Sammlergesellschaft konkretisieren durch die Tätigkeitssubjekte: Konsumenten der Konsumtionsmittel, Konsumenten der Produktionsmittel und Konsumenten der öffentlichen Dienstleistungen. Unsere Analyse wird daher fortgesetzt mit der Konkretisierung der Konsumenten in der Jäger- und Sammlergesellschaft.

2.5.1 Konsumenten der Konsumtionsmittel

Konsumtionsmittel sind Bedarfsprodukte, die der Arbeitskraft zum Verzehr (= zur Reproduktion) dienen; sie zerfallen in Gegenstand, Mittel und Dienstleistungen der Konsumtion. Fleisch und Pflanzenkost z. B. sind Gegenstände der Konsumtion, während Messer, Löffel, Gabel usw. Mittel der Konsumtion sind. Beispiele für Dienstleistungen der Konsumtionssphäre sind Haushaltsarbeit oder schamanische Geisterwelt-Reisen. Bei der Reproduktion der Arbeitskraft muss stets beachtet werden, dass die zwei Komponenten der Arbeitskraft – physische und geistige Fähigkeiten – die für sie bestimmten Dienstleistungen zum Verzehr bekommen. Dienstleistungen, die zur Reproduktion der geistigen Fähigkeiten der Arbeitskraft konsumiert werden, sind:

1. *Lehrtätigkeit*: Wie bereits erwähnt, erfordert die Lebensführung in fast allen Bereichen der Jäger- und Sammlergesellschaft ein derart umfängliches kulturelles Wissen und Können, so dass eine spezielle Dienstleistung (= Lehrtätigkeit) der älteren Generationen an den jüngeren notwendig wird. Das gesamte kulturelle Wissen und Können der Jäger- und Sammlergesellschaft wird in einem über die gesamte Jugend ausgedehnten Lernprozess an die jüngeren Generationen weitergegeben.

2. *Medizinische Behandlung*: Wenn physische und geistige Fähigkeiten der Jäger und Sammler erkranken, so wird eine spezielle Dienstleistung (= eine medizinische Behandlung) erforderlich, die von einem für diesen Zweck „spezialisierten" Medizinmann oder von einer Schamanin ausgeführt wird. Das Wissen und Können der Medizinmänner und der Schamanen sind so speziell, dass sie eine traditionelle Ausbildung von einem erfahrenen Medizinmann bzw. Schamanen erhalten müssen; in der Regel ist zu diesem Zweck eine besondere Begabung erforderlich, die durch eine Initialisierung (= Berufung = einen Ruf der Geister) gewährleistet wird.

* * *

Positiv formuliert sind die Konsumenten der Konsumtionsmittel (= Verzehrer von Bedarfsprodukten) nichts anderes als die Produzenten von Arbeitskraft. Demnach werden in der Produktionssphäre Gebrauchswerte und in der Konsumtionssphäre Arbeitskräfte produziert. Und umgekehrt werden in der Produktionssphäre Arbeitskräfte und in der Konsumtionssphäre Gebrauchswerte konsumiert. Produzenten von Arbeitskraft in der Jäger- und Sammlergesellschaft sind die Jäger- und Sammler-Einfamilienhaushalte mit Vater und Mutter als Erzeuger, Versorger und Erzieher der Kinder. Dabei kommt der Mutter neben ihrer Rolle als Sammlerin, Haushälterin, Kinderpflegerin und Produktionsmittelherstellerin auch noch die Rolle der Stammhalterin zu; im hohen Alter, wenn sie Urgroßmutter von hundert und mehr Söhnen, Töchtern, Enkeln und Urenkeln ist, wird ihre Rolle als Stammhalterin verklärt und in die Nähe der Mutter Erde gerückt, von der alles Körperliche stammt.

2.5.2 Konsumenten der Produktionsmittel

Konsumenten der Produktionsmittel sind die Produktionsmittelhersteller von der Produktionssphäre. Da die Jäger- und Sammlergesellschaft keine Arbeitsteilung auf Produktbasis besitzt, gehen die Produkte der Produktionsmittelhersteller unmittelbar in die Produktion ein, d.h. für viele Produktionsmittel ist ihre Aufbewahrung bzw. Lagerung in der Konsumtionssphäre nur vorübergehend; sie werden sogleich als produktive Konsumtion zur Reproduktion der verbrauchten Produktionsmittel in der Produktionssphäre verwendet. Dienstleistungen, die zur Konsumtion der Konsumtionsmittel gehören, werden unmittelbar in der Konsumtionssphäre produziert. Für viele öffentliche

Dienstleistungen existiert die Zweiteilung in Produktions- und Konsumtionssphäre überhaupt nicht; für sie ist der Produktionsprozess zugleich ihr Konsumtionsprozess.

2.5.3 Konsumenten der öffentlichen Dienstleistungen

Alle Sachmittel, die im Dienste der Allgemeinheit (= der Gesamtheit der Stammesangehörigen) produziert werden, gehören zu öffentlichen Dienstleistungen. Mit anderen Worten: Alle Maßnahmen (= Sachmittel), die im Dienste der Allgemeinheit zur Aufrechterhaltung der Produktions- und Konsumtionsverhältnisse ergriffen werden, sind öffentliche Dienstleistungen. Folgende Produktions- und Konsumtionsverhältnisse erfordern zu ihrer Aufrechterhaltung eine spezielle öffentliche Dienstleistung:

1. Die *Arbeitsteilung beim Produktionsprozess* erfordert keine öffentliche Dienstleistung; sie wird von den Jägern und Sammlern durch ihre unmittelbare Produktionstätigkeit spontan aufrechterhalten.

2. Die *natürliche, gesellschaftliche Arbeitsteilung nach Geschlecht, Alter und Fähigkeit* erfordert zu ihrer Aufrechterhaltung die soziale Fürsorge (= die Kinder-, Kranken- und Altenpflege). Das sind aber keine öffentlichen, sondern soziale Dienstleistungen, die im privaten Bereich (= im Einfamilienhaushalt) ausgeführt werden.

3. Die *Eigentums- und Besitzrechte* erfordern zu ihrer Aufrechterhaltung im produktiven und sozialen Bereich keine öffentlichen Dienstleistungen; sie werden von den Stammesangehörigen spontan aufrechterhalten. In Fragen des gesamten Stamms und der Glaubensgemeinschaft kann es aber vorkommen, dass im Rahmen der kollektiven Verfügungsgewalt des Stammes der Rat der Ahnen und der Geister eingeholt werden muss. In diesen Fällen stehen die Schamanen mit einer besonderen öffentlichen Dienstleistung (= mit ihren Visionen) zur Verfügung.

4. Die *Familien-, Verwandtschafts- und Volksverhältnisse* erfordern zu ihrer Aufrechterhaltung ein beträchtliches Maß an sozialen (= konsumtiven) Dienstleistungen; sie werden aber nicht im Interesse der Allgemeinheit, sondern im persönlichen Interesse ausgeführt; folglich sind sie keine öffentlichen Dienstleistungen. – Wird aber ein Stammesmitglied von einem Angehörigen eines fremden Stammes getötet, so hat das die

öffentliche Dienstleistung „Blutrache" zur Folge, weil die Aufrechterhaltung der Verwandtschafts- und Volksverhältnisse dies so erfordert.

5. Die *Territoriale Zugehörigkeit* des Stammes verpflichtet die Stammesangehörigen zur wichtigsten öffentlichen Dienstleistung (= zur Verteidigung des Stammesterritoriums gegen äußere Feinde). Zu diesem Zweck verwandelt sich der Jäger in einen Krieger und der Produktionsmittelhersteller in einen Waffenspezialisten. Erst durch diese öffentliche Dienstleistung bekommen die Jäger und Sammler einen sicheren Standort und Wirkungsraum für ihre Produktionstätigkeit und die Mütter und Väter einen sicheren Haushalt (= Heimatboden) zum Großziehen ihrer Kinder. – Das Sicherheitsinteresse des Stammes beschränkt sich aber nicht auf die territoriale Zugehörigkeit; Umweltkatastrophen jeder Art bringen die Unversehrtheit des Stammes auf die Tagesordnung und erfordern als öffentliche Dienstleistung den uneingeschränkten Beistand (= die Solidarität) der Stammesangehörigen.

6. Die *moralische Legitimation* ist das Grundcharakteristikum *der Jäger- und Sammlergesellschaft*. Zu ihrer Grundlegung und Aufrechterhaltung werden daher im geistigen Leben der Glaubensgemeinschaft die umfangreichsten öffentlichen Dienstleistungen ausgeführt. An der Spitze dieser Dienstleistungen steht die *Wahrheits- und Gerechtigkeitssuche* in den Mythen und Offenbarungen des Stammes. Weitergeführt wird die Wahrheits- und Gerechtigkeitssuche durch die *Schönheitssuche* bei der künstlerischen Gestaltung symbolhafter Kult- und Kunstgegenstände (= Fetische, Totems, Musik, Gesang usw.). All diese Wahrheits-, Gerechtigkeits- und Schönheitssuche schlägt schließlich in die Tat um, wenn die Stammesangehörigen gemeinsam ihre kultischen Handlungen (= Tanzen, Beten, Pilgern, Bestatten usw.) ausführen.

7. Im Zentrum aller Produktions- und Konsumtionsverhältnisse der Jäger- und Sammlergesellschaft steht *die sinnliche Erkenntnisweise*, die nach dem Glauben der Jäger- und Sammlergesellschaft eine Schöpfung (= eine öffentliche Dienstleistung) des Großen Geistes ist. Die religiösen Handlungen der Stammesangehörigen sind dann ihrerseits öffentliche Dienstleistungen, die als Anerkennung und Dank für diesen ursprünglichen Schöpfungsakt erbracht werden.

2.6 Der Stamm

Nachdem wir *auf der höchsten zeitlichen und räumlichen Abstraktionsebene* die Jäger- und Sammler-Einfamilienhaushalte mit Vater und Mutter als Erzeuger, Versorger und Erzieher der Kinder als die konkreten Konsumenten der Jäger- und Sammlergesellschaft im Einzelnen beschrieben und definiert haben, steigen wir nun auf der räumlichen Abstraktionsachse eine Stufe tiefer, um den Stamm mit Hilfe der Blutverwandtschaftsverhältnisse zu definieren.

Die Jäger- und Sammler-Einfamilienhaushalte sind durch die Stammhalterin-Funktion der Mütter miteinander verbunden; die Blutverwandtschaftsverhältnisse können bis zu einer Ur-Urgroßmutter zurückverfolgt werden. Wir nennen diese über Blutverwandtschaftsverhältnisse miteinander verbundenen, gegenwärtigen, vergangenen und zukünftigen Generationen der Jäger- und Sammler-Einfamilienhaushalte einen (Volks)stamm. Dabei ist zu beachten, dass der Stamm nicht als die Summe der konkret vorgegebenen, gegenwärtigen, vergangenen und zukünftigen Jäger- und Sammler-Einfamilienhaushalte definiert ist, sondern als die Summe der abstrakten Blutverwandtschaftsverhältnisse. Der Stammesangehörige ist dann jener Mensch, der sich im Rahmen einer Glaubensvorstellung mit diesen abstrakten Blutverwandtschaftsverhältnissen identifiziert, ihnen die Bedeutung einer normsetzenden moralischen Instanz zuordnet und danach handelt. – Damit ist die Rechtsperson „Stamm" vom Konkreten zum Abstrakten absteigend als natürlich vorgegebener Begriff definiert. Der hierbei ausgeführte Abstraktionsschritt „Blutverwandtschaftsverhältnisse" wurde nicht vom theoretischen Forscher selbst konstruiert (= erfunden), sondern mitten im physischen und geistigen Geschehen als real existierende Struktur entdeckt.

2.7 Die Glaubensgemeinschaft

Der Mensch besteht aus Körper und Geist (= Seele). Während Blutverwandtschaftsverhältnisse eine körperliche Verbundenheit unter den Stammesangehörigen bedeuten, setzen Seelenverwandtschaftsverhältnisse eine geistige Verbundenheit unter den Volksstämmen im Weltall voraus. Wir nennen diese durch Seelenverwandtschaftsverhältnisse miteinander verbundenen Volksstämme eine Glaubensgemeinschaft, weil nur im Glauben der Jäger- und Sammlergesellschaft alle Völker im Weltall – von Sternvölkern bis zu Zweibeinigen – als beseelt vorgestellt werden. Dabei ist nach dieser Vorstellung unter Beseelung der Völker im Weltall ein einmaliger Schöpfungsakt zu verstehen, der zu Beginn des geschichtlichen Ablaufs (= *am Anfang*) vom Großen Geist (= von der Heimat aller Seelen im Weltall) ausgeführt wurde.

Es reicht also, aus der Definition des Stammes die Moralität der Glaubensgemeinschaft zu extrahieren (= zu abstrahieren), damit die Jäger- und Sammlergesellschaft eine für die einheitliche Beseelung des Weltalls historisch verantwortliche, moralische Instanz bekommt. Aus dieser Definition der Glaubensgemeinschaft als moralische Instanz wird allerdings nicht klar, welchen evolutionären Zweck diese neue Konstellation nach der Konstituierung des Stammesverbands erfüllt. Den evolutionären Zweck des Stammes kann man ohne weiteres verstehen: Der Stammesverband schützt die Stammesangehörigen vor äußeren Feinden (= vor fremden Stammesangehörigen) und bedeutet damit einen eindeutigen Evolutionsvorteil. Vor wem oder vor was schützt aber die Glaubensgemeinschaft die Glaubensangehörigen? Auf diese Frage kann man keine eindeutige Antwort geben; auf den ersten Blick wird es nicht klar, welcher Evolutionsvorteil dieser Konstellation zugrunde liegt. Bei näherem Nachdenken über diese Frage wird aber einem klar, dass das Tätigkeitswort „schützen" nicht ganz in Ordnung ist und die Frage eher so gestellt werden müsste: Was treibt den Verteidigungswillen der Stammesangehörigen in solche Höhen, dass aus dem Schutzbedürfnis vor äußeren Feinden eine nicht zu bändigende Angriffslust gegen Ungläubige bzw. Andersdenkende wird?

Wenn man die Grundfrage auf diese Weise umformuliert, dann wird es einem sofort klar, dass die Glaubensgemeinschaft als moralische Instanz einen enormen Evolutionsvorteil bietet: Dadurch kann die Jäger- und Sammlergesellschaft ihre natürlichen, menschlichen oder vormenschlichen Feinde zum Jagdtier (= zur Beute) erklären und über ihr Leib und Leben, Hab und Gut frei verfügen. Für die menschlichen Feinde würde diese nicht zu bändigende Angriffslust nur bedeuten, dass sie nun ihrerseits ihre Angriffslust bzw. ihren Verteidigungswillen auf evolutionärem Wege steigern. Für die vormenschlichen Feinde allerdings würde diese nicht zu bändigende Angriffslust die Bedeutung einer Gesamtausrottung der noch übriggebliebenen *Hominini* (= der nächsten Verwandten der Gattung *Homo*) haben.

Die Konstituierung der Glaubensgemeinschaft als moralische Instanz würde also die im Menschen steckende Bösartigkeit gegen Ungläubige bzw. Andersdenkende erklären. Glaube und Religion wären damit nicht nur Ursprung aller erhabenen Gefühle des Menschen gegenüber seinen Stammes- bzw. Glaubensangehörigen, sondern zugleich Ursache der tiefen Bösartigkeit und Fremdenfeindlichkeit gegen Ungläubige bzw. Andersdenkende. Außerdem würde die Konstituierung der Glaubensgemeinschaft als moralische Instanz erklären, warum diese letzte Evolutionsstufe so schnell vor sich ging (etwa von 400.000 v. Chr. bis 40.000 v. Chr.), während viel geringere evolutionäre Anpassungen an die Umwelt Millionen Jahre in Anspruch nahmen; der Selektionsdruck, der von der kriegerischen Auseinandersetzung der menschlichen Jäger- und Sammlergesellschaften (= von der Eigenkonkurrenz des Homo sapiens als Evolutionsfaktor) ausging, war wahrscheinlich so groß, dass sich der Mensch im „Eiltempo" zu einem aus Gut und Böse bestehenden polaren Wesen entwickelte.

2.8 Das abstrakte Schema des Arbeitsprozesses

Wir stellen nun die bisher erhaltenen Resultate unserer Analyse in einem abstrakten Schema des Arbeitsprozesses in der Jäger- und Sammlergesellschaft dar (Abb. 2):

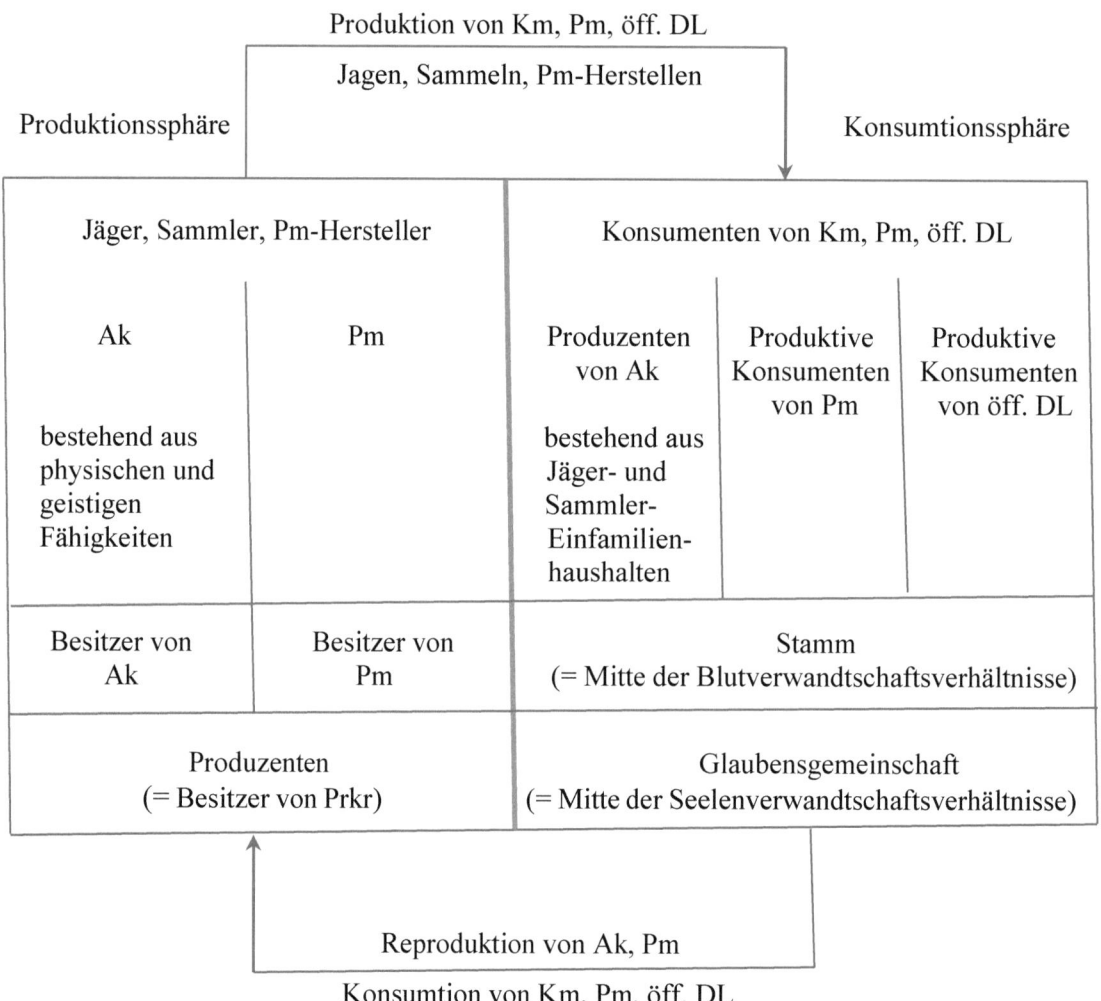

Ak = Arbeitskraft
Pm = Produktionsmittel
Km = Konsumtionsmittel
Prkr = Produktivkräfte
öff. DL = öffentliche Dienstleistungen

Abbildung 2: Schema des Arbeitsprozesses in der Jäger- und Sammlergesellschaft

Im Einzelnen soll dieses abstrakte Schema Folgendes darstellen: Die Produktion (= Jagen, Sammeln, Produktionsmittelherstellen) findet unter der Verfügungsgewalt der konkreten Produzenten „Jäger, Sammler und Produktionsmittelhersteller" statt. All diesen konkreten Produzenten ist es gemeinsam, aus Arbeitskraft und Produktionsmitteln (= Produktivkräften) zu bestehen. Wenn wir aus den konkret vorgegebenen Arbeitskräften und Produktionsmitteln als ihr Steuerungs- und Lenkzentrum den Begriff „Besitzer" abstrahieren, so erhalten wir auf der nächst tieferen Abstraktionsebene zunächst als unabhängige Rechtspersonen die Besitzer von Arbeitskraft und Produktionsmitteln. Die abstrakten Produzenten sind dann jene Rechtspersonen, die die Besitzer von Arbeitskraft und Produktionsmitteln zwecks Produktion zusammenführen und im Rahmen eines Gesamtplans in Aktion setzen. Nach Abschluss des Produktionsprozesses befinden sich die produzierten Gebrauchswerte (= Konsumtions- und Produktionsmittel, öffentliche Dienstleistungen) zwecks Konsumtion bei den konkreten Konsumenten. Dabei gilt für die Jäger- und Sammlergesellschaft grundsätzlich, dass Produzenten und Konsumenten identische Rechtspersonen sind, d.h. es gibt keine Arbeitsteilung auf Produktbasis und damit keinen Austausch von produzierten Gebrauchswerten. Konsumenten von Produktionsmitteln und öffentlichen Dienstleistungen sind produktive Konsumenten, die ihre Produkte unmittelbar zur Reproduktion von verbrauchten Produktionsmitteln in der Produktionssphäre verwenden. Tatsächlich physische Konsumenten sind nur die Konsumenten der Konsumtionsmittel, die – positiv formuliert – nichts anderes als die Produzenten von Arbeitskraft sind. Konkrete Produzenten von Arbeitskraft in der Jäger- und Sammlergesellschaft sind die Jäger- und Sammler-Einfamilienhaushalte mit Vater und Mutter als Erzeuger, Versorger und Erzieher der Kinder. Der (Volks)stamm ist dann auf der nächst tieferen Abstraktionsebene definiert als die normsetzende moralische Instanz, die aus den abstrakten Blutverwandtschaftsverhältnissen der Jäger- und Sammler-Einfamilienhaushalte folgt. Die Glaubensgemeinschaft schließlich ist auf der tiefsten Abstraktionsebene definiert als die für die einheitliche Beseelung des Weltalls historisch verantwortliche, moralische Instanz.

Nach Abschluss der Konsumtion von Konsumtions- und Produktionsmitteln und öffentlichen Dienstleistungen befinden sich die abstrakten Produzenten im Besitz der reproduzierten Produktivkräfte, weshalb sie auch „Besitzer von Produktivkräften" genannt werden. Damit kann der Arbeitsprozess von Neuem beginnen und als sich selbst erhaltender (= reproduzierender) Kreisprozess bis in alle „Ewigkeit" dauern. – Das ist der von verwandten Völkern gebildete Lebenskreis, von dem in den Mythen und Offenbarungen der Jäger- und Sammlergesellschaft ausführlich berichtet wird.

2.9 Quantitative Beschreibung des Arbeitsprozesses

Nach Aufstellung und Beschreibung des abstrakten Schemas des Arbeitsprozesses in der Jäger- und Sammlergesellschaft kommen wir nun zur quantitativen Beschreibung des Problems. Da das abstrakte Schema des Arbeitsprozesses in Abb. 2 als die ursprüngliche Form des volkswirtschaftlichen Kreislaufs in modernen Gesellschaften interpretiert werden kann, könnten die Begriffe in Abb. 2 als die *Buchführungskonten der volkswirtschaftlichen Gesamtrechnungen* aufgefasst und durch eine entsprechende Statistik quantitativ beschrieben werden. Obwohl diese Idee auf den ersten Blick plausibel erscheint, stehen zu deren Verwirklichung wesentliche Hindernisse im Weg: Das Haupthindernis besteht darin, dass das statistische Erfassen der Gesamttätigkeit archaischer Völker technisch als unmöglich erscheint. Darüber hinaus spielt in der Jäger- und Sammlergesellschaft die quantitative Beschreibung gesellschaftlicher und natürlicher Abläufe überhaupt keine Rolle. Die Jäger- und Sammlergesellschaft kennt von mathematischen Kenntnissen her nur das Zählen von eins bis drei; alles, was über drei hinausgeht, wird qualitativ mit „viele" umschrieben.

Der Hauptgrund für das Fehlen jeglicher quantitativen Beschreibung im historisch-empirischen Material der Jäger- und Sammlergesellschaft besteht darin, dass Messungen auf der Basis einer festgelegten Maßeinheit gänzlich unbekannt sind; folglich enthalten die Produktions- und Konsumtionsprozesse in der Jäger- und Sammlergesellschaft keine Quantitätsangaben. – Angesichts dieser Sachlage verzichten wir im Folgenden auf die quantitative Beschreibung der Jäger- und Sammlergesellschaft und versuchen die historische Reihenfolge und das gegenseitige Abhängigkeitsverhältnis der in diesem Forschungsgebiet vorhandenen Gesetze und Regelmäßigkeiten allein auf der Grundlage des qualitativ beschriebenen, abstrakten Schemas in Abb. 2 abzuleiten. Dazu gehen wir als Beispiel von zwei Gesetzeskomplexen aus, die von Karl Marx im Vorwort „Zur Kritik der Politischen Ökonomie" als allgemeingültige Gesetze für alle möglichen Gesellschaftsformationen formuliert wurden; wir versuchen diese Gesetzeskomplexe für die Jäger- und Sammlergesellschaft umzuformulieren.

3 Abhängigkeit der Produktionsverhältnisse von den Produktivkräften

„In der gesellschaftlichen Produktion ihres Lebens gehen die Menschen bestimmte, notwendige, von ihrem Willen unabhängige Verhältnisse ein, Produktionsverhältnisse, die einer bestimmten Entwicklungsstufe ihrer materiellen Produktivkräfte entsprechen.“[16]

Die gesellschaftliche Produktion des Lebens in der Jäger- und Sammlergesellschaft umfasst zwei Lebensbereiche: die Produktions- und die Konsumtionssphäre. Nach Abb. 2 werden in der Produktionssphäre Gebrauchswerte und in der Konsumtionssphäre Arbeitskräfte produziert. Damit die Produktion von Gebrauchswerten stattfinden kann, werden die Produktivkräfte „Arbeitskraft und Produktionsmittel“ benötigt, die sich während der Produktionstätigkeit in ganz bestimmten, konkreten und abstrakten Produktionsverhältnissen befinden müssen. Zur Produktion von Arbeitskraft hingegen benötigt man die Produktivkräfte „Vater und Mutter als Erzeuger, Versorger und Erzieher der Kinder und Konsumtionsmittel“, die sich während der Konsumtionstätigkeit in ganz bestimmten, konkreten und abstrakten Konsumtionsverhältnissen (= *Familien-, Verwandtschafts- und Volksverhältnissen*) befinden müssen. Damit können wir das obige Marx-Zitat für die Jäger- und Sammlergesellschaft folgendermaßen umformulieren: In der gesellschaftlichen Produktion ihres Lebens gehen die Jäger und Sammler bestimmte, notwendige, von ihrem Willen unabhängige konkrete und abstrakte Verhältnisse ein, Produktions- und Konsumtionsverhältnisse, die einer bestimmten Entwicklungsstufe ihrer materiellen Produktivkräfte für Arbeitskraft und Gebrauchswerte entsprechen.

4 Bedingungsverhältnis zwischen Basis und Überbau

„Die Gesamtheit dieser Produktionsverhältnisse bildet die ökonomische Struktur der Gesellschaft, die reale Basis, worauf sich ein juristischer und politischer Überbau erhebt und welcher bestimmte gesellschaftliche Bewußtseinsformen entsprechen. Die Produktionsweise des materiellen Lebens bedingt den sozialen, politischen und geistigen Lebensprozeß überhaupt. Es ist nicht das Bewußtsein der Menschen, das ihr Sein, sondern umgekehrt ihr gesellschaftliches Sein, das ihr Bewußtsein bestimmt.“[17]

Nach Abb. 2 bildet die Gesamtheit der konkreten und abstrakten Produktionsverhältnisse in der Produktionssphäre die ökonomische Struktur (= die reale Basis) der Jäger-

---

[16] Marx, Karl: *Zur Kritik der Politischen Ökonomie, MEW 13*, S. 8
[17] ebd. S. 8

und Sammlergesellschaft, worauf sich in der Konsumtionssphäre ein sozialer, rechtlicher und politischer Überbau erhebt und welcher bestimmte gesellschaftliche Identitätsformen entsprechen. Die Produktionsweise des materiellen Lebens in der Produktionssphäre bedingt in der Konsumtionssphäre den sozialen, politischen und geistigen Lebensprozess überhaupt. Es ist nicht die Identität der Menschen, die ihr Sein, sondern umgekehrt ihr gesellschaftliches Sein, das ihre Identität bestimmt. – Bei dieser Umformulierung des obigen Marx-Zitats wurde zum einen die Zweiteilung der Jäger- und Sammlergesellschaft in die Produktions- und Konsumtionssphäre mitberücksichtigt und zum anderen wurde der Mensch nicht als Bewusstseins-, sondern als Identitätswesen postuliert. Diese letzte Annahme sprengt aber den Rahmen des Arbeitsprozesses in der Jäger- und Sammlergesellschaft und sollte bei der historisch-empirischen Erforschung der biologischen Evolution hin zum Homo sapiens weiterverfolgt werden.

Artikel III

Der Übergang von der Jäger- und Sammlergesellschaft
zur Handwerker-, Händler-, Dienstleister- und Sklavenhaltergesellschaft

Zusammenfassung

In der vorliegenden Arbeit wird der Austauschprozess in der Handwerker-, Händler-, Dienstleister- und Sklavenhaltergesellschaft nach der Methode des Absteigens vom Konkreten zum Abstrakten analysiert und das Resultat der Analyse in einem abstrakten Schema des Austauschprozesses dargestellt. Nach diesem Schema besteht die Handwerker-, Händler-, Dienstleister- und Sklavenhaltergesellschaft aus drei Lebensbereichen, Produktions-, Konsumtions- und Austauschsphäre, die sich zu einem sich selbst erhaltenden (= reproduzierenden) Kreisprozess zusammenschließen. Das Grundcharakteristikum der Handwerker-, Händler-, Dienstleister- und Sklavenhaltergesellschaft gegenüber der Jäger- und Sammlergesellschaft ist, dass in der neolithischen und urbanen Revolution zwischen die Produktions- und Konsumtionssphäre zur Vermittlung des Warenaustauschs die Austauschsphäre getreten ist. In der Produktionssphäre werden Gebrauchswerte, in der Konsumtionssphäre Arbeitskräfte und in der Austauschsphäre Handelsdienstleistungen produziert. Damit die Produktion von Gebrauchswerten stattfinden kann, werden die Produktivkräfte „Arbeitskraft und Produktionsmittel" benötigt, die sich während der Produktionstätigkeit in ganz bestimmten, konkreten und abstrakten Produktionsverhältnissen befinden müssen. Zur Produktion von Arbeitskraft hingegen benötigt man die Produktivkräfte „Vater und Mutter als Erzeuger, Versorger und Erzieher der Kinder und Konsumtionsmittel", die sich während der Konsumtionstätigkeit in ganz bestimmten, konkreten und abstrakten Konsumtionsverhältnissen (= Familien-, Verwandtschafts- und Volksverhältnissen) befinden müssen. Zur Produktion von Handelsdienstleistungen schließlich benötigt man die Produktivkräfte „Produzenten und Konsumenten von Waren und die Besitzer von Zahlungsmitteln (= Händler)", die sich während der Austauschtätigkeit in ganz bestimmten abstrakten Dienstleistungsverhältnissen (= Käufer-, Verkäufer- und Händlerverhältnissen) befinden müssen.

Einleitung

In einer vorangegangenen Arbeit haben wir die von Karl Marx bei der Kritik der Politischen Ökonomie angewandte logische Darstellungsmethode, vom Abstrakten zum Konkreten aufzusteigen, kritisiert und durch die historisch-empirische Forschungsmethode, vom Konkreten zum Abstrakten abzusteigen, ersetzt.[1] Die im historisch-empirischen Bereich gültigen Gesetze und Regelmäßigkeiten werden nach dieser neuen Forschungsmethode durch eine doppelte Abstraktionsaufgabe (= durch zeitlich vertikale und räumlich horizontale Abstraktion) erkannt. Die zeitlich vertikale Abstraktion im historisch-empirischen Material der Politischen Ökonomie ergibt die folgenden drei Entwicklungsstufen der menschlichen Produktions- und Konsumtionstätigkeit (= der Menschengesellschaft): 1. Den Arbeitsprozess in der Jäger- und Sammlergesellschaft, 2. den Austauschprozess in der Handwerker-, Händler-, Dienstleister- und Sklavenhaltergesellschaft, 3. den Akkumulationsprozess in der Arbeiter- und Kapitalistengesellschaft.

In einer weiterführenden Arbeit haben wir den Arbeitsprozess in der Jäger- und Sammlergesellschaft nach der Methode des Absteigens vom Konkreten zum Abstrakten analysiert und das Resultat der Analyse in einem abstrakten Schema des Arbeitsprozesses dargestellt.[2] In der vorliegenden Arbeit möchten wir diese Analyse fortsetzen und den Übergang von der Jäger- und Sammlergesellschaft zur Handwerker-, Händler-, Dienstleister- und Sklavenhaltergesellschaft betrachten. Das Ziel der Arbeit ist, aus dem vorhandenen historisch-empirischen Material der neolithischen und der urbanen Revolution die historische Reihenfolge und das gegenseitige Abhängigkeitsverhältnis der in diesem Forschungsgebiet vorhandenen Gesetze und Regelmäßigkeiten korrekt zu abstrahieren.

---

[1] Güveniş, Halil: *Die historisch-empirische Forschungsmethode vom Konkreten zum Abstrakten abzusteigen*; The General Science Journal, 2020; http://gsjournal.net/Science-Journals/Research Papers/View/8259

[2] Güveniş, Halil: *Der Arbeitsprozess in der Jäger- und Sammlergesellschaft nach der Methode des Absteigens vom Konkreten zum Abstrakten*; The General Science Journal, 2020; http://gsjournal.net/Science-Journals/Research Papers/View/8376

Die Arbeit ist folgendermaßen aufgebaut: Im ersten Abschnitt wird die neolithische und im zweiten Abschnitt die urbane Revolution betrachtet. Im dritten Abschnitt wird der Austauschprozess in der Handwerker-, Händler-, Dienstleister- und Sklavenhaltergesellschaft dargestellt.

1. Die neolithische Revolution

Die Jäger- und Sammlergesellschaft kennt nur die natürliche, gesellschaftliche Arbeitsteilung nach Geschlecht, Alter und Fähigkeit, besitzt aber keine weitere Arbeitsteilung auf Produktbasis, d.h. jeder Produzent und jeder Konsument der Jäger- und Sammlergesellschaft produziert bzw. konsumiert genau dieselben Gebrauchswerte, sodass kein Austausch von Produkten benötigt wird.[3] Während der gesamten Geschichtsepoche (40.000 v. Chr. bis 12.000 v. Chr.) bleibt die Produktivkraft (= Arbeitsteilung und Produktionsmitteleinsatz) der Jäger- und Sammlergesellschaft im Wesentlichen auf dem gleichen Niveau, weil die Produktion in der Jäger- und Sammlergesellschaft allein aufs Aneignen von *wildwachsenden* Pflanzen- und Tierarten beschränkt ist.

Das Ende der Jäger- und Sammlergesellschaft wird ab etwa 12.000 v. Chr. durch die Einführung der Arbeitsteilung auf Produktbasis (= „Neolithische Revolution"[4] = Ackerbau, Viehhaltung, Metallverarbeitung) eingeleitet. Durch *Domestizierung* von wildwachsenden Pflanzen- und Tierarten wird der Mensch in der Nahrungsmittelbeschaffung von der natürlichen Umwelt der Jäger und Sammler unabhängig; es entsteht die Hirten- und Bauerngesellschaft. Der Übergang von der Jäger- und Sammlergesellschaft zur Hirten- und Bauerngesellschaft führt über folgende Etappen: Bereits im *Proto-Neolithikum (12.000 bis 9500 v. Chr.)* wurden einige Jäger-, Sammler- und Fischerkulturen, die in der Levante und am mittleren Euphrat lebten, aufgrund des fruchtbaren Klimas und eines entsprechend großen Nahrungsangebots weitgehend sesshaft. Ab etwa

---

[3] Güveniş, Halil: *Kritische Aufarbeitung der Marxschen Darstellung der kapitalistischen Produktionsweise mit Hilfe der Methode des Aufsteigens vom Abstrakten zum Konkreten*; The General Science Journal, 2017; http://gsjournal.net/Science-Journals/Research Papers/View/6804

[4] Zur neolithischen Revolution siehe http://de.wikipedia.org/wiki/Neolithische Revolution (Stand: 25. September 2021)

10.700 v. Chr. kam es zu einem scharfen Kälterückfall, der immer häufiger zu saisonalen Nahrungsengpässen führte. Um die sesshafte Lebensweise nicht wieder aufgeben zu müssen, wurde vermehrt Wildgetreide genutzt und es entstand ein erster, ungeregelter Getreideanbau. Zu einem geregelten Anbau von domestizierten Getreidepflanzen kam es erstmals im *Präkeramischen Neolithikum A (9500 bis 8200 v. Chr.)*. Diese erste pflanzliche Produktion bildete aber noch nicht die Grundlage der Ernährung; für Ernährungszwecke wurden immer noch Gazellen gejagt. Die Viehzucht lässt sich in diesem Frühstadium noch nicht nachweisen. Erst im *Präkeramischen Neolithikum B (8200 bis 6500 v. Chr.)* kam es zur Domestizierung von Tieren. Werkzeugherstellung durch geschliffene Steinverarbeitung und erste ungebrannte Keramik sind von dieser Epoche bekannt. Der vollständige Übergang zur Hirten- und Bauerngesellschaft fand allerdings erst im *Keramischen Neolithikum (6500 bis 5500 v. Chr.)* statt; neben dem Getreideanbau wurden in dieser Epoche auch Nutztiere benutzt, die Jagd war nicht mehr der Hauptfleischlieferant. Während die Bauern immer größere, ortsfeste Dorfgemeinschaften bildeten, blieb die Lebensweise der Viehhirten vorerst nomadisch oder halbnomadisch. Insbesondere der Feldbau schuf die Grundlage für eine arbeitsteilige Gesellschaft. Nahrungsproduktion und Vorratshaltung führten zur Ausdehnung der Keramikherstellung und zu einer größeren Unabhängigkeit von unkontrollierbaren Bestandsschwankungen der Wildtiere und -pflanzen. Dies führte zu einem stark steigenden Bevölkerungswachstum.

Am Ende der Jungsteinzeit steht die *Kupferzeit (5500 bis 2200 v. Chr.)*, in der der Kupferbergbau und grundlegende Techniken der Metallurgie erfunden wurden. In diesem Anfangsstadium beschränkte sich die Metallbearbeitung auf die elementar vorkommenden Metalle wie Gold, Silber und Kupfer. Kulturell brachte die Kupferzeit mehrere Veränderungen mit sich: Siedlungen in Mitteleuropa wurden tendenziell kleiner, dafür stärker befestigt. Sie lagen vor allem auf Anhöhen. Insbesondere im Mittelmeerraum führte die Entwicklung der Kupferbearbeitung zu einem verstärkten Fernhandel. Kupfer aus dem Balkan wurde zum Teil bis nach Deutschland gehandelt, wie eine am Bodensee gefundene Kupferscheibe beweist. Wahrscheinlich führte die Nutzbarmachung von Metall zu einem starken sozialen Wandel. Die ersten Oberschichten begannen sich zu bilden – sie kontrollierten den Abbau und die Verhüttung des Metalls. Hierauf weist das Gräberfeld von Varna an der Westküste des Schwarzen Meers in Bulgarien hin, wo eine Oberschicht mit extrem reichen Beigaben (Waffen, Werkzeug, Schmuck, Keramik mit Goldauflage) begraben liegt.

Insgesamt lässt sich feststellen, dass in der neolithischen Revolution durch Ackerbau und Viehzucht nicht nur die Nahrungsmittelbeschaffung, sondern durch die Metallverarbeitung auch die Produktionsmittelherstellung revolutioniert wurde; während die Domestizierung von wildwachsenden Pflanzen- und Tierarten die Grundlage für die Hirten- und Bauerngesellschaft bildet, hat die Hirten-, Bauern- und Metallverarbeitergesellschaft auch noch die „Domestizierung" (= Verarbeitung) von „Wildmetall" (= natürlich vorkommendem Erz) zur Grundlage. Bei jedem Schritt der Domestizierung wird die Produktivkraft (= Arbeitsteilung und Produktionsmitteleinsatz) der betreffenden Gesellschaft derart revolutioniert, dass sich die Produktions- und Konsumtionsverhältnisse (= die Wirtschaft, das soziale und das geistige Leben) von Grund auf neu strukturieren.

2. Die urbane Revolution

An die neolithische Revolution schloss sich die urbane Revolution[5] an. Während in der neolithischen Revolution durch Domestizierung von wildwachsenden Pflanzen, Tieren und Metall die Konsumtions- und Produktionsmittelherstellung der Jäger- und Sammlergesellschaft revolutioniert wurde, umwälzte die urbane Revolution durch „Domestizierung" (= Urbanisierung) der noch im Naturzustand befindlichen, ortsfesten Dorfgemeinschaft den Dienstleistungssektor der Hirten-, Bauern- und Metallverarbeitergesellschaft; es entstanden die ersten Städte und Staaten der Handwerker-, Händler-, Dienstleister- und Sklavenhaltergesellschaft. Der vollständige Übergang von der Hirten-, Bauern- und Metallverarbeitergesellschaft zur Handwerker-, Händler-, Dienstleister- und Sklavenhaltergesellschaft fand im Zeitraum von 4000 v. Chr. bis 3500 v. Chr. in der ersten Stadt der Menschheitsgeschichte, in Uruk[6], statt. In dieser Phase traten Neuerungen auf, die für die folgenden Jahrtausende wegweisend waren. Besonders hervor-

---

[5] Zur Urbanen Revolution siehe http://de.wikipedia.org/wiki/Uruk-Zeit
(Stand: 25. September 2021)

[6] Zur Uruk-Zeit siehe http://de.wikipedia.org/wiki/Uruk-Zeit
(Stand: 25. September 2021)

zuheben ist dabei die Erfindung der Schrift. Aber auch die Entstehung der ersten Staaten und zahlreiche technische Innovationen fallen in die Uruk-Zeit. Archäologische Funde wie Rollsiegel, Tontafeln und ähnliches weisen auf eine etablierte Bürokratie hin. Eine urbane Gesellschaft mit zentraler Verwaltung, Schrift, handwerklicher Spezialisierung und sozialer Ungleichheit bildete sich heraus. Großarchitektur und Kunst erreichten ihre erste Blüte.

Grundlage der urbanen Gesellschaft war eine arbeitsteilige und handelsorientierte Wirtschaft, die auf Massenproduktion von Waren ausgerichtet war. Bei der Herausbildung der ersten Städte als für den Warenaustausch bestimmte Produktions-, Handels-, Verwaltungs- und Machtzentren spielten folgende Lebensbereiche eine wesentliche Rolle:

Landwirtschaft

Ende des 4. Jahrtausends v. Chr. wurden für eine effektivere Bewässerung der Felder von den sogenannten Priesterfürsten („Tempelwirtschaft") weitverzweigte Kanalsysteme entwickelt und etabliert. Jede landwirtschaftliche Parzelle war an einen Bewässerungskanal angeschlossen. Dieser war über ein komplexes Kanalsystem mit den großen Flüssen verbunden. Durch die systematisch betriebene Bewässerung konnten landwirtschaftliche Erträge beträchtlich gesteigert werden. Die Dattelpalme trat als neues Produkt neben den Gerstenanbau. Vieh wurde nicht mehr nur als Fleischlieferant gehalten. Vielmehr wurde erkannt, dass auch andere tierische Erzeugnisse verwertbar waren. Dazu gehören typischerweise ihre Arbeitskraft, ihre Milch sowie bei Schafen deren Wolle. Neu domestiziert wurde der Esel. Dies ermöglichte schon kurz darauf die Züchtung von Mauleseln und Maultieren. Die ersten im Orient gezähmten Pferde dienten fortan als wichtige Lasttiere. Damit zum Teil verbunden ist die Erfindung neuer landwirtschaftlicher Geräte. Spätestens am Ende des 4. Jahrtausends trat der vom Ochsen bzw. Esel gezogene Pflug auf. Er löste die Hacke ab und ermöglichte eine deutlich effektivere Landbewirtschaftung. Als neues Erntegerät erschien die Sichel. Diese Veränderungen in der Landwirtschaft blieben nicht ohne soziale Folgen. Zentrale landwirtschaftliche Einheit bildete der Einfamilienhaushalt. Erwirtschaftete Überflüsse ermöglichten den Warenaustausch. Damit musste nicht mehr die gesamte Bevölkerung in der Nahrungsmittelproduktion tätig sein. Das Mehrprodukt wurde an die Stadtbevölkerung verkauft oder in Form von Steuern an den Staat abgeführt; im Gegenzug erhielten die

Landbewohner städtische Waren und Dienstleistungen aus der handwerklichen und staatlichen Produktion. Übliches Zahlungsmittel dabei waren Gerstenrationen oder Wolle.

Handwerk

Zum Teil mit den Veränderungen in der Landwirtschaft zusammenhängend, teils unabhängig davon, kam es auch auf dem Gebiet des Handwerks zu zahlreichen Neuerungen. Die Textilproduktion entwickelte sich in der Uruk-Zeit zu einem wichtigen Wirtschaftsfaktor. Diese Entwicklung war vor allem möglich, nachdem Schafswolle nutzbar gemacht worden war. Die Töpferei wurde in der Uruk-Zeit durch die Erfindung der Töpferscheibe revolutioniert. Sie ermöglichte eine schnellere Herstellung von Keramik, die auch durch verbesserte Brennöfen gefördert wurde. Tonwaren wurden fortan in Massenproduktion hergestellt. Vermutlich stieg der Bedarf an Keramik vor allem, um große landwirtschaftliche Erträge zu speichern. Hergestellt wurde sie in spezialisierten Werkstätten. Da die dortigen Töpfer keine Landwirtschaft zur Subsistenz mehr betreiben konnten, waren sie auf die Bezahlung in Gerstenrationen angewiesen. Auf diese Weise bildeten sich erste Berufszweige heraus. Zur Uruk-zeitlichen Metallurgie existieren nur wenige Funde als Studienobjekte. Hierfür dürfte der Wert von Metall im rohstoffarmen Mesopotamien mitverantwortlich sein. Anstatt defekte Metallobjekte wegzuwerfen, wurden sie eingeschmolzen und das Material wiederverwendet. Klar ist jedoch, dass die Uruk-Zeit am Übergang zwischen Kupferzeit und Bronzezeit steht. In der frühdynastischen Periode existierte bereits ein hochentwickeltes Metallhandwerk. Es liegt daher nahe, seine Ursprünge in der Uruk-Zeit zu suchen. Das verarbeitete Metall muss dabei über weitreichende Handelsnetzwerke herangeschafft worden sein.

Handel

Während Landwirtschaft und Handwerk die Hauptwirtschaftszweige sind, in denen Konsumtions- und Produktionsmittel hergestellt werden, ist Handel der erste und wichtigste Berufszweig im Dienstleistungssektor. Um landwirtschaftliche und handwerkliche Produkte gegeneinander austauschen zu können, musste in der Uruk-Zeit Handel betrieben werden. Zudem verfügte Uruk im Südmesopotamien weder über Gesteine und Bauhölzer noch über Metall und andere Bodenschätze, sodass sie durch Fernhandel von weit her importiert werden mussten. Im Gegenzug wurden zur Bezahlung der in Uruk fehlenden Rohstoffe Tongefäße, Getreide und domestizierte Tiere exportiert. Offenbar waren diese Waren so beliebt, dass sie bis in das weit entfernte Indien und nach Iran und nach Libanon transportiert wurden. – Eine weitere, überaus wichtige Beschäftigungsart im Dienstleistungssektor war der Sklavenhandel. Menschen, die in kriegerischen Auseinandersetzungen in Gefangenschaft gerieten, wurden ihrer Freiheit beraubt und an freie Bürger verkauft, die sie ihr Leben lang unentgeltlich für sich arbeiten ließen. Offenbar war hier zum ersten Mal in der Menschheitsgeschichte die menschliche Arbeitskraft durch Gewalt ihrem natürlichen Besitzer entzogen und zur Ware erklärt worden, um nach Belieben über sie verfügen zu können.

Verwaltung und Buchhaltung

Neben Handel sind Verwaltung und Buchhaltung die wichtigsten Berufszweige im Dienstleistungssektor. Die Entstehung und Entfaltung immer größerer staatlicher und Handelsaktivitäten ließ der Verwaltung und Buchhaltung eine zentrale Bedeutung zukommen. In diesen neuen Berufszweigen wurden zur Speicherung und Bearbeitung von Daten vollkommen neue Hilfsmittel erfunden. An der Spitze dieser Hilfsmittel stand die Schrift, die für Daten sprachlich-qualitativen Inhalts geschaffen wurde. Für Daten messtechnisch-quantitativen Inhalts hingegen wurde das Rechnen mit Zahlen erfunden. Im Laufe der Zeit entstanden dann aus der intensiven Beschäftigung mit Schrift und Zahlen die Berufsstände der Schreiber und Händler. Da viele Menschen nicht schreiben und rechnen konnten, nahmen sie die Dienste von Schreibern und Händlern in Anspruch. Die Schreiber und Händler wurden damit zu angesehenen Personen in der Gesellschaft und bildeten durch entsprechende Spezialisierung das Verwaltungs- und Buchhaltungspersonal, was zur Etablierung einer bürokratischen und technokratischen Elite führte.

Das soziale Leben

Seit dem Neolithikum entwickelte sich im Vorderen Orient eine zunehmend komplexe Gesellschaft. In der Uruk-Zeit beschleunigte sich diese Entwicklung massiv. Im Umland Uruks bildete sich ein hierarchisches Siedlungssystem aus. Dieses war auf Uruk als Zentralort ausgerichtet. Hierbei übernahm Uruk bestimmte zentrale Funktionen eines Kultortes, der Verwaltung und der politischen Führung. Im Umland entstanden untergeordnete Zentren, die wiederum gegenüber Dörfern bestimmte zentrale Aufgaben wahrnahmen.

Erstmals in der Uruk-Zeit wurden politische Eliten, die sich von ärmeren Schichten abgrenzten, deutlich sichtbar. Sie repräsentierten ihre Macht in Großbauten und anderen Kunstwerken, die die Architektur und Kunst der früheren Zeiten deutlich übertrafen. Große Unterschiede in der Grabausstattung lassen auf eine zunehmend auseinanderklaffende Sozialschere schließen. Ihre bessere Stellung ermöglichte den Eliten den Zugang zum Fernhandel und damit zu Prestigegütern. Außerdem konnten sie sich die bezahlte Arbeitskraft anderer Menschen zunutze machen.

Politische und religiöse Macht

Entscheidend fürs soziale Leben war, dass in Uruk und in untergeordneten Zentren im Umland Uruks die Stadtbewohner anonym ohne die bindende und Einheit stiftende Kraft der Stammeszugehörigkeit lebten. Zum ersten Mal in der Menschheitsgeschichte trat deutlich hervor, welche destruktiven Kräfte am Werk sein können, wenn Menschen aus verschiedensten sozialen Schichten, Klassen und Stämmen im engsten städtischen Raum auf einen Haufen geworfen leben. Offenbar wurde hier eine öffentliche Gewalt benötigt, die im Namen des Gesamtinteresses der Gesellschaft für die öffentliche Ordnung sorgte. – In der Jäger- und Sammlergesellschaft war der Stammes(ältesten)rat die Ordnung schaffende Macht. Wer sollte aber in der sozial gesehen „chaotischen" Handwerker-, Händler-, Dienstleister- und Sklavenhaltergesellschaft die natürlich vorgegebene Autorität des Stammesrates der Jäger- und Sammlergesellschaft ersetzen und für die öffentliche Ordnung sorgen?

In der Uruk-Zeit wurde diese Frage dahingehend beantwortet, dass ein streng hierarchisch organisierter Staat an die Stelle der natürlich vorgegebenen Autorität des Stammesrates der Jäger- und Sammlergesellschaft trat und für die öffentliche Ordnung sorgte. An der Spitze der politischen Macht stand eine monarchische Person, die in der Ikonographie Uruks als ein bärtiger Mann mit Stirnband, der einen Netzrock trägt, dargestellt wird. Wegen seiner charakteristischen Tracht spricht man in der Archäologie oft vom Mann im Netzrock. Abbildungen von ihm befinden sich auf Stempeln und Siegeln. Oft bekämpft er in diesen Darstellungen Tiere oder Feinde. Daneben erscheint er auch häufig in Triumph- und Kultszenen. Bisweilen wurde diese Figur als Priesterkönig EN bezeichnet. Dies erscheint gerechtfertigt, da zur Uruk-Zeit noch keine Trennung zwischen weltlicher und religiöser Macht feststellbar ist. Die religiöse Macht hatte vielmehr die Aufgabe, die weltliche Macht als die von Gott gewollte heilige Ordnung zu sanktionieren; das geschah durch Ursprungsmythen und ikonographische Bilder. Eben so ein Bild scheint auf der Vase von Warka von der Kosmologie der Uruk-zeitlichen Gesellschaft dargestellt worden zu sein. Dieses Bild konstruiert auf mehreren Ebenen eine deutlich hierarchisch organisierte Gesellschaft. An deren Spitze stehen die Göttin Inanna, der Mann im Netzrock sowie deren Dienerschaft. Erst auf der zweiten Ebene folgen die übrigen Menschen, die ihre Opfergaben darbieten. Auf der dritten Ebene stehen die als Nahrungsquelle dienenden Tiere. Die Basis bilden der Süßwasserozean und die Pflanzenwelt.

3. Der Austauschprozess in der Handwerker-, Händler-, Dienstleister- und Sklavenhaltergesellschaft

Wir haben *die aus der neolithischen und urbanen Revolution hervorgegangene* Handwerker-, Händler-, Dienstleister- und Sklavenhaltergesellschaft von den während der ganzen Geschichtsepoche (3.500 v. Chr. bis 1.550 n. Chr.) konstanten Produktions- und Konsumtionsverhältnissen her analysiert und das folgende abstrakte Schema des Austauschprozesses in der Handwerker-, Händler-, Dienstleister- und Sklavenhaltergesellschaft erhalten (Abb. 1):

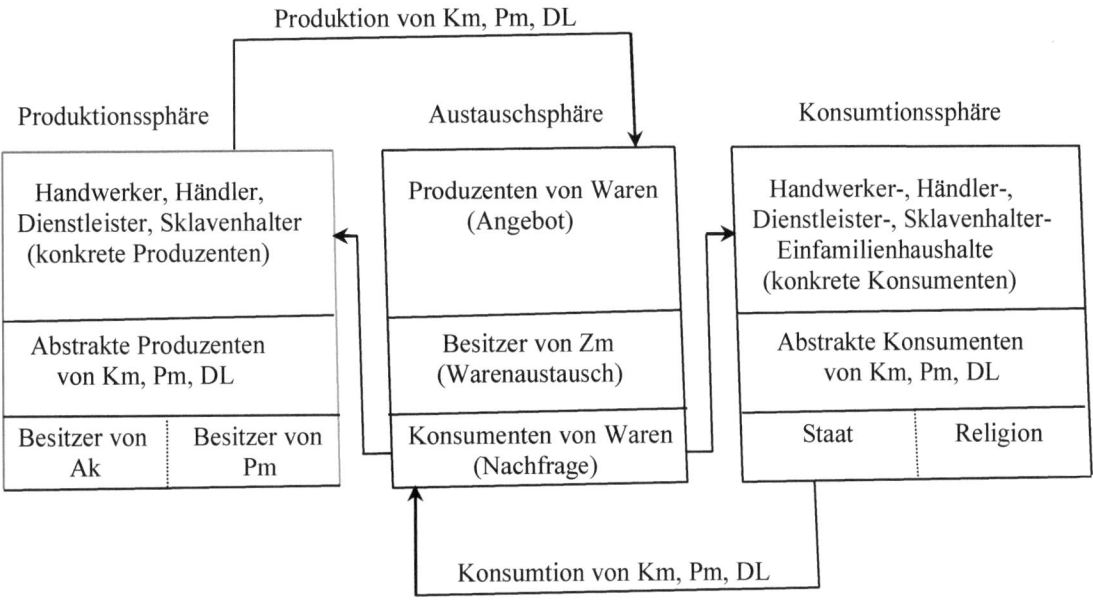

Ak = Arbeitskraft
Km = Konsumtionsmittel
Pm = Produktionsmittel
DL = Dienstleistungen
Zm = Zahlungsmittel

Abbildung 1: Schema des Austauschprozesses in der Handwerker-, Händler-, Dienstleister- und Sklavenhaltergesellschaft

Im Einzelnen soll dieses abstrakte Schema Folgendes darstellen: Beim Arbeitsprozess in der Jäger- und Sammlergesellschaft haben wir festgestellt, dass abstrakte Produzenten und Konsumenten identische Rechtspersonen sind. Lassen wir in der Jäger- und Sammlergesellschaft unter den Produzenten und Konsumenten eine Arbeitsteilung auf Produktbasis zu und setzen wir einen voll entwickelten Warenaustausch voraus, so erhalten wir *für nicht identische Produzenten und Konsumenten* das in Abb. 1 dargestellte abstrakte Schema des Austauschprozesses in der Handwerker-, Händler-, Dienstleister- und Sklavenhaltergesellschaft. Das Grundcharakteristikum des Austauschprozesses gegenüber dem Arbeitsprozess ist, dass in Abb. 1 zwischen die Produktions- und Konsumtionssphäre zur Vermittlung des Warenaustauschs die Austauschsphäre getreten ist.

Die Produktion findet unter der Verfügungsgewalt der konkreten Produzenten „Handwerker, Händler, Dienstleister und Sklavenhalter" statt. Von den hergestellten Gebrauchswerten her sind Handwerker abstrakte Produzenten von Konsumtions- und Produktionsmitteln und Händler, Dienstleister, Sklavenhalter abstrakte Produzenten von

Dienstleistungen. All diesen abstrakten Produzenten ist es gemeinsam, aus Arbeitskraft und Produktionsmitteln (= Produktivkräften) zu bestehen. Wenn wir aus den abstrakt vorgegebenen Arbeitskräften und Produktionsmitteln als ihr Steuerungs- und Lenkzentrum den Begriff „Besitzer" abstrahieren, so erhalten wir auf der tiefsten Abstraktionsebene zunächst als unabhängige Rechtspersonen die Besitzer von Arbeitskraft und Produktionsmitteln, die sowohl in der Jäger- und Sammlergesellschaft als auch in der Handwerker-, Händler-, Dienstleister- und Sklavenhaltergesellschaft stets identische Rechtspersonen sind. Bei Handwerkern, Händlern, Dienstleistern ist es zu offensichtlich, dass sie natürliche Besitzer ihrer Arbeitskraft und ihrer Produktionsmittel zugleich sind. Bei Sklavenhaltern muss allerdings beachtet werden, dass sie nicht als natürliche Besitzer ihrer eigenen Arbeitskraft auftreten, sondern mit Gewalt über die Arbeitskraft rechtloser Personen, sprich Sklaven, verfügen; nur in diesem Sinne sind Sklavenhalter Besitzer „ihrer" Arbeitskraft und ihrer Produktionsmittel zugleich. Darüber hinaus sind Sklaven nicht die einzigen rechtlosen Personen in der Geschichtsepoche von 3.500 v. Chr. bis 1.550 n. Chr.; von daher steht in Abb. 1 die Bezeichnung „Sklave" stellvertretend für alle Entrechteten im besagten Zeitraum.

Nach Abschluss des Produktionsprozesses kommen die produzierten Gebrauchswerte zwecks Warenaustausch in die Austauschsphäre (= auf den Markt). Auf dem Markt stehen abstrakte Produzenten und Konsumenten von Waren nicht direkt gegenüber; die Besitzer von Zahlungsmitteln (= Händler) sind dazwischengeschaltet, die den eigentlichen Warenaustausch vermitteln. Der Produzent bietet dem Besitzer von Zahlungsmitteln seine Ware zu einem bestimmten Preis an, und der Besitzer von Zahlungsmitteln kauft die Ware, sofern sie sich über den Preis einigen können. Anschließend verkauft der Besitzer von Zahlungsmitteln seine vom Produzenten gekaufte Ware an den nachfragenden Konsumenten. Damit ist der Handel abgeschlossen, die Ware ausgetauscht. Entscheidend bei dem Austauschprozess ist, dass sowohl die Warenmenge als auch der Preis der Ware in Maß- bzw. Zahlungseinheiten quantifiziert und anschließend gleichgesetzt werden können, wie z. B. bei der Preisangabe: „Ein Kilo Brot ist eine Gerstenration wert". Nur wenn sich Käufer, Verkäufer und Händler objektiv darüber einigen können, wie ein Kilogramm bzw. eine Gerstenration ermittelt bzw. gemessen wird, kann der Austauschprozess stattfinden. Wie wir bei der urbanen Revolution dargestellt haben, ist diese objektive Angabe in Maß- bzw. Zahlungseinheiten erst mit der städtischen Kultur (mit Beginn der Zivilisation in den sogenannten Hochkulturen) gegeben;

erst diese Gesellschaftsform kennt nämlich die messende Erkenntnisweise als historisch erworbene Erfahrung, die dringend benötigt wird, um den Tauschwert (= Preis) einer Ware durch das Tauschmittel (= Zahlungsmittel) auszudrücken.

Nach Abschluss des Austauschprozesses befinden sich die auf dem Markt gekauften Waren zwecks Konsumtion bei den konkreten Konsumenten. Abstrakte Konsumenten von Produktionsmitteln und Dienstleistungen sind produktive Konsumenten, die ihre Produkte unmittelbar zur Reproduktion von verbrauchten Produktionsmitteln in der Produktionssphäre verwenden. Tatsächlich physische Konsumenten sind nur die Konsumenten der Konsumtionsmittel, die – positiv formuliert – nichts anderes als die Produzenten von Arbeitskraft sind. Konkrete Produzenten von Arbeitskraft in der Handwerker-, Händler-, Dienstleister- und Sklavenhaltergesellschaft sind die Handwerker-, Händler-, Dienstleister- und Sklavenhalter-Einfamilienhaushalte mit Vater und Mutter als Erzeuger, Versorger und Erzieher der Kinder. Der Staat ist dann auf der tiefsten Abstraktionsebene definiert als die normsetzende, hierarchisch organisierte, politische Macht, die für Recht und Ordnung in der Gesellschaft sorgt und die wirtschaftlich, sozial und politisch notwendigen öffentlichen Dienstleistungen tätigt. Die Religion schließlich ist auf der tiefsten Abstraktionsebene definiert als die göttliche Macht, die die weltliche Macht als die von Gott gewollte heilige Ordnung sanktioniert und all die hierfür benötigten praktischen und geistigen rituellen Handlungen ausführt.

* * *

Charakteristisch und ausschlaggebend für die Handwerker-, Händler-, Dienstleister- und Sklavenhaltergesellschaft ist die Teilung der Identität der abstrakten Produzenten und Konsumenten in zwei entgegengesetzte Pole und der Warenaustausch zwischen diesen beiden Polen, während die Besitzer von Arbeitskraft und Produktionsmitteln sowohl in der Jäger- und Sammlergesellschaft als auch in der Handwerker-, Händler-, Dienstleister- und Sklavenhaltergesellschaft stets identische Rechtspersonen sind. Die Handwerker-, Händler-, Dienstleister- und Sklavenhaltergesellschaft ist also gekennzeichnet zum einen durch die Identität des Gegensatzpaares: Besitzer von Arbeitskraft und Produktionsmitteln, und zum anderen durch die Teilung des Gegensatzpaares: Abstrakte Produzenten und Konsumenten von Konsumtionsmitteln, Produktionsmitteln und Dienstleistungen. – „Teilung der Gegensätze in zwei entgegengesetzte Pole und

Wechselwirkung („Kampf") zwischen diesen beiden Polen" ist in der marxistischen Literatur bekannt als das zweite dialektische Moment des ersten dialektischen Gesetzes „Identität, Kampf und Einheit der Gegensätze".

Artikel IV

Die dialektischen Gesetze
bei der neolithischen und urbanen Revolution

Zusammenfassung

In der vorliegenden Arbeit werden die dialektischen Gesetze bei der neolithischen und urbanen Revolution abstrakt-schematisch dargestellt. Um die dialektischen Gesetze zu ermitteln, wird die Evolution des Austauschprozesses in der neolithischen und urbanen Revolution analysiert. Bei der neolithischen und urbanen Revolution geht es um die Evolution der Selbstorganisation der abstrakten Produzenten (bzw. produktiven Konsumenten). Die drei Momente des ersten dialektischen Gesetzes „Identität, Kampf und Einheit der Gegensätze" lassen sich mit den drei Evolutionsphasen des Austauschprozesses identifizieren. Das zweite dialektische Gesetz „Negation der Negation" erhalten wir, indem wir im Sinne der Aussagenlogik die Negation der Negation zur Identitätsphase bilden. Das dritte dialektische Gesetz „Umschlagen von Quantität in Qualität" lässt sich als Übergangsbedingung von einer Evolutionsphase zur anderen deuten.

Einleitung

In einer vorangegangenen Arbeit haben wir den Übergang von der Jäger- und Sammlergesellschaft zur Handwerker-, Händler-, Dienstleister- und Sklavenhaltergesellschaft nach der Methode des Absteigens vom Konkreten zum Abstrakten analysiert und das Resultat der Analyse in einem abstrakten Schema des Arbeits- bzw. des Austauschprozesses dargestellt.[1] In der vorliegenden Arbeit möchten wir diese Analyse fortsetzen und die dialektischen Gesetze bei der neolithischen und urbanen Revolution abstraktschematisch darstellen. Das Ziel der Arbeit ist, aus dem vorhandenen historisch-empirischen Material der neolithischen und urbanen Revolution die historische Reihenfolge und das gegenseitige Abhängigkeitsverhältnis der in diesem Forschungsgebiet vorhandenen dialektischen Gesetze und Regelmäßigkeiten korrekt zu abstrahieren.

Die Arbeit ist folgendermaßen aufgebaut: Im ersten Abschnitt wird das abstrakte Schema des Arbeits- und des Austauschprozesses dargestellt. Im zweiten Abschnitt wird die Evolution des Austauschprozesses in der neolithischen und urbanen Revolution analysiert. Im dritten Abschnitt werden die dialektischen Gesetze bei der neolithischen und urbanen Revolution ermittelt.

1. Das abstrakte Schema des Arbeits- und des Austauschprozesses

Der in Abb. 1 schematisch dargestellte, *aus der biologischen Evolution hervorgegangene* Arbeitsprozess in der Jäger- und Sammlergesellschaft ist gekennzeichnet durch die doppelte Identität der Gegensatzpaare: 1. Abstrakte Produzenten und Konsumenten von Konsumtionsmitteln, Produktionsmitteln und Dienstleistungen; 2. Besitzer von Arbeitskraft und Produktionsmitteln. – „Identität der Gegensätze" ist in der marxistischen Literatur bekannt als das erste dialektische Moment des ersten dialektischen Gesetzes „Identität, Kampf und Einheit der Gegensätze".[2]

---

[1] Güveniş, Halil: *Der Übergang von der Jäger- und Sammlergesellschaft zur Handwerker-, Händler-, Dienstleister- und Sklavenhaltergesellschaft*; The General Science Journal, 2021; http://gsjournal.net/Science-Journals/Research Papers/View/8937

[2] ebd. S. 6

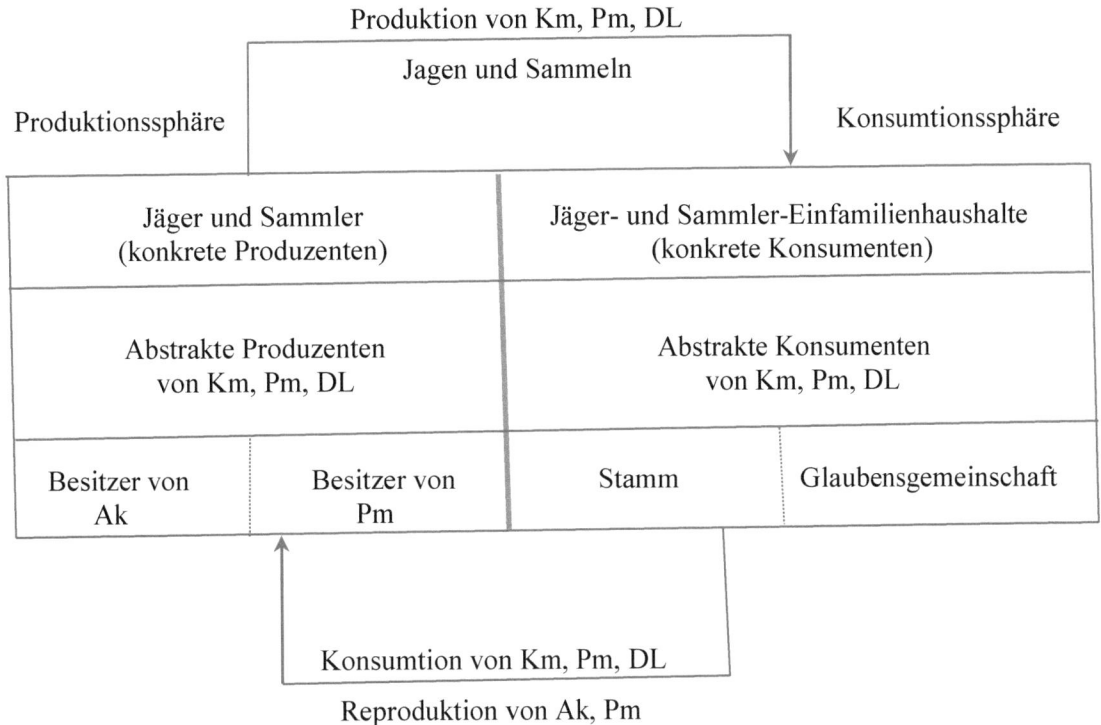

Ak = Arbeitskraft
Pm = Produktionsmittel
Km = Konsumtionsmittel
DL = Dienstleistungen

Abbildung 1: Schema des Arbeitsprozesses in der Jäger- und Sammlergesellschaft

Der in Abb. 2 schematisch dargestellte, *aus der neolithischen und urbanen Revolution hervorgegangene* Austauschprozess in der Handwerker-, Händler-, Dienstleister- und Sklavenhaltergesellschaft ist gekennzeichnet zum einen durch die Identität des Gegensatzpaares: Besitzer von Arbeitskraft und Produktionsmitteln, und zum anderen durch die Teilung und Warenaustausch des Gegensatzpaares: Abstrakte Produzenten und Konsumenten von Konsumtionsmitteln, Produktionsmitteln und Dienstleistungen. – „Teilung der Gegensätze in zwei entgegengesetzte Pole und Wechselwirkung („Kampf") zwischen diesen beiden Polen" ist in der marxistischen Literatur bekannt als das zweite dialektische Moment des ersten dialektischen Gesetzes „Identität, Kampf und Einheit der Gegensätze".[3]

---

[3] ebd. S. 18

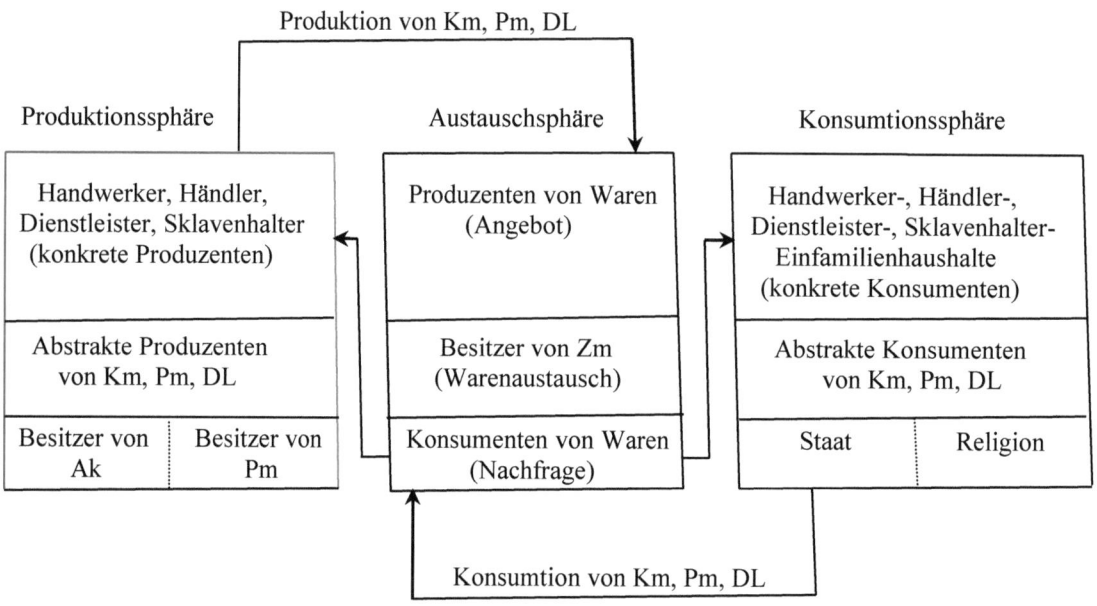

Ak = Arbeitskraft
Km = Konsumtionsmittel
Pm = Produktionsmittel
DL = Dienstleistungen
Zm = Zahlungsmittel

Abbildung 2: Schema des Austauschprozesses in der Handwerker-, Händler-, Dienstleister- und Sklavenhaltergesellschaft

2. Das abstrakte Schema der Evolution des Austauschprozesses

Der Übergang von der Jäger- und Sammlergesellschaft zur Handwerker-, Händler-, Dienstleister- und Sklavenhaltergesellschaft wird durch das abstrakte Schema in Abb. 3 dargestellt. Demnach ging im Zeitraum von 12.000 bis 3.500 v. Chr. aus der neolithischen und urbanen Revolution der Austauschprozess in der Handwerker, Händler-, Dienstleister- und Sklavenhaltergesellschaft hervor.[4]

---

[4] ebd. S. 7-14

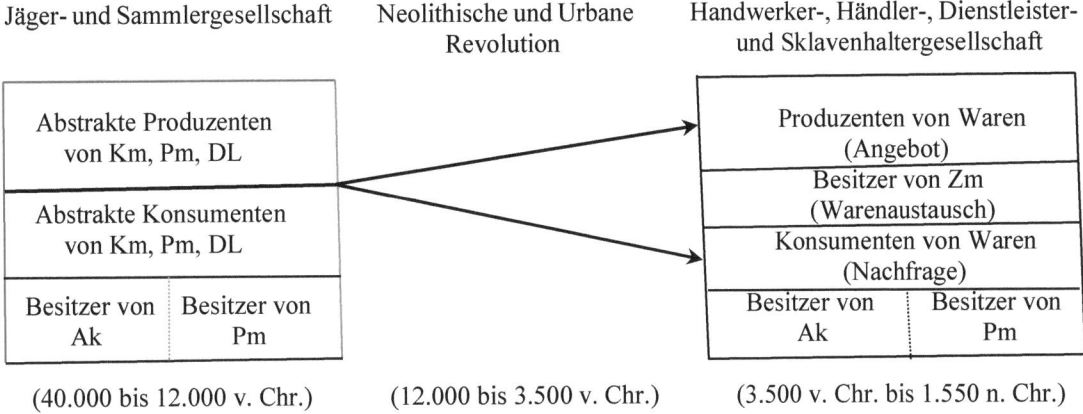

Jäger- und Sammlergesellschaft	Neolithische und Urbane Revolution	Handwerker-, Händler-, Dienstleister- und Sklavenhaltergesellschaft

Ak = Arbeitskraft
Km = Konsumtionsmittel
Pm = Produktionsmittel
DL = Dienstleistungen
Zm = Zahlungsmittel

Abbildung 3: Schema des Übergangs von der Jäger- und Sammlergesellschaft zur Handwerker-, Händler-, Dienstleister- und Sklavenhaltergesellschaft

Um die dialektischen Gesetze bei der neolithischen und urbanen Revolution zu ermitteln, müssen wir nun die Evolution des Austauschprozesses in der neolithischen und urbanen Revolution analysieren. Wenn wir durch zeitlich vertikale Abstraktion die einzelnen Evolutionsphasen bestimmen, dann erhalten wir das in Abb. 4 dargestellte abstrakte Schema der Evolution des Austauschprozesses.

Die Evolution des Austauschprozesses in der neolithischen und urbanen Revolution durchläuft drei Phasen. Im Einzelnen sind es folgende Phasen:

In der ersten Phase der Evolution des Austauschprozesses (in der neolithischen Revolution von 12.000 bis 5.500 v. Chr.) werden die Konsumtionsmittel revolutioniert. Auf der Grundlage der Domestizierung von wildwachsenden Pflanzen- und Tierarten entsteht durch Ackerbau und Viehzucht die Hirten- und Bauerngesellschaft. Das Grundcharakteristikum der Hirten- und Bauerngesellschaft ist, dass es nur bei Ackerbau und Viehzucht zu einer Arbeitsteilung und Überschussproduktion kommt und damit nur im Konsumtionsmittelbereich ein Warenaustausch stattfindet; der Produktionsmittelbereich hingegen kennt keine derartige Arbeitsteilung und Überschussproduktion, so dass jeder Bauer und jeder Hirte auf der Grundlage der geschliffenen Steinverarbeitung und Keramikherstellung ihre eigenen Produktionsmittel herstellen. Damit ist die Hirten-

und Bauerngesellschaft gekennzeichnet durch die Identität des Gegensatzpaares: abstrakte Produzenten von Konsumtionsmitteln und Dienstleistungen und abstrakte Produzenten von Produktionsmitteln und Dienstleistungen (Abb. 4).

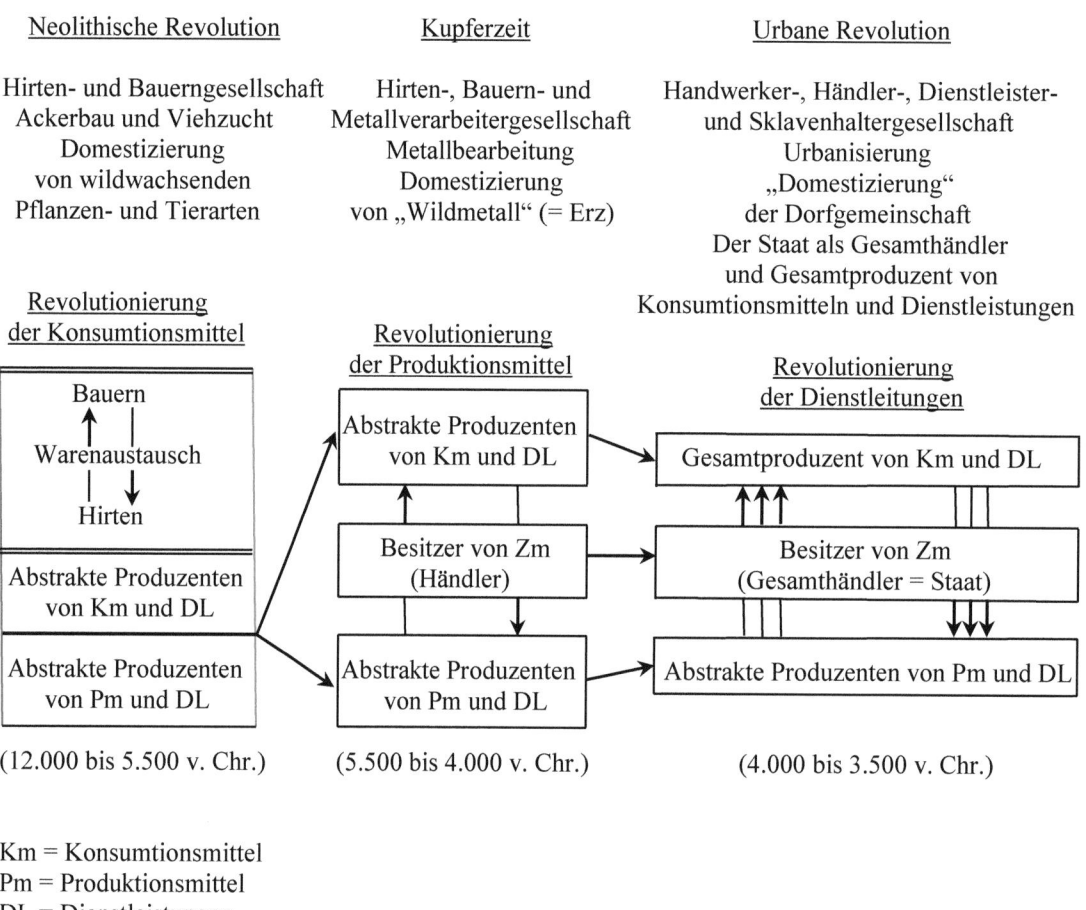

Km = Konsumtionsmittel
Pm = Produktionsmittel
DL = Dienstleistungen
Zm = Zahlungsmittel

Abbildung 4: Schema der Evolution des Austauschprozesses in der neolithischen und urbanen Revolution

In der zweiten Phase der Evolution des Austauschprozesses (in der Kupferzeit von 5.500 bis 4.000 v. Chr.) werden die Produktionsmittel revolutioniert. Auf der Grundlage der „Domestizierung" (= Verarbeitung) von „Wildmetall" (= natürlich vorkommendem Erz) entsteht durch die Metallbearbeitung die Hirten-, Bauern- und Metallverarbeitergesellschaft. Das Grundcharakteristikum der Hirten-, Bauern- und Metallverarbeitergesellschaft ist, dass es auch bei der Produktionsmittelherstellung zu einer Arbeitsteilung kommt und damit durch die Vermittlung der Besitzer von Zahlungsmitteln

(= Händlern) zwischen abstrakten Produzenten von Konsumtionsmitteln und Dienstleistungen und abstrakten Produzenten von Produktionsmitteln und Dienstleistungen ein Warenaustausch stattfindet. Damit ist die Hirten-, Bauern- und Metallverarbeitergesellschaft gekennzeichnet durch die Teilung und Warenaustausch des Gegensatzpaares: abstrakte Produzenten von Konsumtionsmitteln und Dienstleistungen und abstrakte Produzenten von Produktionsmitteln und Dienstleistungen (Abb. 4).

In der dritten Phase der Evolution des Austauschprozesses (in der urbanen Revolution von 4.000 bis 3.500 v. Chr.) werden die Dienstleistungen revolutioniert. Auf der Grundlage der „Domestizierung" (= Urbanisierung) der noch im Naturzustand befindlichen, ortsfesten Dorfgemeinschaft entsteht durch die Bildung der ersten Städte und Staaten die Handwerker, Händler-, Dienstleister- und Sklavenhaltergesellschaft. Das Grundcharakteristikum der Handwerker, Händler-, Dienstleister- und Sklavenhaltergesellschaft ist, dass für die Urbanisierung (= für die Bildung der ersten Städte und Staaten) vollkommen neue Berufsangehörige (Schreiber, Verwalter, Buchhalter, Ordnungskräfte, Sklavenhalter usw.) benötigt werden und diese voneinander unabhängigen Dienstleistungsproduzenten ihre spezielle Arbeit innerhalb der Einheit der Handels- und Konsumtionstätigkeit des Staates (= des Gesamthändlers und Gesamtproduzenten von Konsumtionsmitteln und Dienstleistungen), zentralisiert und hierarchisch organisiert, vergegenständlichen und austauschen. Damit ist die Handwerker, Händler-, Dienstleister- und Sklavenhaltergesellschaft gekennzeichnet durch die Einheit und Warenaustausch des Gegensatzpaares: abstrakte Produzenten von Konsumtionsmitteln und Dienstleistungen (= der Staat als Gesamthändler und Gesamtproduzent von Konsumtionsmitteln und Dienstleistungen) und abstrakte Produzenten von Produktionsmitteln und Dienstleistungen (Abb. 4).

Insgesamt lässt sich feststellen, dass es in den drei Phasen der Evolution des Austauschprozesses in der neolithischen und urbanen Revolution um die Evolution der Arbeitsteilung und des Warenaustausches unter den abstrakten Produzenten (bzw. produktiven Konsumenten) geht und infolge dessen der Reihe nach die Konsumtionsmittel, Produktionsmittel und Dienstleistungen revolutioniert werden. Bei der Revolutionierung der Konsumtionsmittel entstehen die Berufszweige „Bauern und Hirten" und ihre einzelnen Produkte „domestizierte Pflanzen- und Tierarten". Bei der Revolutionierung der Produktionsmittel entstehen die neuartigen Berufszweige der Metallverarbeitung und mit ihnen die aus verschiedenen Kupferbearbeitungsarten zusammengesetzten Produkte. Bei der Revolutionierung der Dienstleistungen werden die bei der Metallverarbeitung zusammengesetzten Produkte im Rahmen des Großprojekts „Urbanisierung" zu Bestandteilen des einheitlichen Staates (= wirtschaftliche, soziale, politische Führung; Verwaltung, Buchhaltung, Armee, Polizei, Justiz usw.) zusammengefügt.

3. Die dialektischen Gesetze

Zusammenfassend lässt sich also sagen, dass es in der neolithischen und urbanen Revolution um die Evolution der Selbstorganisation der abstrakten Produzenten (bzw. produktiven Konsumenten) geht. Der Ausgangspunkt der ersten Phase der Evolution ist die Strukturierung der einzelnen abstrakten Produzenten. Sind die Hauptcharakteristika von einzelnen abstrakten Produzenten vollständig herausgebildet, so werden in der zweiten Phase der Evolution die einzelnen abstrakten Produzenten zu Produzenten von zusammengesetzten Produkten organisiert. In der dritten Phase der Evolution schließlich werden die Produzenten von zusammengesetzten Produkten im Rahmen des Großprojekts „Urbanisierung" zu Bestandteilen (= Organen) des Gesamthändlers und Gesamtkonsumenten „Staat" zusammengefügt. – In der marxistischen Literatur ist es üblich, die drei Evolutionsphasen der Selbstorganisation der abstrakten Produzenten in der neolithischen und urbanen Revolution als die drei Momente *des ersten dialektischen Gesetzes „Identität, Kampf und Einheit der Gegensätze"* zu bezeichnen.

* * *

Das zweite dialektische Gesetz „Negation der Negation" erhalten wir, wenn wir die drei Momente *des ersten dialektischen Gesetzes „Identität, Kampf und Einheit der Gegensätze"* im Sinne der Aussagenlogik beschreiben. So wird das erste dialektische Moment (= die Identitätsphase der Gegensätze) als „Affirmation" bezeichnet, weil hier im positiven Sinne beschrieben wird, was beim Durchlaufen dieser Phase geschieht: nämlich, Selbstorganisation der einzelnen abstrakten Produzenten unter der Bedingung der Arbeitsteilung und des Warenaustausches. Das zweite dialektische Moment (= „Teilungsphase der Gegensätze in zwei entgegengesetzte Pole und Wechselwirkung („Kampf") zwischen diesen beiden Polen") erhalten wir, wenn wir die Negation zur

Identitätsphase bilden: nämlich, Selbstorganisation der einzelnen abstrakten Produzenten zu Produzenten von zusammengesetzten Produkten unter der Bedingung der Arbeitsteilung und des Warenaustausches. Das dritte dialektische Moment (= die Einheitsphase der Gegensätze) erhalten wir, wenn wir die Negation der Negation zur Identitätsphase bilden: nämlich, Selbstorganisation der Produzenten von zusammengesetzten Produkten zu Organen des Gesamthändlers und Gesamtkonsumenten „Staat" unter der Bedingung der Arbeitsteilung und des Warenaustausches.

* * *

Das dritte dialektische Gesetz „Umschlagen von Quantität in Qualität" erhalten wir, wenn wir die drei Momente *des ersten dialektischen Gesetzes „Identität, Kampf und Einheit der Gegensätze"* von Phasenübergangsbedingungen her betrachten. So geht die Identitätsphase der Evolution des Austauschprozesses in die Teilungs- und Wechselwirkungsphase über, wenn die Evolutionsnische „Domestizierung von wildwachsenden Pflanzen- und Tierarten" von Produktionskenntnissen und -mitteln her (= von Produktivkräften her) ausgeschöpft ist und neuartige Produktionskenntnisse und -mittel (Bergbau und Metallurgie) soweit ausgereift sind, dass neue Produktionsverhältnisse an die Stelle der alten treten können; der quantitative Anstieg der Produktivkräfte schlägt also in qualitativ neue Produktionsverhältnisse um.[5]

Auch der Übergang von der Teilungs- und Wechselwirkungsphase zur Einheitsphase der Evolution des Austauschprozesses lässt sich im Sinne des dritten dialektischen Gesetzes als *„ Umschlagen von Quantität in Qualität"* deuten. Wenn die Evolutionsnische „Metall(Kupfer)bearbeitung" von Produktionskenntnissen und -mitteln her (= von Produktivkräften her) hinreichend ausgebaut ist und neuartige Produktionskenntnisse und -mittel (wirtschaftliche, soziale, politische Führung; Verwaltung, Buchhaltung, Armee, Polizei, Justiz usw.) durch Urbanisierung (= „Großprojekte" des Staates) Schritt für Schritt ausgereift sind, so kann der Staat als Herr der öffentlichen Dienstleistungen, zentralisiert und hierarchisch organisiert, endgültig die politische Führung über die neu

---

[5] Marx, Karl: Zur Kritik der Politischen Ökonomie, MEW 13, S. 9

geschaffenen Produktionsverhältnisse übernehmen; der quantitative Anstieg der Produktivkräfte schlägt also auch in diesem Fall in qualitativ neue Produktionsverhältnisse um.[6]

---

[6] Bei diesem Deutungsversuch wird vorausgesetzt, dass der Staat an Großprojekten (= öffentlichen Dienstleistungen) wuchs und während der neolithischen und urbanen Revolution eine Evolution durchlief. Die Evolution des Staates kann allerdings auf der Grundlage des derzeit vorhandenen archäologischen Materials nicht eindeutig nachgewiesen werden; so muss die Auffindung der Etappen dieser Evolution künftiger archäologischer Forschung überlassen werden.

Artikel V

Die dialektischen Gesetze
bei der verhaltensbiologischen, kognitiven Evolution des Arbeitsprozesses
vom Raubtierrudel bis zum Cro-Magnon-Stamm

Zusammenfassung

In der vorliegenden Arbeit werden analog zu den dialektischen Gesetzen bei der Evolution des Austauschprozesses in der neolithischen und urbanen Revolution die dialektischen Gesetze bei der verhaltensbiologischen, kognitiven Evolution des Arbeitsprozesses vom Raubtierrudel bis zum Cro-Magnon-Stamm abstrakt-schematisch dargestellt. Bei der verhaltensbiologischen, kognitiven Evolution des Arbeitsprozesses vom Raubtierrudel bis zum Cro-Magnon-Stamm geht es um die Evolution der Selbstorganisation der abstrakten Produzenten. Die drei Momente des ersten dialektischen Gesetzes „Identität, Kampf und Einheit der Gegensätze" lassen sich mit den drei Evolutionsphasen identifizieren. Das zweite dialektische Gesetz „Negation der Negation" erhalten wir, indem wir im Sinne der Aussagenlogik die Negation der Negation zur Identitätsphase bilden. Das dritte dialektische Gesetz „Umschlagen von Quantität in Qualität" lässt sich als Übergangsbedingung von einer Evolutionsphase zur anderen deuten.

Einleitung

In einer vorangegangenen Arbeit haben wir die Evolution des Austauschprozesses in der neolithischen und urbanen Revolution nach der Methode des Absteigens vom Konkreten zum Abstrakten analysiert und die dialektischen Gesetze bei der neolithischen und urbanen Revolution abstrakt-schematisch dargestellt.[1] In der vorliegenden Arbeit möchten wir diese Analyse fortsetzen und analog zu den dialektischen Gesetzen bei der Evolution des Austauschprozesses in der neolithischen und urbanen Revolution die dialektischen Gesetze bei der verhaltensbiologischen, kognitiven Evolution des Arbeitsprozesses vom Raubtierrudel bis zum Cro-Magnon-Stamm abstrakt-schematisch darstellen. Das Ziel der Arbeit ist, aus dem vorhandenen historisch-empirischen Material der Evolution des Arbeitsprozesses die historische Reihenfolge und das gegenseitige Abhängigkeitsverhältnis der in diesem Forschungsgebiet vorhandenen dialektischen Gesetze und Regelmäßigkeiten korrekt zu abstrahieren.

Die Arbeit ist folgendermaßen aufgebaut: Im ersten Kapitel wird das abstrakte Schema der Evolution des Arbeitsprozesses dargestellt. Im zweiten Kapitel werden die dialektischen Gesetze bei der Evolution des Arbeitsprozesses vom Raubtierrudel bis zum Cro-Magnon-Stamm ermittelt.

1. Das abstrakte Schema der Evolution des Arbeitsprozesses

Um die dialektischen Gesetze bei der Evolution des Arbeitsprozesses analog zu den dialektischen Gesetzen bei der Evolution des Austauschprozesses ermitteln zu können, müssen wir nun die Evolution des Arbeitsprozesses näher betrachten. Wenn wir durch zeitlich vertikale Abstraktion die einzelnen Evolutionsphasen bestimmen, dann erhalten wir das in Abb. 1 dargestellte abstrakte Schema der verhaltensbiologischen, kognitiven Evolution des Arbeitsprozesses vom Raubtierrudel bis zum Cro-Magnon-Stamm.

---

[1] Güveniş, Halil: *Die dialektischen Gesetze bei der neolithischen und urbanen Revolution*; The General Science Journal, 2021; http://gsjournal.net/Science-Journals/Research Papers/View/9074

72

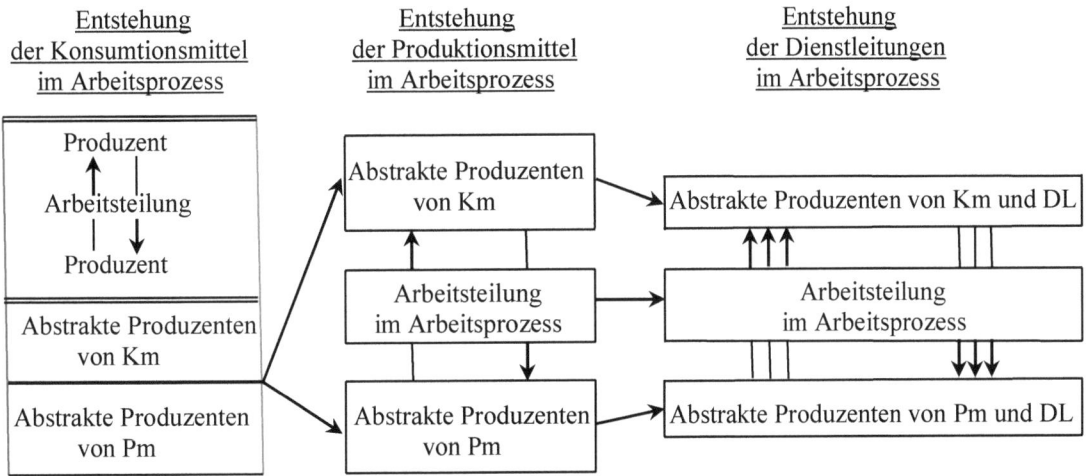

Raubtierrudel	Werkzeughersteller-Horde	Cro-Magnon-Stamm
Arbeitsteiliges Sozialverhalten beim Jagen und Sammeln von wildwachsenden Pflanzen- und Tierarten; Instinktverhalten, Lernverhalten im Rahmen der metamodal-symbolischen Verhaltenssteuerung	Herstellung und Gebrauch von Stein-, Knochen- und Holzwerkzeugen; Instinktverhalten, Intensives Lernverhalten im Rahmen der metamodal-symbolischen Verhaltenssteuerung; Abstraktionsvermögen, Vorstellungskraft	Herstellung und Gebrauch von Haushalts-, Kult- und Kunstgegenständen für Familie, Stamm und Glaubensgemeinschaft; Identitätsverhalten, Übersteigertes Lernverhalten im Rahmen der metamodal-symbolischen Verhaltenssteuerung, Überdimensionales Abstraktionsvermögen, Welterschaffende Vorstellungskraft, Identifikationsvermögen

Km = Konsumtionsmittel
Pm = Produktionsmittel
DL = Dienstleistungen

Abbildung 1: Schema der verhaltensbiologischen, kognitiven Evolution des Arbeitsprozesses vom Raubtierrudel bis zum Cro-Magnon-Stamm

Die verhaltensbiologische, kognitive Evolution des Arbeitsprozesses vom Raubtierrudel bis zum Cro-Magnon-Stamm durchläuft drei Phasen. Im Einzelnen sind es folgende Phasen:

In der ersten Phase der Evolution des Arbeitsprozesses (= im Raubtierrudel) entstehen zum ersten Mal in der Evolutionsgeschichte die Konsumtionsmittel im Arbeitsprozess. Auf der Grundlage des arbeitsteiligen Sozialverhaltens beim Jagen, Sammeln und Verzehren von wildwachsenden Pflanzen- und Tierarten entsteht das Raubtierrudel. Das

Grundcharakteristikum des Arbeitsprozesses im Raubtierrudel ist, dass es nur im Konsumtionsmittelbereich zur Arbeitsteilung kommt; der Produktionsmittelbereich hingegen ist noch nicht auf evolutionärem Wege entstanden, nur die eigenen Gliedmaßen und das Gebiss dienen als natürliche Werkzeuge. Damit ist das Raubtierrudel gekennzeichnet durch die Identität des Gegensatzpaares: abstrakte Produzenten von Konsumtionsmitteln und abstrakte Produzenten von Produktionsmitteln (Abb. 1). Verhaltensbiologisch und kognitiv gesehen steht das Raubtierrudel auf der Entwicklungsstufe des Instinkt- und Lernverhaltens im Rahmen der metamodal-symbolischen Verhaltenssteuerung.[2] Von Arbeit bzw. vom Sozialverhalten bei der Produktion und Konsumtion sprechen wir, wenn Mitglieder des Raubtierrudels verhaltensbiologisch und kognitiv in der Lage sind, ihre Nahrungsmittel in Arbeitsteilung und nach arteigenen sozialen Regeln zu erbeuten und zu verzehren.

In der zweiten Phase der Evolution des Arbeitsprozesses (= in der Werkzeughersteller-Horde) entstehen zum ersten Mal in der Evolutionsgeschichte durch Herstellung und Gebrauch von Stein-, Knochen- und Holzwerkzeugen die Produktionsmittel im Arbeitsprozess. Auf der Grundlage des Abstraktionsvermögens und der Vorstellungskraft bei der Werkzeugherstellung fürs Jagen, Sammeln und Verzehren von wildwachsenden Pflanzen- und Tierarten entsteht die Werkzeughersteller-Horde. Das Grundcharakteristikum der Werkzeughersteller-Horde ist, dass der Arbeitsprozess im Konsumtions- und im Produktionsmittelbereich sich voneinander trennen und eine Arbeitsteilung zwischen abstrakten Produzenten von Konsumtionsmitteln und abstrakten Produzenten von Produktionsmitteln stattfindet. Damit ist die Werkzeughersteller-Horde gekennzeichnet durch die Teilung des Gegensatzpaares: abstrakte Produzenten von Konsumtionsmitteln und abstrakte Produzenten von Produktionsmitteln (Abb. 1). Verhaltensbiologisch und kognitiv gesehen steht die Werkzeughersteller-Horde auf der Entwicklungsstufe des Instinkt- und Lernverhaltens im Rahmen der metamodal-symbolischen Verhaltenssteuerung mit den zusätzlichen kognitiven Fähigkeiten „Abstraktionsvermögen und Vorstellungskraft". Von Werkzeugherstellung und -gebrauch sprechen wir, wenn Mitglieder der Werkzeughersteller-Horde verhaltensbiologisch und kognitiv in der Lage sind, ihren Arbeitsprozess im Konsumtions- und Produktionsmittelbereich

---

[2] Güveniş, Halil: *Darstellung der Evolution der metamodal-symbolischen Verhaltenssteuerung*; The General Science Journal, 2017; http://gsjournal.net/Science-Journals/Research Papers/View/6920

voneinander zu trennen und in zeitlicher und räumlicher Arbeitsteilung zwischen diesen beiden Lebensbereichen zu vermitteln.

In der dritten Phase der Evolution des Arbeitsprozesses (= im Cro-Magnon-Stamm) entstehen zum ersten Mal in der Evolutionsgeschichte durch Herstellung und Gebrauch von Haushalts-, Kult- und Kunstgegenständen die Dienstleistungen im Arbeitsprozess. Auf der Grundlage des Identitätsverhaltens bei Dienstleistungen für Familie, Stamm und Glaubensgemeinschaft entsteht der Cro-Magnon-Stamm. Das Grundcharakteristikum des Cro-Magnon-Stamms ist, dass sich die Arbeitsprozesse im Konsumtions- und im Produktionsmittelbereich zum Arbeitsprozess im Dienstleistungsbereich vereinigen und innerhalb der Einheit der Produktions- und Konsumtionstätigkeit für Familie, Stamm und Glaubensgemeinschaft eine allumfassende, gesellschaftliche Arbeitsteilung zwischen abstrakten Produzenten von Konsumtionsmitteln und Dienstleistungen und abstrakten Produzenten von Produktionsmitteln und Dienstleistungen entsteht. Damit ist der Cro-Magnon-Stamm gekennzeichnet durch die Einheit und Arbeitsteilung des Gegensatzpaares: abstrakte Produzenten von Konsumtionsmitteln und Dienstleistungen und abstrakte Produzenten von Produktionsmitteln und Dienstleistungen (Abb. 1). Verhaltensbiologisch und kognitiv gesehen steht der Cro-Magnon-Stamm auf der Entwicklungsstufe des Identitäts- und Lernverhaltens im Rahmen der metamodal-symbolischen Verhaltenssteuerung mit den zusätzlichen kognitiven Fähigkeiten „Abstraktionsvermögen, Vorstellungskraft, Identifikationsvermögen". Von Herstellung und Gebrauch von Haushalts-, Kult- und Kunstgegenständen sprechen wir, wenn Mitglieder des Cro-Magnon-Stamms verhaltensbiologisch und kognitiv in der Lage sind, durch ihr Identifikationsvermögen mit einem Welt- und Menschenbild als Ersatz für ihre fast verkümmerten Instinkte moralische Grundwerte und Verhaltensnormen zu entwickeln und danach zu handeln.

Insgesamt lässt sich feststellen, dass es in den drei Phasen der verhaltensbiologischen, kognitiven Evolution des Arbeitsprozesses vom Raubtierrudel bis zum Cro-Magnon-Stamm um die Evolution der Arbeitsteilung unter den abstrakten Produzenten geht und infolge dessen der Reihe nach die Konsumtionsmittel, Produktionsmittel und Dienstleistungen im Arbeitsprozess entstehen. Bei der Entstehung der Konsumtionsmittel werden durch Arbeitsteilung von abstrakten Produzenten im Arbeitsprozess wildwachsende Pflanzen- und Tierarten erbeutet bzw. verzehrt. Bei der Entstehung der Produktionsmittel werden Steine, Knochen und Holzstücke durch einfache Arbeitsteilung zu Werkzeugen verarbeitet und in einem späteren Stadium mit den erzeugten Werkzeugen die durch mehrfache Arbeitsteilung zusammengesetzten Produkte hergestellt. Bei der Entstehung der Dienstleistungen werden die bei der Produktionsmittelherstellung durch mehrfache Arbeitsteilung zusammengesetzten Produkte innerhalb der Einheit der Produktions- und Konsumtionstätigkeit für Familie, Stamm und Glaubensgemeinschaft durch eine allumfassende, gesellschaftliche Arbeitsteilung zu Bestandteilen der Menschengesellschaft (= der Jäger- und Sammlergesellschaft)[3] zusammengefügt.

2. Die dialektischen Gesetze bei der Evolution des Arbeitsprozesses

Zusammenfassend lässt sich also sagen, dass es bei der verhaltensbiologischen, kognitiven Evolution des Arbeitsprozesses um die Evolution der Selbstorganisation der abstrakten Produzenten geht. Der Ausgangspunkt der ersten Phase der Evolution ist die Strukturierung der einzelnen abstrakten Produzenten in ein- und demselben Arbeitsprozess. Sind die Hauptcharakteristika von einzelnen abstrakten Produzenten in ein- und demselben Arbeitsprozess vollständig herausgebildet, so werden in der zweiten Phase der Evolution die einzelnen abstrakten Produzenten durch Arbeitsteilung in vielen Arbeitsprozessen zu Produzenten von zusammengesetzten Produkten organisiert. In der dritten Phase der Evolution schließlich werden die Produzenten von zusammengesetzten Produkten innerhalb der Einheit der Produktions- und Konsumtionstätigkeit für Familie, Stamm und Glaubensgemeinschaft zu Bestandteilen der Menschengesellschaft (= der Jäger- und Sammlergesellschaft) zusammengefügt. – In der marxistischen Literatur ist es üblich, die drei Evolutionsphasen der Selbstorganisation der abstrakten Produzenten im Arbeitsprozess als die drei Momente *des ersten dialektischen Gesetzes „Identität, Kampf und Einheit der Gegensätze"* zu bezeichnen.

* * *

---

[3] Güveniş, Halil: *Der Arbeitsprozess in der Jäger- und Sammlergesellschaft nach der Methode des Absteigens vom Konkreten zum Abstrakten*; The General Science Journal, 2020; http://gsjournal.net/Science-Journals/Research Papers/View/8376

Das zweite dialektische Gesetz „Negation der Negation" erhalten wir, wenn wir die drei Momente *des ersten dialektischen Gesetzes „Identität, Kampf und Einheit der Gegensätze"* im Sinne der Aussagenlogik beschreiben. So wird das erste dialektische Moment (= die Identitätsphase der Gegensätze) als „Affirmation" bezeichnet, weil hier exakt beschrieben wird, was beim Durchlaufen dieser Phase geschieht: nämlich, Selbstorganisation der einzelnen abstrakten Produzenten durch Arbeitsteilung in ein- und demselben Arbeitsprozess. Das zweite dialektische Moment (= „Teilungsphase der Gegensätze in zwei entgegengesetzte Pole und Wechselwirkung („Kampf") zwischen diesen beiden Polen") erhalten wir, wenn wir die Negation zur Identitätsphase bilden: nämlich, Selbstorganisation der einzelnen abstrakten Produzenten zu Produzenten von zusammengesetzten Produkten durch Arbeitsteilung in vielen Arbeitsprozessen. Das dritte dialektische Moment (= die Einheitsphase der Gegensätze) erhalten wir, wenn wir die Negation der Negation zur Identitätsphase bilden: nämlich, Selbstorganisation der Produzenten von zusammengesetzten Produkten zu Bestandteilen der Menschengesellschaft (= der Jäger- und Sammlergesellschaft) durch eine allumfassende, gesellschaftliche Arbeitsteilung in kombinierten Arbeitsprozessen.

* * *

Das dritte dialektische Gesetz „Umschlagen von Quantität in Qualität" erhalten wir, wenn wir die drei Momente *des ersten dialektischen Gesetzes „Identität, Kampf und Einheit der Gegensätze"* von Phasenübergangsbedingungen her betrachten. So geht die Identitätsphase der Evolution des Arbeitsprozesses in die Teilungs- und Wechselwirkungsphase über, wenn die Evolutionsnische „Jagen, Sammeln und Verzehren von wildwachsenden Pflanzen- und Tierarten" von verhaltensbiologischen, kognitiven Fähigkeiten her (= von Produktivkräften her) ausgeschöpft ist und neuartige verhaltensbiologische, kognitive Fähigkeiten (= Werkzeugherstellung; Abstraktionsvermögen und Vorstellungskraft) soweit ausgereift sind, dass durch mehrfache Arbeitsteilung neue Produktionsverhältnisse unter den abstrakten Produzenten an die Stelle der alten einfachen Arbeitsteilung treten können; der quantitative Anstieg der Produktivkräfte schlägt also in qualitativ neue Produktionsverhältnisse um.[4]

---

[4] Marx, Karl: Zur Kritik der Politischen Ökonomie, MEW 13, S. 9

Auch der Übergang von der Teilungs- und Wechselwirkungsphase zur Einheitsphase der Evolution des Arbeitsprozesses lässt sich im Sinne des dritten dialektischen Gesetzes als *„Umschlagen von Quantität in Qualität"* deuten. Wenn die Evolutionsnische „Werkzeugherstellung" von verhaltensbiologischen, kognitiven Fähigkeiten her (= von Produktivkräften her) hinreichend ausgebaut ist und neuartige verhaltensbiologische, kognitive Fähigkeiten (Herstellung und Gebrauch von Haushalts-, Kult- und Kunstgegenständen; Identifikationsvermögen) innerhalb der Einheit der Produktions- und Konsumtionstätigkeit für Familie, Stamm und Glaubensgemeinschaft Schritt für Schritt ausgereift sind, so kann der Stammesrat als „Herr" der öffentlichen Dienstleistungen, dezentralisiert und basisdemokratisch organisiert, die politische Führung über die neu geschaffenen Produktionsverhältnisse übernehmen; der quantitative Anstieg der Produktivkräfte schlägt also auch in diesem Fall in qualitativ neue Produktionsverhältnisse um.[5]

---

[5] ebd. S. 9

Artikel VI

Die dialektischen Gesetze bei der Evolution des Akkumulationsprozesses vom Manufakturbetrieb bis zur Finanzmarktgesellschaft

Zusammenfassung

In der vorliegenden Arbeit werden analog zu den dialektischen Gesetzen bei der Evolution des Arbeits- und des Austauschprozesses die dialektischen Gesetze bei der Evolution des Akkumulationsprozesses vom Manufakturbetrieb bis zur Finanzmarktgesellschaft abstrakt-schematisch dargestellt. Bei der Evolution des Akkumulationsprozesses vom Manufakturbetrieb bis zur Finanzmarktgesellschaft geht es um die kapitalistische Evolution der Selbstorganisation der abstrakten Produzenten. Die drei Momente des ersten dialektischen Gesetzes „Identität, Kampf und Einheit der Gegensätze" lassen sich mit den drei Evolutionsphasen identifizieren. Das zweite dialektische Gesetz „Negation der Negation" erhalten wir, indem wir im Sinne der Aussagenlogik die Negation der Negation zur Identitätsphase bilden. Das dritte dialektische Gesetz „Umschlagen von Quantität in Qualität" lässt sich als Übergangsbedingung von einer Evolutionsphase zur anderen deuten.

Einleitung

In einer vorangegangenen Arbeit haben wir analog zu den dialektischen Gesetzen bei der Evolution des Austauschprozesses in der neolithischen und urbanen Revolution[1] die dialektischen Gesetze bei der verhaltensbiologischen, kognitiven Evolution des Arbeitsprozesses vom Raubtierrudel bis zum Cro-Magnon-Stamm[2] abstrakt-schematisch dargestellt. In der vorliegenden Arbeit möchten wir unsere Analyse fortsetzen und analog zu den dialektischen Gesetzen bei der Evolution des Arbeits- und des Austauschprozesses die dialektischen Gesetze bei der Evolution des Akkumulationsprozesses vom Manufakturbetrieb bis zur Finanzmarktgesellschaft abstrakt-schematisch darstellen. Das Ziel der Arbeit ist, aus dem vorhandenen historisch-empirischen Material der Evolution des Akkumulationsprozesses die historische Reihenfolge und das gegenseitige Abhängigkeitsverhältnis der in diesem Forschungsgebiet vorhandenen dialektischen Gesetze und Regelmäßigkeiten korrekt zu abstrahieren.

Die Arbeit ist folgendermaßen aufgebaut: Im ersten Abschnitt wird das abstrakte Schema des Akkumulationsprozesses und im zweiten Abschnitt das abstrakte Schema der Evolution des Akkumulationsprozesses dargestellt. Im dritten Abschnitt werden die dialektischen Gesetze bei der Evolution des Akkumulationsprozesses vom Manufakturbetrieb bis zur Finanzmarktgesellschaft ermittelt.

1. Das abstrakte Schema des Akkumulationsprozesses

Wir haben *die aus der Handwerker-, Händler-, Dienstleister- und Sklavenhaltergesellschaft hervorgegangene* Arbeiter- und Kapitalistengesellschaft von den während der ganzen Geschichtsepoche (1.550 v. Chr. bis 2.023 n. Chr.) konstanten Produktions- und

---

[1] Güveniş, Halil: *Die dialektischen Gesetze bei der neolithischen und urbanen Revolution*; The General Science Journal, 2021; http://gsjournal.net/Science-Journals/Research Papers/View/9074

[2] Güveniş, Halil: *Die dialektischen Gesetze bei der verhaltensbiologischen, kognitiven Evolution des Arbeitsprozesses vom Raubtierrudel bis zum Cro-Magnon-Stamm*; The General Science Journal, 2022; http://gsjournal.net/Science-Journals/Research Papers/View/9446

Konsumtionsverhältnissen her analysiert und das folgende abstrakte Schema des Akkumulationsprozesses in der Arbeiter- und Kapitalistengesellschaft erhalten (Abb. 1):

Austauschsphäre

Produzenten von Ak (Angebot) Arbeiter Natürliche Besitzer von Ak Konsumenten von Km
Besitzer von Zm (Warenaustausch) Geldkapitalisten
Konsumenten von Ak u. Pm (Nachfrage) Warenkapitalisten Besitzer von Pm Abstrakte Produzenten von Km, Pm, DL

Ak = Arbeitskraft
Km = Konsumtionsmittel
Pm = Produktionsmittel
DL = Dienstleistungen
Zm = Zahlungsmittel

Abbildung 1: Schema des Akkumulationsprozesses in der Arbeiter- und Kapitalistengesellschaft

Charakteristisch und ausschlaggebend für die Arbeiter- und Kapitalistengesellschaft ist die Teilung der Identität der Besitzer von Arbeitskraft und Produktionsmitteln in zwei entgegengesetzte Pole und der Austausch der Ware „Arbeitskraft" zwischen diesen beiden Polen. Die Arbeiter- und Kapitalistengesellschaft ist also gekennzeichnet zum einen durch die Teilung des Gegensatzpaares: Besitzer von Arbeitskraft und Produktionsmitteln, und zum anderen durch die Teilung des Gegensatzpaares: Abstrakte Produzenten und Konsumenten von Konsumtionsmitteln, Produktionsmitteln, Dienstleistungen und Arbeitskraft. Nach Abschluss des Produktionsprozesses der Ware „Arbeitskraft" in der Konsumtionssphäre kommen die freien Rechtspersonen „Arbeiter" (= natürliche Besitzer von Arbeitskraft) zwecks Warenaustausch in die Austauschsphäre (= auf den Arbeitskräftemarkt). Auf dem Markt stehen abstrakte Produzenten und Konsumenten der Ware „Arbeitskraft" nicht direkt gegenüber; die Besitzer von Zahlungsmitteln (= Geldkapitalisten) sind dazwischengeschaltet, die den eigentlichen Warenaustausch vermitteln. Der Produzent bietet dem Besitzer von Zahlungsmitteln seine Ware zu einem bestimmten Preis an, und der Besitzer von Zahlungsmitteln (= der Geldkapitalist) kauft die Ware, sofern sie sich über den Preis einigen können. Anschließend verkauft der Besitzer von Zahlungsmitteln seine vom Produzenten gekaufte Ware formal an den nachfragenden Konsumenten von Arbeitskraft (= an den Warenkapitalisten, den Besitzer von Produktionsmitteln). Damit ist der Handel abgeschlossen, die Ware „Arbeitskraft" ausgetauscht.

Nach Abschluss des Austauschprozesses befindet sich die auf dem Markt gekaufte Ware „Arbeitskraft" zwecks Konsumtion bei den konkreten Konsumenten. Abstrakte Konsumenten von Produktionsmitteln und Arbeitskraft sind produktive Konsumenten (= Warenkapitalisten), die ihre Produkte unmittelbar zur Reproduktion von verbrauchten Produktionsmitteln und Arbeitskraft in der Produktionssphäre verwenden. Tatsächlich physische Konsumenten sind nur die Konsumenten der Konsumtionsmittel, die – positiv formuliert – nichts anderes als die Produzenten von Arbeitskraft (= Arbeiter) in der Konsumtionssphäre sind. – Steigen nun die Warenkapitalisten ununterbrochen auf Basis erweiterter Reproduktion und gesteigerter Arbeitsproduktivität mit Arbeitskraft und Produktionsmitteln (= mit Produktivkräften) in den Produktionsprozess ein, so spricht man von Kapitalakkumulation, die neben dem Kauf der Ware „Arbeitskraft" von ihrem natürlichen Besitzer (= vom Arbeiter) die zweite historische Grundbedingung der kapitalistischen Produktionsweise darstellt. Die Handwerker-, Händler-, Dienstleister- und Sklavenhaltergesellschaft geht also historisch gesehen dann in die Arbeiter- und Kapitalistengesellschaft über, wenn zum einen die Arbeiter über ihre Arbeitskraft frei verfügen können, und zum anderen die Kapitalisten fortwährend von der Grundmotivation zur Kapitalakkumulation angetrieben werden.

2. Das abstrakte Schema der Evolution des Akkumulationsprozesses

Um die dialektischen Gesetze bei der Evolution des Akkumulationsprozesses analog zu den dialektischen Gesetzen bei der Evolution des Arbeitsprozesses vom Raubtierrudel bis zum Cro-Magnon-Stamm ermitteln zu können, müssen wir nun die Evolution des Arbeitsprozesses in der Arbeiter- und Kapitalistengesellschaft näher betrachten.

Wenn wir durch zeitlich vertikale Abstraktion die einzelnen Evolutionsphasen bestimmen, dann erhalten wir das in Abb. 2 dargestellte abstrakte Schema der Evolution des Arbeitsprozesses vom Manufakturbetrieb bis zur Finanzmarktgesellschaft.

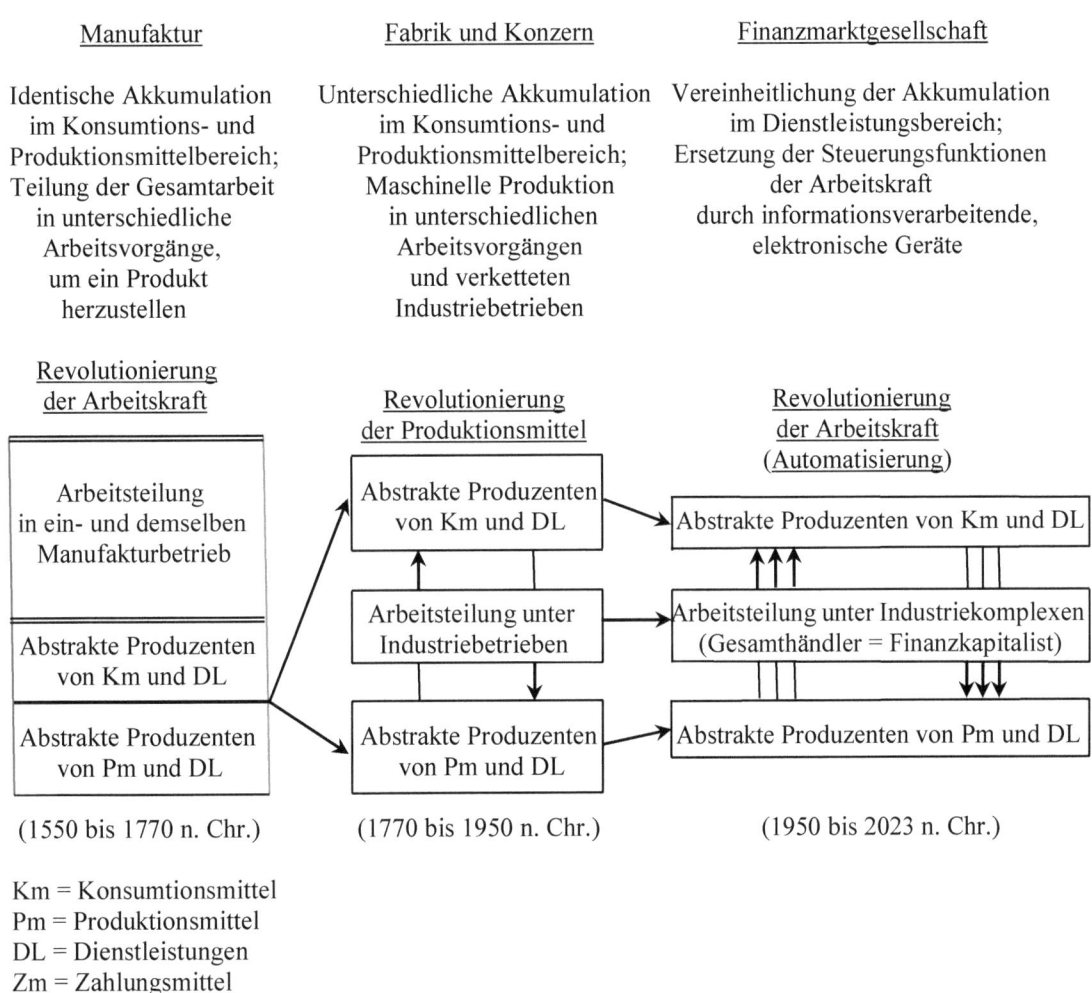

Abbildung 2: Schema der Evolution des Arbeitsprozesses vom Manufakturbetrieb bis zur Finanzmarktgesellschaft

Die Evolution des Arbeitsprozesses vom Manufakturbetrieb bis zur Finanzmarktgesellschaft durchläuft drei Phasen. Im Einzelnen sind es folgende Phasen:[3]

---

[3] Güveniş, Halil: *Die Epochen und Perioden der kapitalistischen Entwicklung*;
The General Science Journal, 2016;
http://gsjournal.net/Science-Journals/Research Papers/View/6646

In der ersten Phase der Evolution des Arbeitsprozesses in der Arbeiter- und Kapitalistengesellschaft (= im Manufakturkapitalismus von 1550 bis 1770 n. Chr.) wird die Arbeitskraft revolutioniert. Auf der Grundlage einer neuartigen Arbeitsteilung, bei der die Gesamtarbeit eines einzelnen Handwerkers in unterschiedliche Arbeitsvorgänge unterteilt und von vielen Teilarbeitern ausgeführt wird, entsteht der Manufakturbetrieb; damit erreicht der Manufakturbetrieb gegenüber dem traditionellen Handwerksbetrieb eine deutlich höhere Arbeitsproduktivität (= Konkurrenzfähigkeit). In der Epoche des Manufakturkapitalismus kommt jedoch keine Periodeneinteilung vor, weil die Revolutionierung der Arbeitskraft ohne technologische Generationen (= Basisinnovationen) vor sich geht. Das Grundcharakteristikum des Arbeitsprozesses im Manufakturkapitalismus ist also Arbeitsteilung (= Steigerung der Arbeitsproduktivität) in ein- und demselben Betrieb ohne Unterscheidung, ob diese Arbeitsteilung (= Steigerung der Arbeitsproduktivität) bei der Herstellung der Konsumtions- oder der Produktionsmittel stattfindet (= identische Akkumulation im Konsumtions- und Produktionsmittelbereich). Damit ist der Manufakturbetrieb bezüglich der Akkumulation, Arbeitsteilung und Arbeitsproduktivität gekennzeichnet durch die Identität des Gegensatzpaares: abstrakte Produzenten von Konsumtionsmitteln und Dienstleistungen und abstrakte Produzenten von Produktionsmitteln und Dienstleistungen (Abb. 2). Technisch gesehen steht der Manufakturbetrieb auf der Entwicklungsstufe der mechanischen Arbeitsmittel mit natürlichem Antrieb (= Hand-, Wasser-, Windantrieb).

In der zweiten Phase der Evolution des Arbeitsprozesses in der Arbeiter- und Kapitalistengesellschaft (= im Fabrik- und Konzernkapitalismus von 1770 bis 1950 n. Chr.) werden die Produktionsmittel revolutioniert. Auf der Grundlage der maschinellen Produktion in unterschiedlichen Arbeitsvorgängen und Industriebetrieben entsteht der Fabrikkapitalismus; damit erreicht der Industriebetrieb gegenüber dem Manufakturbetrieb eine deutlich höhere Arbeitsproduktivität (= Konkurrenzfähigkeit). Die Epoche des Fabrik- und Konzernkapitalismus wird in Perioden eingeteilt, weil die Revolutionierung der Produktionsmittel (= Steigerung der Arbeitsproduktivität) auf der Grundlage von technologischen Generationen stattfindet (= unterschiedliche Akkumulation im Konsumtions- und Produktionsmittelbereich). *Die erste Periode: Dampfkraft (1770-1890)* wird durch die erste technologische Generation = durch die Periode der Dampfkraft auf der Grundlage der Thermodynamik charakterisiert, wobei alle Arten von Pro-

duktionsmitteln (Arbeitsgegenstand, Arbeitsmittel, Kommunikations- und Transportmittel = z. B. Dampfschiffe und Eisenbahnen) revolutioniert werden. *Die zweite Periode: Elektro- und Explosionsenergie (1890-1950)* wird durch die zweite technologische
Generation = durch die Periode der Elektro- und Explosionsenergie auf der Grundlage
der Elektrodynamik und Chemie charakterisiert, wobei alle Arten von Produktionsmitteln (Arbeitsgegenstand, Arbeitsmittel, Kommunikations- und Transportmittel = z. B.
Telefon, Flugzeug, Fließband) revolutioniert werden. – Das Grundcharakteristikum des
Fabrik- und Konzernkapitalismus ist, dass sich die Arbeitsprozesse im Konsumtions-
und im Produktionsmittelbereich bezüglich der Akkumulation und Arbeitsproduktivität
voneinander trennen und auf Basis der Konzentration und Zentralisation des Kapitals
im Produktions- und Konsumtionsmittelbereich eine neuartige Arbeitsteilung unter den
Industriebetrieben entsteht. Ist das Kapital durch viele Konkurrenzkämpfe hindurch in
bestimmten Industriezweigen zentralisiert, so spricht man vom Konzernkapitalismus,
der sich durch viele verkettete Industriebetriebe (= Industriekomplexe) charakterisieren
lässt. – Damit ist der Fabrik- und Konzernkapitalismus bezüglich der Akkumulation,
Arbeitsteilung und Arbeitsproduktivität gekennzeichnet durch die Teilung des Gegensatzpaares: abstrakte Produzenten von Konsumtionsmitteln und Dienstleistungen und
abstrakte Produzenten von Produktionsmitteln und Dienstleistungen (Abb. 2).

*In der dritten Phase der Evolution des Arbeitsprozesses in der Arbeiter- und Kapitalis-
tengesellschaft* (= im Finanzmarktkapitalismus von 1950 bis 2023 n. Chr.) wird wie im
Manufakturkapitalismus die Arbeitskraft revolutioniert. Auf der Grundlage der Automatisierung der Produktion in unterschiedlichen Arbeitsvorgängen und Industriekomplexen und der Vereinheitlichung der Kapitalakkumulation im Dienstleistungsbereich
durch kapitalmarktorientierte Kapitalgesellschaften (= Finanzmarktgesellschaften) entsteht der Finanzmarktkapitalismus; damit erreicht der vollautomatisierte Industriekomplex gegenüber dem traditionellen Industriebetrieb eine deutlich höhere Arbeitsproduktivität (= Konkurrenzfähigkeit). Die Epoche des Finanzmarktkapitalismus wird in Perioden eingeteilt, weil die Automatisierung durch die dritte technologische Generation
auf der Grundlage der Elektronik, Informations-, System- und Steuerungstheorie stattfindet, wobei alle Arten von Produktions- und Konsumtionsmitteln (Arbeitsgegenstand,
Arbeitsmittel, Kommunikations- und Transportmittel = z. B. PC, Handy, TV) und vor
allem Dienstleistungen revolutioniert (= automatisiert) werden. Obwohl die Basisinno-

vationen dieser Epoche in Form von permanenten technologischen Generationen kommen, werden diese dicht aufeinander folgenden Perioden formal in der dritten Epoche der kapitalistischen Entwicklung zusammengefasst. Der Grund für diese Zusammenfassung und Epocheneinteilung liegt darin, dass es sich hier um eine kontinuierliche Ersetzung der Steuerungsfunktionen der Arbeitskraft handelt, d.h. hier wird wie im Manufakturkapitalismus die Arbeitskraft revolutioniert (= wegrationalisiert = aus dem Produktionsprozess ausgeschlossen), allerdings diesmal über den Umweg der Revolutionierung der Produktionsmittel und Dienstleistungen auf der Grundlage von informationstechnologischen Generationen. – Das Grundcharakteristikum des Finanzmarktkapitalismus ist, dass auf Basis der Vereinheitlichung der Kapitalakkumulation im Dienstleistungsbereich durch Finanzmarktgesellschaften eine ausschließlich kapitalmarktspezifische virtuelle Arbeitsteilung unter den Industriekomplexen geschaffen wird und gleichzeitig durch die Vollautomatisierung der Produktion vor allem im Dienstleistungsbereich eine informationstechnologische Vereinheitlichung der abstrakten Produzenten stattfindet. – Damit ist der Finanzmarktkapitalismus bezüglich der Akkumulation, Arbeitsteilung und Arbeitsproduktivität gekennzeichnet durch die Einheit des Gegensatzpaares: abstrakte Produzenten von Konsumtionsmitteln und Dienstleistungen und abstrakte Produzenten von Produktionsmitteln und Dienstleistungen (Abb. 2).

3. Die dialektischen Gesetze bei der Evolution des Akkumulationsprozesses

Zusammenfassend lässt sich also sagen, dass es bei der Evolution des Akkumulations- bzw. des Arbeitsprozesses vom Manufakturbetrieb bis zur Finanzmarktgesellschaft um die Evolution der Selbstorganisation der abstrakten Produzenten geht. Der Ausgangspunkt der ersten Phase der Evolution ist die Strukturierung der einzelnen abstrakten Produzenten in ein- und demselben Betrieb, nämlich im Manufakturbetrieb, auf der Grundlage von identischer Kapitalakkumulation im Konsumtions- und Produktionsmittelbereich. Sind die Hauptcharakteristika von einzelnen abstrakten Produzenten in ein- und demselben Manufakturbetrieb vollständig herausgebildet, so werden in der zweiten Phase der Evolution auf der Grundlage von unterschiedlicher Kapitalakkumulation im Konsumtions- und Produktionsmittelbereich zunächst durch einfache Arbeitsteilung unter den Industriebetrieben (= Fabriken) die mechanischen Produktionsmittel zu Maschinen verwandelt und später im Konzernkapitalismus auf der Grundlage der Konzentration und Zentralisation des Kapitals in bestimmten Industriezweigen durch mehrfache Arbeitsteilung die Industriebetriebe zu Industriekomplexen verkettet. In der dritten Phase der Evolution schließlich werden die Industriekomplexe auf der Grundlage der Vereinheitlichung der Kapitalakkumulation im Dienstleistungsbereich durch eine ausschließlich kapitalmarktspezifische virtuelle Arbeitsteilung zu Finanzmarktgesellschaften zusammengefügt. – In der marxistischen Literatur ist es üblich, die drei Evolutionsphasen der Selbstorganisation der abstrakten Produzenten im Akkumulationsprozess als die drei Momente *des ersten dialektischen Gesetzes „Identität, Kampf und Einheit der Gegensätze"* zu bezeichnen.

* * *

Das zweite dialektische Gesetz „Negation der Negation" erhalten wir, wenn wir die drei Momente *des ersten dialektischen Gesetzes „Identität, Kampf und Einheit der Gegensätze"* im Sinne der Aussagenlogik beschreiben. So wird das erste dialektische Moment (= die Identitätsphase der Gegensätze) als „Affirmation" bezeichnet, weil hier exakt beschrieben wird, was beim Durchlaufen dieser Phase geschieht: nämlich, Selbstorganisation der einzelnen abstrakten Produzenten durch Arbeitsteilung in ein- und demselben Betrieb. Das zweite dialektische Moment (= „Teilungsphase der Gegensätze in zwei entgegengesetzte Pole und Wechselwirkung („Kampf") zwischen diesen beiden Polen") erhalten wir, wenn wir die Negation zur Identitätsphase bilden: nämlich, Selbstorganisation der einzelnen abstrakten Produzenten zu Produzenten von zusammengesetzten Produkten durch Arbeitsteilung in vielen Industriebetrieben (= in Industriekomplexen). Das dritte dialektische Moment (= die Einheitsphase der Gegensätze) erhalten wir, wenn wir die Negation der Negation zur Identitätsphase bilden: nämlich, Selbstorganisation der Produzenten von zusammengesetzten Industriekomplexen zu Bestandteilen der Finanzmarktgesellschaft durch eine ausschließlich kapitalmarktspezifische virtuelle Arbeitsteilung unter den Industriekomplexen.

* * *

Das dritte dialektische Gesetz „Umschlagen von Quantität in Qualität" erhalten wir, wenn wir die drei Momente *des ersten dialektischen Gesetzes „Identität, Kampf und Einheit der Gegensätze"* von Phasenübergangsbedingungen her betrachten. So geht die

Identitätsphase der Evolution des Akkumulationsprozesses in die Teilungs- und Wechselwirkungsphase über, wenn die Evolutionsnische „Manufakturkapitalismus" von der Arbeitsteilung in ein- und demselben Betrieb her (= von Produktivkräften, von der Variation der Arbeitskraft her) ausgeschöpft ist und die erste bzw. die zweite technologische Generation (= Dampfkraft auf der Grundlage der Thermodynamik bzw. Elektro- und Explosionsenergie auf der Grundlage der Elektrodynamik und Chemie) soweit ausgereift sind, dass durch maschinelle Produktion unterschiedliche Akkumulationsverhältnisse der abstrakten Produzenten an die Stelle der alten identischen Akkumulationsverhältnisse (= Produktionsverhältnisse) treten können; der quantitative Anstieg der Produktivkräfte schlägt also in qualitativ neue Produktionsverhältnisse um.[4]

Auch der Übergang von der Teilungs- und Wechselwirkungsphase zur Einheitsphase der Evolution des Akkumulationsprozesses lässt sich im Sinne des dritten dialektischen Gesetzes als *„Umschlagen von Quantität in Qualität"* deuten. Wenn die Evolutionsnische „Fabrik- und Konzernkapitalismus" von der ersten und zweiten technologischen Generation her (= von Produktivkräften her) hinreichend ausgebaut ist und die dritte technologische Epoche (= Automatisierung auf der Grundlage der Elektronik, Informations-, System- und Steuerungstheorie) soweit ausgereift ist, dass durch die Vollautomatisierung der Produktion vor allem im Dienstleistungsbereich einheitliche Akkumulationsverhältnisse der abstrakten Produzenten an die Stelle der alten unterschiedlichen Akkumulationsverhältnisse (= Produktionsverhältnisse) treten können; der quantitative Anstieg der Produktivkräfte schlägt also auch in diesem Fall in qualitativ neue Produktionsverhältnisse um.[5]

---

[4] Marx, Karl: Zur Kritik der Politischen Ökonomie, MEW 13, S. 9

[5] ebd. S. 9

Artikel VII

Die dialektischen Gesetze bei der Evolution der Eigentumsverhältnisse vom Handwerksbetrieb bis zum Mitarbeiterunternehmen

Zusammenfassung

In der vorliegenden Arbeit werden analog zu den dialektischen Gesetzen bei der Evolution des Akkumulationsprozesses die dialektischen Gesetze bei der Evolution der Eigentumsverhältnisse vom Handwerksbetrieb bis zum Mitarbeiterunternehmen abstrakt-schematisch dargestellt. Bei der Evolution der Eigentumsverhältnisse vom Handwerksbetrieb bis zum Mitarbeiterunternehmen geht es um die Evolution der Selbstorganisation der Besitzer der Produktivkräfte. Die drei Momente des ersten dialektischen Gesetzes „Identität, Kampf und Einheit der Gegensätze" lassen sich mit den drei Evolutionsphasen identifizieren. Das zweite dialektische Gesetz „Negation der Negation" erhalten wir, indem wir im Sinne der Aussagenlogik die Negation der Negation zur Identitätsphase bilden. Das dritte dialektische Gesetz „Umschlagen von Quantität in Qualität" lässt sich als Übergangsbedingung von einer Evolutionsphase zur anderen deuten.

Einleitung

In einer vorangegangenen Arbeit haben wir analog zu den dialektischen Gesetzen bei der Evolution des Arbeits- und des Austauschprozesses die dialektischen Gesetze bei der Evolution des Akkumulationsprozesses vom Manufakturbetrieb bis zur Finanzmarktgesellschaft abstrakt-schematisch dargestellt.[1] In der vorliegenden Arbeit möchten wir unsere Analyse fortsetzen und analog zu den dialektischen Gesetzen bei der Evolution des Akkumulationsprozesses die dialektischen Gesetze bei der Evolution der Eigentumsverhältnisse vom Handwerksbetrieb bis zum Mitarbeiterunternehmen abstrakt-schematisch darstellen. Das Ziel der Arbeit ist, aus dem vorhandenen historisch-empirischen Material der Evolution der Eigentumsverhältnisse die historische Reihenfolge und das gegenseitige Abhängigkeitsverhältnis der in diesem Forschungsgebiet vorhandenen dialektischen Gesetze und Regelmäßigkeiten korrekt zu abstrahieren.

Die Arbeit ist folgendermaßen aufgebaut: Im ersten Abschnitt wird das das abstrakte Schema der Evolution der Eigentumsverhältnisse dargestellt. Im zweiten Abschnitt wird das zweite und das dritte dialektische Gesetz bei der Evolution der Eigentumsverhältnisse vom Handwerksbetrieb bis zum Mitarbeiterunternehmen ermittelt.

1. Das abstrakte Schema der Evolution der Eigentumsverhältnisse

Um die dialektischen Gesetze bei der Evolution der Eigentumsverhältnisse vom Handwerksbetrieb bis zum Mitarbeiterunternehmen analog zu den dialektischen Gesetzen bei der Evolution des Akkumulationsprozesses vom Manufakturbetrieb bis zur Finanzmarktgesellschaft[2] ermitteln zu können, müssen wir nun die Evolution der Eigentumsverhältnisse näher betrachten. Wenn wir durch zeitlich vertikale Abstraktion die ein-

---

[1] Güveniş, Halil: *Die dialektischen Gesetze bei der Evolution des Akkumulationsprozesses vom Manufakturbetrieb bis zur Finanzmarktgesellschaft*;
The General Science Journal, 2023;
 http://gsjournal.net/Science-Journals/Research Papers/View/9526

[2] Güveniş, Halil: *Die dialektischen Gesetze bei der Evolution des Akkumulationsprozesses vom Manufakturbetrieb bis zur Finanzmarktgesellschaft*;
The General Science Journal, 2023;
 http://gsjournal.net/Science-Journals/Research Papers/View/9526

zelnen Evolutionsphasen bestimmen, dann erhalten wir das in Abb. 1 dargestellte abstrakte Schema der Evolution der Eigentumsverhältnisse vom Handwerksbetrieb bis zum Mitarbeiterunternehmen.

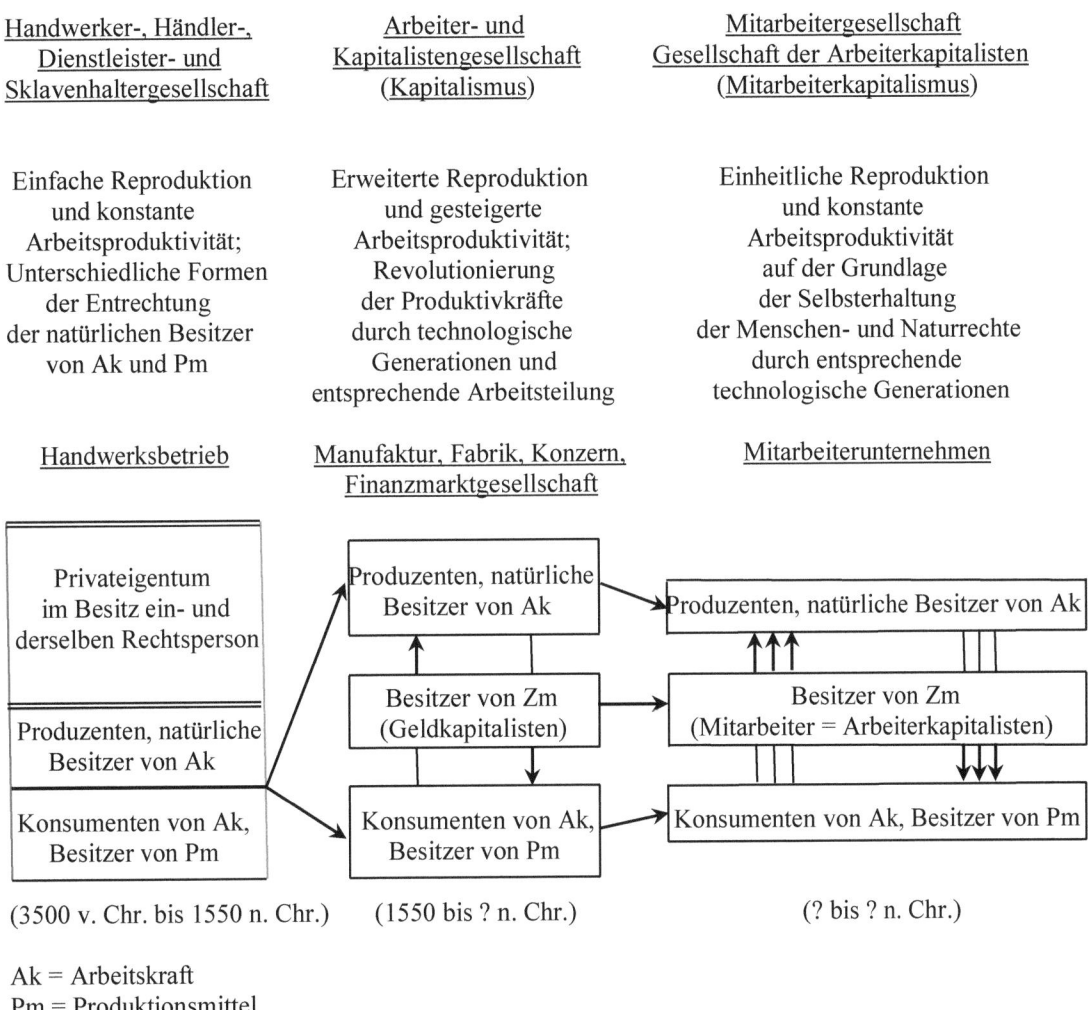

Handwerker-, Händler-,
Dienstleister- und
Sklavenhaltergesellschaft

Arbeiter- und
Kapitalistengesellschaft
(Kapitalismus)

Mitarbeitergesellschaft
Gesellschaft der Arbeiterkapitalisten
(Mitarbeiterkapitalismus)

Einfache Reproduktion
und konstante
Arbeitsproduktivität;
Unterschiedliche Formen
der Entrechtung
der natürlichen Besitzer
von Ak und Pm

Erweiterte Reproduktion
und gesteigerte
Arbeitsproduktivität;
Revolutionierung
der Produktivkräfte
durch technologische
Generationen und
entsprechende Arbeitsteilung

Einheitliche Reproduktion
und konstante
Arbeitsproduktivität
auf der Grundlage
der Selbsterhaltung
der Menschen- und Naturrechte
durch entsprechende
technologische Generationen

Handwerksbetrieb

Manufaktur, Fabrik, Konzern,
Finanzmarktgesellschaft

Mitarbeiterunternehmen

Privateigentum
im Besitz ein- und
derselben Rechtsperson

Produzenten, natürliche
Besitzer von Ak

Produzenten, natürliche Besitzer von Ak

Produzenten, natürliche
Besitzer von Ak

Besitzer von Zm
(Geldkapitalisten)

Besitzer von Zm
(Mitarbeiter = Arbeiterkapitalisten)

Konsumenten von Ak,
Besitzer von Pm

Konsumenten von Ak,
Besitzer von Pm

Konsumenten von Ak, Besitzer von Pm

(3500 v. Chr. bis 1550 n. Chr.)   (1550 bis ? n. Chr.)   (? bis ? n. Chr.)

Ak = Arbeitskraft
Pm = Produktionsmittel
Zm = Zahlungsmittel

Abbildung 1: Schema der Evolution der Eigentumsverhältnisse vom Handwerksbetrieb bis zum Mitarbeiterunternehmen

Die Evolution der Eigentumsverhältnisse vom Handwerksbetrieb bis zum Mitarbeiterunternehmen durchläuft drei Phasen. Im Einzelnen sind es folgende Phasen:

In der ersten Phase der Evolution der Eigentumsverhältnisse (in der Handwerker-, Händler-, Dienstleister- und Sklavenhaltergesellschaft von 3500 v. Chr. bis 1550 n. Chr.) werden die Eigentumsverhältnisse an Produktivkräften revolutioniert. Auf der Grundlage des Privateigentums an Produktivkräften im Besitz ein- und derselben

Rechtsperson entsteht der Handwerksbetrieb (und damit die Handels- und Dienstleistungsbetriebe); die natürlichen Besitzer (= die Produzenten) von Arbeitskraft kommen mit den Besitzern von Produktionsmitteln (= den Konsumenten von Arbeitskraft) in der Identität der Rechtsperson „Handwerker" in einer Werkstatt zusammen und produzieren mit ihrem Spezialwissen und Fertigkeiten die in der Handwerker-, Händler-, Dienstleister- und Sklavenhaltergesellschaft benötigten Produktions- und Konsumtionsmittel. Bei Handwerkern, Händlern, Dienstleistern ist es zu offensichtlich, dass sie natürliche Besitzer ihrer Arbeitskraft und ihrer Produktionsmittel zugleich sind. Bei Sklavenhaltern muss allerdings beachtet werden, dass sie nicht als natürliche Besitzer ihrer eigenen Arbeitskraft auftreten, sondern mit Gewalt über die Arbeitskraft rechtloser Personen, sprich Sklaven, verfügen; nur in diesem Sinne sind Sklavenhalter Besitzer „ihrer" Arbeitskraft und ihrer Produktionsmittel zugleich. Darüber hinaus sind Sklaven nicht die einzigen rechtlosen Personen in der Geschichtsepoche von 3.500 v. Chr. bis 1.550 n. Chr.; von daher steht in Abb. 1 die Bezeichnung „Sklave" stellvertretend für alle Entrechteten im besagten Zeitraum. Je nach Entrechtungsform und -grad der natürlichen Besitzer von Arbeitskraft und Produktionsmitteln können nach Karl Marx *„in großen Umrissen (...) asiatische, antike, feudale und modern bürgerliche Produktionsweisen als progressive Epochen der ökonomischen Gesellschaftsformation bezeichnet werden."* [3] – Eine andere Methode, die erste Evolutionsphase „Handwerker-, Händler-, Dienstleister- und Sklavenhaltergesellschaft" in progressive Epochen einzuteilen, besteht darin, diese Gesellschaftsformation nach dem Metall, aus dem ihre Produktions- und Konsumtionsmittel hergestellt wurden, zu klassifizieren: 1. die Kupferzeit (von 5500 bis 2200 v. Chr.), 2. die Bronzezeit (von 2200 bis 800 v. Chr.), 3. die Eisen- und Stahlzeit (von 1200 v. Chr. bis 1550 n. Chr.). Mit jeder neuen progressiven Epoche erreicht der Handwerksbetrieb eine höhere Arbeitsproduktivität und Anwendungsvielfalt. Innerhalb der progressiven Epochen selbst bleibt allerdings die Arbeitsproduktivität konstant, und es kommt zu keinem nennenswerten Wachstum; die betreffende Gesellschaft reproduziert sich sozusagen selbst (= einfache Reproduktion). Technisch gesehen steht der Handwerksbetrieb auf der Entwicklungsstufe der mechanischen Arbeitsmittel mit natürlichem Antrieb (= Hand-, Wasser-, Windantrieb). – Damit sind die Eigentumsverhältnisse an Produktivkräften in der Handwerker-, Händler-, Dienstleis-

---

[3] Marx, Karl: *Zur Kritik der Politischen Ökonomie, MEW 13*, S. 9

ter- und Sklavenhaltergesellschaft gekennzeichnet durch die Identität des Gegensatzpaares: natürliche Besitzer (= Produzenten) von Arbeitskraft und Besitzer von Produktionsmitteln (= Konsumenten von Arbeitskraft) (Abb. 1).

In der zweiten Phase der Evolution der Eigentumsverhältnisse (in der Arbeiter- und Kapitalistengesellschaft von 1550 bis ? n. Chr.) werden die Produktivkräfte durch technologische Generationen und entsprechende Arbeitsteilung revolutioniert. – Charakteristisch und ausschlaggebend für die Arbeiter- und Kapitalistengesellschaft ist die Teilung der Identität der Besitzer von Arbeitskraft und Produktionsmitteln in zwei entgegengesetzte Pole und der Austausch der Ware „Arbeitskraft" zwischen diesen beiden Polen (Abb. 1). Die Arbeiter- und Kapitalistengesellschaft ist also gekennzeichnet zum einen durch die Teilung des Gegensatzpaares: Besitzer von Arbeitskraft und Produktionsmitteln, und zum anderen durch die Teilung des Gegensatzpaares: Abstrakte Produzenten und Konsumenten von Konsumtionsmitteln, Produktionsmitteln, Dienstleistungen und Arbeitskraft.

Nach Abschluss des Produktionsprozesses der Ware „Arbeitskraft" in der Konsumtionssphäre kommen die freien Rechtspersonen „Arbeiter" (= natürliche Besitzer von Arbeitskraft) zwecks Warenaustausch in die Austauschsphäre (= auf den Arbeitskräftemarkt). Auf dem Markt stehen abstrakte Produzenten und Konsumenten der Ware „Arbeitskraft" nicht direkt gegenüber; die Besitzer von Zahlungsmitteln (= Geldkapitalisten) sind dazwischengeschaltet, die den eigentlichen Warenaustausch vermitteln. Der Produzent bietet dem Besitzer von Zahlungsmitteln seine Ware zu einem bestimmten Preis an, und der Besitzer von Zahlungsmitteln (= der Geldkapitalist) kauft die Ware, sofern sie sich über den Preis einigen können. Anschließend verkauft der Besitzer von Zahlungsmitteln seine vom Produzenten gekaufte Ware formal an den nachfragenden Konsumenten von Arbeitskraft (= an den Warenkapitalisten, den Besitzer von Produktionsmitteln). Damit ist der Handel abgeschlossen, die Ware „Arbeitskraft" ausgetauscht.

Nach Abschluss des Austauschprozesses befindet sich die auf dem Markt gekaufte Ware „Arbeitskraft" zwecks Konsumtion bei den konkreten Konsumenten (Abb. 1). Abstrakte Konsumenten von Produktionsmitteln und Arbeitskraft sind produktive Konsumenten (= Warenkapitalisten), die ihre Produkte unmittelbar zur Reproduktion von verbrauchten Produktionsmitteln und Arbeitskraft in der Produktionssphäre verwenden. Tatsächlich physische Konsumenten sind nur die Konsumenten der Konsumtionsmittel, die – positiv formuliert – nichts anderes als die Produzenten von Arbeitskraft (= Arbeiter) in der Konsumtionssphäre sind. – Steigen nun die Warenkapitalisten ununterbrochen auf Basis erweiterter Reproduktion und gesteigerter Arbeitsproduktivität mit Arbeitskraft und Produktionsmitteln (= mit Produktivkräften) in den Produktionsprozess ein, so spricht man von Kapitalakkumulation, die neben dem Kauf der Ware „Arbeitskraft" von ihrem natürlichen Besitzer (= vom Arbeiter) die zweite historische Grundbedingung der kapitalistischen Produktionsweise darstellt. Die Handwerker-, Händler-, Dienstleister- und Sklavenhaltergesellschaft geht also historisch gesehen dann in die Arbeiter- und Kapitalistengesellschaft über, wenn zum einen die Arbeiter über ihre Arbeitskraft frei verfügen können, und zum anderen die Kapitalisten fortwährend von der Grundmotivation zur Kapitalakkumulation angetrieben werden.

In der zweiten Phase der Evolution der Eigentumsverhältnisse (in der Arbeiter- und Kapitalistengesellschaft) durchläuft die Evolution des Akkumulationsprozesses drei dialektische Momente. Im Einzelnen sind es folgende Momente:[4] Das erste dialektische Moment der Evolution des Akkumulationsprozesses ist die Strukturierung der einzelnen abstrakten Produzenten durch Arbeitsteilung in ein- und demselben Betrieb, nämlich im Manufakturbetrieb, auf der Grundlage von identischer Kapitalakkumulation im Konsumtions- und Produktionsmittelbereich. Sind die Hauptcharakteristika von einzelnen abstrakten Produzenten in ein- und demselben Manufakturbetrieb vollständig herausgebildet, so werden im zweiten dialektischen Moment der Evolution auf der Grundlage von unterschiedlicher Kapitalakkumulation im Konsumtions- und Produktionsmittelbereich zunächst durch einfache Arbeitsteilung unter den Industriebetrieben (= Fabriken) die mechanischen Produktionsmittel durch technologische Generationen zu Maschinen verwandelt und später im Konzernkapitalismus auf der Grundlage der Zentralisation des Kapitals in bestimmten Industriezweigen durch mehrfache Arbeitsteilung die Industriebetriebe zu Industriekomplexen verkettet. Im dritten dialektischen Moment

[4] Güveniş, Halil: *Die dialektischen Gesetze bei der Evolution des Akkumulationsprozesses vom Manufakturbetrieb bis zur Finanzmarktgesellschaft*;
The General Science Journal, 2023;
http://gsjournal.net/Science-Journals/Research Papers/View/9526

der Evolution schließlich werden die Industriekomplexe auf der Grundlage der Vereinheitlichung der Kapitalakkumulation im Dienstleistungsbereich durch eine ausschließlich kapitalmarktspezifische virtuelle Arbeitsteilung zu Finanzmarktgesellschaften zusammengefügt. – Zusammenfassend lässt sich also sagen, dass es bei der Evolution des Akkumulationsprozesses vom Manufakturbetrieb bis zur Finanzmarktgesellschaft um die Evolution der Selbstorganisation der abstrakten Produzenten geht. In der marxistischen Literatur ist es üblich, die drei Evolutionsphasen der Selbstorganisation der abstrakten Produzenten im Akkumulationsprozess als die drei Momente *des ersten dialektischen Gesetzes „Identität, Kampf und Einheit der Gegensätze"* zu bezeichnen.

Mit der dritten Phase der Evolution der Eigentumsverhältnisse geht die dritte Phase der Evolution des Akkumulationsprozesses (= der Finanzmarktkapitalismus) zu Ende, und die *Ära der Mitarbeitergesellschaft* (= *der Mitarbeiterkapitalismus*) beginnt (Abb. 1). Von daher kommt bei der Analyse der Eigentumsverhältnisse dem Übergang vom Finanzmarktkapitalismus zur Mitarbeitergesellschaft eine entscheidende Bedeutung zu. Wir können allerdings die Hauptcharakteristika des Übergangs vom Finanzmarktkapitalismus zur Mitarbeitergesellschaft nicht wie bisher gewohnt durch zeitlich vertikale Abstraktion aus dem vorhandenen historisch-empirischen Material gewinnen, weil diese Evolution gar nicht stattgefunden hat. Wir wissen aber, dass der Finanzmarkt- bzw. der Mitarbeiterkapitalismus nach dem ersten dialektischen Gesetz *„Identität, Kampf und Einheit der Gegensätze"* die dritte – die Einheitsphase der Evolution des Akkumulationsprozesses bzw. der Eigentumsverhältnisse ist. Folglich können wir nach dem zweiten und dritten dialektischen Gesetz *„Negation der Negation"* bzw. *„Umschlagen von Quantität in Qualität"* vorhersagen, wie der Übergang vom Finanzmarktkapitalismus zur Mitarbeitergesellschaft beschrieben werden kann und was die Hauptcharakteristika der Ära der Mitarbeitergesellschaft sind.

3. Das zweite und das dritte dialektische Gesetz

Das zweite dialektische Gesetz „Negation der Negation" erhalten wir, wenn wir die drei Momente *des ersten dialektischen Gesetzes „Identität, Kampf und Einheit der Gegensätze"* im Sinne der Aussagenlogik beschreiben. So wird das erste dialektische Moment (= die Identitätsphase der Gegensätze) als „Affirmation" bezeichnet, weil hier exakt beschrieben wird, was beim Durchlaufen dieser Phase geschieht: nämlich, Selbstorganisation der einzelnen Privateigentümer an Produktivkräften in ein- und demselben Handwerksbetrieb. Das zweite dialektische Moment (= „Teilungsphase der Gegensätze in zwei entgegengesetzte Pole und Wechselwirkung („Kampf") zwischen diesen beiden Polen") erhalten wir, wenn wir die Negation zur Identitätsphase bilden: nämlich, Selbstorganisation der einzelnen kapitalistischen Privateigentümer an Produktivkräften durch Kapitalakkumulation in vielen Industriebetrieben (= in Industriekomplexen). Das dritte dialektische Moment (= die Einheitsphase der Gegensätze) erhalten wir, wenn wir die Negation der Negation zur Identitätsphase bilden: nämlich, Selbstorganisation der gemeinschaftlich-einheitlichen Privateigentümer an Produktivkräften in einzelnen Mitarbeiterunternehmen zu Bestandteilen der Mitarbeitergesellschaft durch Kooperation in allen Bereichen der Wirtschaft, Politik und Gesellschaft, wobei auf der Grundlage der Selbsterhaltung der Menschen- und Naturrechte durch entsprechende technologische Generationen einheitliche Reproduktion und konstante Arbeitsproduktivität angestrebt wird.

* * *

Das dritte dialektische Gesetz „Umschlagen von Quantität in Qualität" erhalten wir, wenn wir die drei Momente *des ersten dialektischen Gesetzes „Identität, Kampf und Einheit der Gegensätze"* von Phasenübergangsbedingungen her betrachten. So geht die Identitätsphase der Evolution der Eigentumsverhältnisse in die Teilungs- und Wechselwirkungsphase über, wenn die Evolutionsnische „Handwerker-, Händler-, Dienstleister- und Sklavenhaltergesellschaft" von den Ausbeutungs- und Abhängigkeitsverhältnissen her (= von der Variation der Besitzer der Arbeitskraft her) ausgeschöpft ist und die Grundmotivation zur Kapitalakkumulation bei den Geld- und Warenkapitalisten soweit ausgereift ist, dass durch Revolutionierung der Arbeitsteilung in ein- und demselben Betrieb, nämlich im Manufakturbetrieb, die natürlichen Besitzer von Arbeitskraft und Produktionsmitteln als zwei gegensätzliche, aber freie Rechtspersonen an die Stelle der alten identischen Eigentümer im Handwerksbetrieb (= an die Stelle der Handwerker) treten können; der quantitative Anstieg der Produktivkräfte schlägt also in qualitativ neue Eigentumsverhältnisse um.[5]

---

[5] Marx, Karl: Zur Kritik der Politischen Ökonomie, MEW 13, S. 9

Auch der Übergang von der Teilungs- und Wechselwirkungsphase zur Einheitsphase der Evolution der Eigentumsverhältnisse lässt sich im Sinne des dritten dialektischen Gesetzes als *„Umschlagen von Quantität in Qualität"* deuten. Wenn die Evolutionsnische „Finanzmarktkapitalismus" von Kapitalakkumulation in Finanzmarktunternehmen her ausgeschöpft ist und die dritte technologische Epoche (= Automatisierung auf der Grundlage der Elektronik, Informations-, System- und Steuerungstheorie) soweit ausgereift ist, dass durch Revolutionierung der Eigentumsverhältnisse in ein- und demselben Unternehmen, nämlich im Mitarbeiterunternehmen, die natürlichen Besitzer von Arbeitskraft und Produktionsmitteln als gemeinschaftlich-einheitliche, freie Rechtspersonen an die Stelle der gegensätzlichen Eigentümer im kapitalistischen Unternehmen treten können; der quantitative Anstieg der Produktivkräfte schlägt also auch in diesem Fall in qualitativ neue Eigentumsverhältnisse um.[6]

---

[6] ebd. S. 9

Artikel VIII

Die Gesamtstruktur der dialektischen Gesetze
bei der Evolution der Menschengesellschaft

Zusammenfassung

In der vorliegenden Arbeit wird die Gesamtstruktur der dialektischen Gesetze bei der Evolution der Menschengesellschaft nach der Methode des Absteigens vom Konkreten zum Abstrakten analysiert und das Resultat der Analyse im Gesamtschema der Evolution der Menschengesellschaft dargestellt. Bei der Evolution der Menschengesellschaft geht es um die Evolution der Selbstorganisation des Gegensatzpaares „Produzent und Konsument". Die drei Momente des ersten dialektischen Gesetzes „Identität, Kampf und Einheit der Gegensätze" lassen sich mit den drei Evolutionsphasen des Gegensatzpaares „Produzent und Konsument" identifizieren. Das zweite dialektische Gesetz „Negation der Negation" erhalten wir, indem wir im Sinne der Aussagenlogik die Negation der Negation zur Identitätsphase bilden. Das dritte dialektische Gesetz „Umschlagen von Quantität in Qualität" lässt sich als Übergangsbedingung von einer Evolutionsphase zur anderen deuten.

Einleitung

In einer vorangegangenen Arbeit haben wir die von Karl Marx bei der Kritik der Politischen Ökonomie angewandte logische Darstellungsmethode, vom Abstrakten zum Konkreten aufzusteigen, kritisiert und durch die historisch-empirische Forschungsmethode, vom Konkreten zum Abstrakten abzusteigen, ersetzt.[1] Die im historisch-empirischen Bereich gültigen Gesetze und Regelmäßigkeiten werden nach dieser neuen Forschungsmethode durch eine doppelte Abstraktionsaufgabe (= durch zeitlich vertikale und räumlich horizontale Abstraktion) ermittelt.[2] Die zeitlich vertikale Abstraktion im historisch-empirischen Material der Politischen Ökonomie ergibt die folgenden drei Entwicklungsstufen der menschlichen Produktions- und Konsumtionstätigkeit (= der Menschengesellschaft):[3] 1. den Arbeitsprozess in der Jäger- und Sammlergesellschaft, 2. den Austauschprozess in der Handwerker-, Händler-, Dienstleister- und Sklavenhaltergesellschaft, 3. den Akkumulationsprozess in der Arbeiter- und Kapitalistengesellschaft.

In vier weiterführenden Arbeiten haben wir die dialektischen Gesetze 1. bei der Evolution des Arbeitsprozesses vom Raubtierrudel bis zum Cro-Magnon-Stamm,[4] 2. bei der Evolution des Austauschprozesses in der neolithischen und urbanen Revolution,[5] 3. bei

---

[1] Güveniş, Halil: *Die historisch-empirische Forschungsmethode vom Konkreten zum Abstrakten abzusteigen*; The General Science Journal, 2020; http://gsjournal.net/Science-Journals/Research Papers/View/8259

[2] Güveniş, Halil: *Kritische Aufarbeitung der Marxschen Darstellung der kapitalistischen Produktionsweise mit Hilfe der Methode des Aufsteigens vom Abstrakten zum Konkreten;* The General Science Journal, 2017; http://gsjournal.net/Science-Journals/Research Papers/View/6804

[3] ebd. S. 12

[4] Güveniş, Halil: *Die dialektischen Gesetze bei der verhaltensbiologischen, kognitiven Evolution des Arbeitsprozesses vom Raubtierrudel bis zum Cro-Magnon-Stamm*; The General Science Journal,2021; http://gsjournal.net/Science-Journals/Research Papers/View/9446

[5] Güveniş, Halil: *Die dialektischen Gesetze bei der neolithischen und urbanen Revolution*; The General Science Journal, 2021; http://gsjournal.net/Science-Journals/Research Papers/View/9074

der Evolution des Akkumulationsprozesses vom Manufakturbetrieb bis zur Finanzmarktgesellschaft,[6] 4. bei der Evolution der Eigentumsverhältnisse vom Handwerksbetrieb bis zum Mitarbeiterunternehmen[7] nach der Methode des Absteigens vom Konkreten zum Abstrakten analysiert und das Resultat der Analyse in vier abstrakten Schemata der Evolution der Menschengesellschaft dargestellt. In der vorliegenden Arbeit möchten wir diese Analyse fortsetzen und die Gesamtstruktur der dialektischen Gesetze bei der Evolution der Menschengesellschaft bestimmen. Das Ziel der Arbeit ist, aus dem vorhandenen historisch-empirischen Material zur Evolution der Menschengesellschaft die historische Reihenfolge und das gegenseitige Abhängigkeitsverhältnis der in diesem Forschungsgebiet vorhandenen dialektischen Gesetze zu abstrahieren.

Die Arbeit ist folgendermaßen aufgebaut: Im ersten Abschnitt wird das Gesamtschema der Evolution der Menschengesellschaft dargestellt. Im zweiten Abschnitt wird die Gesamtstruktur der dialektischen Gesetze bei der Evolution der Menschengesellschaft ermittelt.

---

[6] Güveniş, Halil: *Die dialektischen Gesetze bei der Evolution des Akkumulationsprozesses vom Manufakturbetrieb bis zur Finanzmarktgesellschaft*; The General Science Journal, 2023; http://gsjournal.net/Science-Journals/Research Papers/View/9526

[7] Güveniş, Halil: *Die dialektischen Gesetze bei der Evolution der Eigentumsverhältnisse vom Handwerksbetrieb bis zum Mitarbeiterunternehmen*; The General Science Journal, 2023; http://gsjournal.net/Science-Journals/Research Papers/View/9563

1. Das Gesamtschema der Evolution der Menschengesellschaft

Auf der tiefsten zeitlichen Abstraktionsebene lässt sich die Menschengesellschaft als Arbeitsprozess im Allgemeinen definieren:

„Als Bildnerin von Gebrauchswerten, als nützliche Arbeit, ist die Arbeit (...) eine von allen Gesellschaftsformen unabhängige Existenzbedingung des Menschen, ewige Naturnotwendigkeit, um den Stoffwechsel zwischen Mensch und Natur, also das menschliche Leben zu vermitteln.[8] *„Der Arbeitsprozess ist daher zunächst unabhängig von jeder bestimmten gesellschaftlichen Form zu betrachten.*[9]

Die abstrakten Momente des Arbeitsprozesses sind Produzenten, Produktion, Konsumenten, Konsumtion (Abb.1):

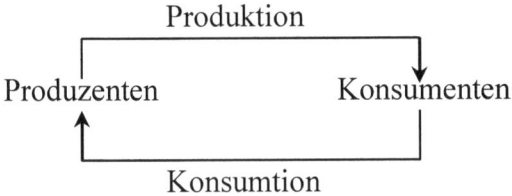

Abbildung 1: Der Arbeitsprozess im Allgemeinen

Vorbedingung für die Produktion ist die Existenz von Produzenten. Die Produktion geht von Produzenten aus und kommt bei Konsumenten an. Und umgekehrt geht die Konsumtion von Konsumenten aus und kommt bei Produzenten an. Produzenten und Konsumenten sind Zustandsgrößen des Arbeitsprozesses; zwischen diesen beiden Polen vermitteln die Strömungsgrößen Produktion und Konsumtion, die sich zu einem sich selbst erhaltenden (= reproduzierenden) Kreisprozess zusammenschließen.

* * *

Gehen wir *von der tiefsten zeitlichen Abstraktionsebene zur nächst höheren* über, so lässt sich die Evolution der Menschengesellschaft nach Abb. 1 als Evolution des Gegensatzpaares „Produzent und Konsument" darstellen. Wenn wir für die Zeitperiode von 10.000.000 v. Chr. bis zu einem unbestimmten Zeitpunkt in Zukunft die einzelnen

---

[8] Marx, Karl: *Das Kapital, Bd. 1, MEW 23,* S. 57
[9] ebd. S. 192

Evolutionsphasen bestimmen, dann erhalten wir das in Abb. 2 dargestellte Gesamt-schema der Evolution des Arbeitsprozesses (= der Menschengesellschaft).

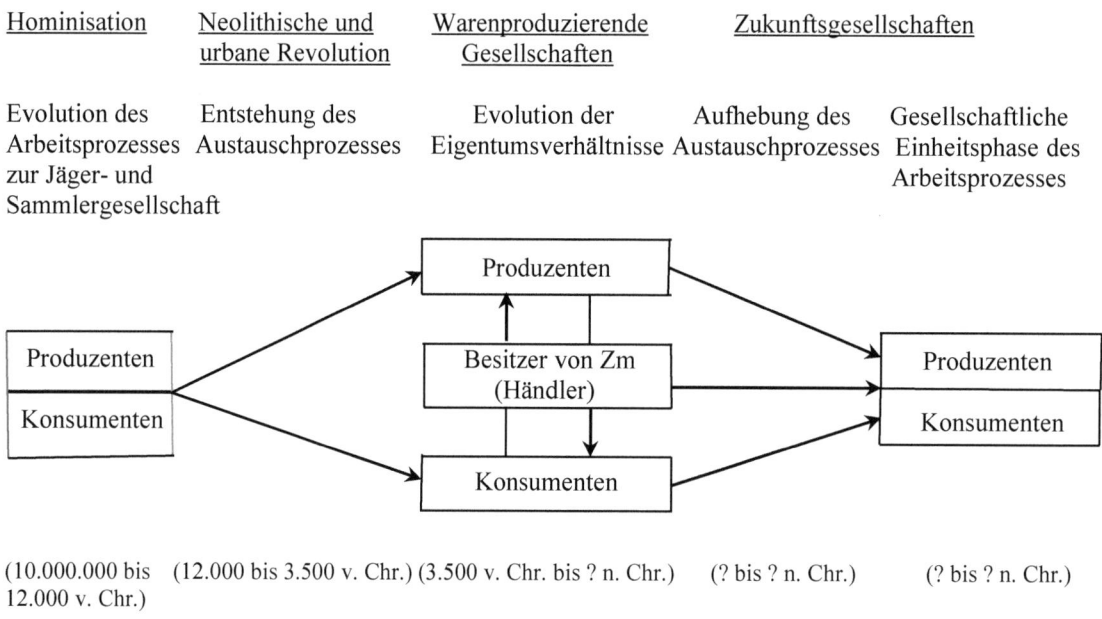

<u>Hominisation</u>   <u>Neolithische und urbane Revolution</u>   <u>Warenproduzierende Gesellschaften</u>   <u>Zukunftsgesellschaften</u>

Evolution des Arbeitsprozesses zur Jäger- und Sammlergesellschaft   Entstehung des Austauschprozesses   Evolution der Eigentumsverhältnisse   Aufhebung des Austauschprozesses   Gesellschaftliche Einheitsphase des Arbeitsprozesses

(10.000.000 bis 12.000 v. Chr.)   (12.000 bis 3.500 v. Chr.)   (3.500 v. Chr. bis ? n. Chr.)   (? bis ? n. Chr.)   (? bis ? n. Chr.)

Zm = Zahlungsmittel

Abbildung 2: Das Gesamtschema der Evolution des Arbeitsprozesses

Die Evolution des Arbeitsprozesses durchläuft fünf Phasen. Im Einzelnen sind es folgende Phasen:

In der ersten Phase der Evolution des Arbeitsprozesses (bei der Hominisation von 10.000.000 bis 40.000 v. Chr.) entstehen die verhaltensbiologischen, kognitiven Merkmale des Arbeitsprozesses. Die verhaltensbiologische, kognitive Evolution des Arbeitsprozesses vom Raubtierrudel bis zum Cro-Magnon-Stamm endet in der Jäger- und Sammlergesellschaft.[10] Von 40.000 bis 12.000 v. Chr. durchläuft die Jäger- und Sammlergesellschaft nur noch eine gesellschaftliche Evolution. Beide Evolutionsperioden zusammen ergeben die Identitätsphase des Gegensatzpaares „Produzent und Konsument" (Abb. 2), d.h. in der ersten Phase der Evolution des Arbeitsprozesses gibt es auf gesell-

---

[10] Güveniş, Halil: *Die dialektischen Gesetze bei der verhaltensbiologischen, kognitiven Evolution des Arbeitsprozesses vom Raubtierrudel bis zum Cro-Magnon-Stamm*; The General Science Journal, 2021; http://gsjournal.net/Science-Journals/Research Papers/View/9446

schaftlicher Basis (= auf Produktbasis) keine Arbeitsteilung und folglich keinen Warenaustausch; jede Produzentenfamilie konsumiert die gleichen, von ihr selbst produzierten (= gejagten und gesammelten) Arbeitsprodukte.

In der zweiten Phase der Evolution des Arbeitsprozesses (in der neolithischen und urbanen Revolution von 12.000 bis 3.500 v. Chr.) entstehen im Konsumtionsmittel-, im Produktionsmittel- und im Dienstleistungsbereich der Reihe nach die gesellschaftlichen Merkmale des Austauschprozesses. Die Evolution des Austauschprozesses von der Jäger- und Sammlergesellschaft bis zur Handwerker, Händler-, Dienstleister- und Sklavenhaltergesellschaft[11] endet mit der vollen Entfaltung der Arbeitsteilung und des Warenaustauschs in der Menschengesellschaft, d.h. die Teilungs- und Wechselwirkungsphase des Gegensatzpaares „Produzent und Konsument" wird eingeleitet (Abb. 2).

In der dritten Phase der Evolution des Arbeitsprozesses (in warenproduzierenden Gesellschaften von 3.500 v. Chr. bis zu einem unbestimmten Zeitpunkt in Zukunft) bleibt die Teilungs- und Wechselwirkungsphase des Gegensatzpaares „Produzent und Konsument" als allgemeine Rahmenbedingung der Epoche erhalten, und die Eigentumsverhältnisse an Produktivkräften durchlaufen eine gesellschaftliche Evolution vom Handwerksbetrieb bis zum Mitarbeiterunternehmen.[12] Die Evolution der Eigentumsverhältnisse an Produktivkräften befindet sich heute im Übergangsstadium vom Finanzmarktkapitalismus zur Mitarbeitergesellschaft. Ob aber dieser Übergang stattfinden kann, wird sich erst in Zukunft zeigen.

In der vierten Phase der Evolution des Arbeitsprozesses (in Zukunftsgesellschaften von ? bis ? n. Chr.) werden die gesellschaftlichen Merkmale des Austauschprozesses (= Arbeitsteilung auf Produktbasis und Warenaustausch) aufgehoben. Da die vierte Phase der Evolution des Arbeitsprozesses noch nicht stattgefunden hat, können wir an dieser Stelle nur die folgende Zukunftsprognose machen: Die Evolution des Austauschpro-

---

[11] Güveniş, Halil: *Die dialektischen Gesetze bei der neolithischen und urbanen Revolution*; The General Science Journal, 2021; http://gsjournal.net/Science-Journals/Research Papers/View/9074

[12] Güveniş, Halil: *Die dialektischen Gesetze bei der Evolution der Eigentumsverhältnisse vom Handwerksbetrieb bis zum Mitarbeiterunternehmen*; The General Science Journal, 2023; http://gsjournal.net/Science-Journals/Research Papers/View/9563

zesses von der Mitarbeitergesellschaft bis zur gesellschaftlichen Einheitsphase des Arbeitsprozesses (Abb. 2) durchläuft die zweite, nämlich die Entstehungsphase der Evolution des Austauschprozesses in umgekehrter Richtung; in einer „antiurbanen" und „antineolithischen" Revolution wird die gesellschaftliche Arbeitsteilung und der Warenaustausch im Dienstleistungs-, im Produktionsmittel- und im Konsumtionsmittelbereich der Reihe nach Schritt für Schritt aufgehoben.

In der fünften Phase der Evolution des Arbeitsprozesses (in Zukunftsgesellschaften von ? bis ? n. Chr.) werden die gesellschaftlichen Merkmale des Arbeitsprozesses im Sinne der ersten Phase (= der Identitätsphase) des Gegensatzpaares „Produzent und Konsument" wiederhergestellt, d.h. die Jäger- und Sammlergesellschaft etabliert sich wieder – nicht als sich selbstversorgender Volksstamm auf einem abgegrenzten Heimatsterritorium, sondern als sich selbst mit den Naturprozessen in Einheit erhaltende (= versorgende) Menschheit auf dem Gesamtterritorium der Mutter Erde. – Dieses programmatische Ziel bleibt natürlich eine Zukunftsprognose, solange die fünfte, die Einheitsphase der Evolution des Arbeitsprozesses noch nicht erreicht ist.

Insgesamt lässt sich feststellen, dass es in den fünf Phasen der Evolution des Arbeitsprozesses um die Evolution der verhaltensbiologischen, kognitiven und gesellschaftlichen Merkmale der Menschengesellschaft geht und infolge dessen der Reihe nach die Identitätsphase, die Teilungs- und Wechselwirkungsphase und die Einheitsphase des Gegensatzpaares „Produzent und Konsument" durchlaufen werden. In der Identitätsphase des Gegensatzpaares „Produzent und Konsument" entstehen die Jäger- und Sammlergesellschaften, die in ihren jeweiligen Stammesgebieten im Einklang mit der Natur leben. In der Teilungs- und Wechselwirkungsphase des Gegensatzpaares „Produzent und Konsument" entstehen die Handwerker-, Händler-, Dienstleister- und Sklavenhaltergesellschaften, die in ihren jeweiligen imperialen Staatsgebieten in völliger Disharmonie mit Menschen- und Naturrechten leben. Auf die Handwerker-, Händler-, Dienstleister- und Sklavenhaltergesellschaften folgen die Arbeiter- und Kapitalistengesellschaften, die in ihren jeweiligen Nationalstaaten die Menschenrechte wiederherstellen, aber immer noch in völliger Disharmonie mit der Natur leben. Erst in den auf die Arbeiter- und Kapitalistengesellschaften folgenden Mitarbeitergesellschaften werden die fundamentalen Naturrechte ebenfalls anerkannt, und die Harmonie mit der Natur wird zur primären Zielsetzung der Menschengesellschaft. Diese Zielsetzung wird allerdings erst in der vierten Phase der Evolution des Arbeitsprozesses (= in der „antiurbanen" und „antineolithischen" Revolution) durch die Aufhebung der gesellschaftlichen Arbeitsteilung und des Warenaustauschs erreicht; die Widersprüche zwischen „Stadt und Land", „zentraler Staat und lokale Initiative", „Mobilität und Sesshaftigkeit" lösen sich Schritt für Schritt auf. In der gesellschaftlichen Einheitsphase des Arbeitsprozesses endlich lebt und wirkt die Menschheit auf der gesamten Erde wieder im Einklang mit der Natur; die Einheit von Mensch und Natur (= „Rückkehr ins Paradies") wird erreicht.

2. Die Gesamtstruktur der dialektischen Gesetze

Zusammenfassend lässt sich also sagen, dass es bei der Evolution des Gegensatzpaares „Produzent und Konsument" um die Evolution der Selbstorganisation des Arbeitsprozesses (= der Menschengesellschaft) geht. Der Ausgangspunkt der ersten Phase der Evolution ist die verhaltensbiologische, kognitive Strukturierung des Arbeitsprozesses (= der Menschengesellschaft). Sind die verhaltensbiologischen, kognitiven Hauptcharakteristika der Menschengesellschaft vollständig herausgebildet, so erfährt die aus der biologischen Evolution hervorgegangene Jäger- und Sammlergesellschaft in der Identitätsphase des Gegensatzpaares „Produzent und Konsument" nur noch eine gesellschaftliche Strukturierung. Die auf die Identitätsphase folgende Teilungs- und Wechselwirkungsphase der Evolution des Arbeitsprozesses umfasst drei weitere selbständige Unterphasen: die Entstehungs-, die Wechselwirkungs- und die Aufhebungsphase des Austauschprozesses, in denen die Arbeitsprozesse je nach Bedarf der betreffenden Epoche zunächst differenziert, dann aber zu zusammengesetzten Arbeitsprozessen organisiert (= strukturiert) werden. In der Einheitsphase der Evolution des Arbeitsprozesses schließlich werden die zusammengesetzten Arbeitsprozesse im Rahmen der Vereinheitlichung mit der Natur zu Bestandteilen des Kreisprozesses „Mensch-Natur" zusammengefügt.

* * *

Das zweite dialektische Gesetz „Negation der Negation" erhalten wir, wenn wir die drei Momente *des ersten dialektischen Gesetzes „Identität, Kampf und Einheit der Ge-*

gensätze" im Sinne der Aussagenlogik beschreiben. So wird das erste dialektische Moment (= die Identitätsphase der Gegensätze) als „Affirmation" bezeichnet, weil hier im positiven Sinne beschrieben wird, was beim Durchlaufen dieser Phase geschieht: nämlich, Selbstorganisation der einzelnen Arbeitsprozesse unter der Bedingung des Arbeitsprozesses im Allgemeinen (Abb. 1). Das zweite dialektische Moment (= „Teilungsphase der Gegensätze in zwei entgegengesetzte Pole und Wechselwirkung („Kampf") zwischen diesen beiden Polen") erhalten wir, wenn wir die Negation zur Identitätsphase bilden: nämlich, Selbstorganisation der einzelnen Arbeitsprozesse zu zusammengesetzten Arbeitsprozessen unter der Bedingung der Arbeitsteilung und des Warenaustauschs. Das dritte dialektische Moment (= die Einheitsphase der Gegensätze) erhalten wir, wenn wir die Negation der Negation zur Identitätsphase bilden: nämlich, Selbstorganisation der zusammengesetzten Arbeitsprozesse zu Bestandteilen des Kreisprozesses „Mensch-Natur" unter der Bedingung der Vereinheitlichung der Menschengesellschaft mit der Natur.

* * *

Das dritte dialektische Gesetz „Umschlagen von Quantität in Qualität" erhalten wir, wenn wir die drei Momente *des ersten dialektischen Gesetzes „Identität, Kampf und Einheit der Gegensätze"* von Phasenübergangsbedingungen her betrachten. So geht innerhalb der Identitätsphase der Evolution des Arbeitsprozesses die individuelle, verhaltensbiologische, kognitive Evolution des Cro-Magnon-Stamms in die gesellschaftliche Evolution der Jäger- und Sammlergesellschaft über, wenn die Evolutionsnische „Jagen, Sammeln und Verzehren von wildwachsenden Pflanzen- und Tierarten" von individuellen, verhaltensbiologischen, kognitiven Fähigkeiten her ausgeschöpft ist und neuartige Produktionskenntnisse und -mittel (= Produktivkräfte) soweit ausgereift sind, dass gesellschaftliche Produktionsverhältnisse an die Stelle der individuellen, verhaltensbiologischen, kognitiven Fähigkeiten treten können; der quantitative Anstieg der individuellen, verhaltensbiologischen, kognitiven Fähigkeiten schlägt also in qualitativ neue gesellschaftliche Produktionsverhältnisse um.

Genauso geht auch die Identitätsphase der gesellschaftlichen Evolution des Arbeitsprozesses in die Teilungs- und Wechselwirkungsphase über, wenn die Evolutionsnische „Jagen, Sammeln und Verzehren von wildwachsenden Pflanzen- und Tierarten" von

Produktionskenntnissen und -mitteln her (= von Produktivkräften her) ausgeschöpft ist und neuartige Produktionskenntnisse und -mittel (Domestizierung von wildwachsenden Pflanzen- und Tierarten) soweit ausgereift sind, dass neue Produktionsverhältnisse an die Stelle der alten treten können; der quantitative Anstieg der Produktivkräfte schlägt also in qualitativ neue Produktionsverhältnisse um.[13]

Auch der Übergang von der Teilungs- und Wechselwirkungsphase zur Einheitsphase der gesellschaftlichen Evolution des Arbeitsprozesses lässt sich im Sinne des dritten dialektischen Gesetzes als *„Umschlagen von Quantität in Qualität"* deuten. Wenn die Evolutionsnische „Mutter Erde" von Produktionskenntnissen und -mitteln her (= von Produktivkräften her) hinreichend ausgebaut ist und neuartige Produktionskenntnisse und -mittel (= Einbettung der Menschengesellschaft in den Kreisprozess „Mensch-Natur") Schritt für Schritt ausgereift sind, so kann der „Stammesrat der wiederhergestellten Jäger- und Sammlergesellschaft (= der Menschheit)" als „Herr" der öffentlichen Dienstleistungen, dezentralisiert und basisdemokratisch organisiert, die politische Führung über die neu geschaffenen Produktionsverhältnisse übernehmen; der quantitative Anstieg der Produktivkräfte schlägt also auch in diesem Fall in qualitativ neue Produktionsverhältnisse um.[14]

---

[13] Marx, Karl: Zur Kritik der Politischen Ökonomie, MEW 13, S. 9

[14] ebd.

Artikel IX

Die Gesamtstruktur der dialektischen Gesetze
bei der Evolution des Erkenntnisprozesses
von der sinnlichen bis zur historisch-einheitlichen Erkenntnisweise

Zusammenfassung

In der vorliegenden Arbeit wird die Gesamtstruktur der dialektischen Gesetze bei der Evolution des Erkenntnisprozesses von der sinnlichen bis zur historisch-einheitlichen Erkenntnisweise nach der Methode des Absteigens vom Konkreten zum Abstrakten analysiert und das Resultat der Analyse im Gesamtschema der Evolution des Erkenntnisprozesses dargestellt. Bei der Evolution des Erkenntnisprozesses geht es um die Evolution des Gegensatzpaares „Objekt und Subjekt" in Abhängigkeit von der Evolution des Gegensatzpaares „Produzent und Konsument". Die Evolution des Erkenntnisprozesses durchläuft fünf Phasen: 1. Die Evolution der sinnlichen Erkenntnisweise, 2. die Entstehung der messenden Erkenntnisweise, 3. die Evolution der messenden Erkenntnisweise, 4. die Aufhebung der messenden Erkenntnisweise, 5. die Evolution der historisch-einheitlichen Erkenntnisweise. Die fünf Phasen der Evolution des Erkenntnisprozesses werden auf der tiefsten und nächsthöheren zeitlichen Abstraktionsebene in Abhängigkeit von der Evolution des Gegensatzpaares „Produzent und Konsument" analysiert und schematisch dargestellt.

Einleitung

In einer vorangegangenen Arbeit haben wir die von Karl Marx bei der Kritik der Politischen Ökonomie angewandte logische Darstellungsmethode, vom Abstrakten zum Konkreten aufzusteigen, kritisiert und durch die historisch-empirische Forschungsmethode, vom Konkreten zum Abstrakten abzusteigen, ersetzt.[1] Die im historisch-empirischen Bereich gültigen Gesetze und Regelmäßigkeiten werden nach dieser neuen Forschungsmethode durch eine doppelte Abstraktionsaufgabe (= durch zeitlich vertikale und räumlich horizontale Abstraktion) ermittelt.[2] Die zeitlich vertikale Abstraktion im historisch-empirischen Material der Evolution der Menschengesellschaft ergibt die folgenden fünf Evolutionsphasen der menschlichen Produktions- und Konsumtionstätigkeit:[3] 1. Die verhaltensbiologische, kognitive Evolution des Arbeitsprozesses vom Raubtierrudel bis zum Cro-Magnon-Stamm,[4] 2. die Entstehung der gesellschaftlichen Arbeitsteilung und des Austauschprozesses in der neolithischen und urbanen Revolution,[5] 3. die Evolution der Eigentumsverhältnisse vom Handwerksbetrieb bis zum Mitarbeiterunternehmen,[6] 4. die Aufhebung der gesellschaftlichen Arbeitsteilung und des Austauschprozesses in einer künftigen, anti-neolithischen und anti-urbanen Revolution, 5. die Einheitsphase von Mensch und Natur (= „Rückkehr ins Paradies").

---

[1] Güveniş, Halil: *Die historisch-empirische Forschungsmethode vom Konkreten zum Abstrakten abzusteigen*; The General Science Journal, 2020; http://gsjournal.net/Science-Journals/Research Papers/View/8259

[2] Güveniş, Halil: *Kritische Aufarbeitung der Marxschen Darstellung der kapitalistischen Produktionsweise mit Hilfe der Methode des Aufsteigens vom Abstrakten zum Konkreten*; The General Science Journal, 2017; http://gsjournal.net/Science-Journals/Research Papers/View/6804

[3] Güveniş, Halil: *Die Gesamtstruktur der dialektischen Gesetze bei der Evolution der Menschengesellschaft;* The General Science Journal, 2023; http://gsjournal.net/Science-Journals/Research Papers/View/9603

[4] Güveniş, Halil: *Die dialektischen Gesetze bei der verhaltensbiologischen, kognitiven Evolution des Arbeitsprozesses vom Raubtierrudel bis zum Cro-Magnon-Stamm;* The General Science Journal, 2022; http://gsjournal.net/Science-Journals/Research Papers/View/9446

[5] Güveniş, Halil: *Die dialektischen Gesetze bei der neolithischen und urbanen Revolution;* The General Science Journal, 2021; http://gsjournal.net/Science-Journals/Research Papers/View/9074

[6] Güveniş, Halil: *Die dialektischen Gesetze bei der Evolution der Eigentumsverhältnisse vom Handwerksbetrieb bis zum Mitarbeiterunternehmen;* The General Science Journal, 2023; http://gsjournal.net/Science-Journals/Research Papers/View/9563

In der vorliegenden Arbeit möchten wir unsere Analyse in den fünf Evolutionsphasen der menschlichen Produktions- und Konsumtionstätigkeit fortsetzen und durch räumlich horizontale Abstraktion die Evolution des Erkenntnisprozesses von der sinnlichen bis zur historisch-einheitlichen Erkenntnisweise analysieren. Bei der Evolution des Erkenntnisprozesses geht es um die Evolution des Gegensatzpaares „Objekt und Subjekt" in Abhängigkeit von der Evolution des Gegensatzpaares „Produzent und Konsument". Das Ziel der Arbeit ist, aus dem vorhandenen historisch-empirischen Material zur Evolution des Erkenntnisprozesses die historische Reihenfolge und das gegenseitige Abhängigkeitsverhältnis der in diesem Forschungsgebiet vorhandenen Erkenntnisweisen zu abstrahieren.

Die Arbeit ist folgendermaßen aufgebaut: Im ersten Kapitel wird der Erkenntnisprozess im Allgemeinen und im zweiten Kapitel das Gesamtschema der Evolution des Erkenntnisprozesses dargestellt. Im dritten Kapitel wird die biologische Evolution der sinnlichen Erkenntnisweise, im vierten die Entstehung der messenden Erkenntnisweise, im fünften die Evolution der messenden Erkenntnisweise, im sechsten die Aufhebung der messenden Erkenntnisweise, im siebten die Evolution der historisch-einheitlichen Erkenntnisweise analysiert und abstrakt-schematisch dargestellt.

1. Der Erkenntnisprozess im Allgemeinen

Auf der tiefsten zeitlichen Abstraktionsebene lässt sich die Menschengesellschaft als Arbeitsprozess im Allgemeinen (Abb. 1) definieren:[7]

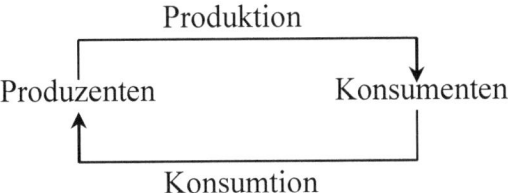

Abbildung 1: Der Arbeitsprozess im Allgemeinen

Durch räumlich horizontale Abstraktion anhand der Abb. 1 lässt sich der Erkenntnisprozess im Allgemeinen als Wissen-Gewinnungsprozess im Allgemeinen (Abb. 2) definieren:

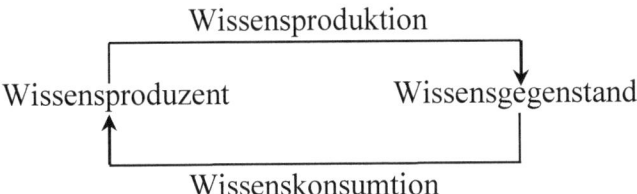

Abbildung 2: Der Wissen-Gewinnungsprozess im Allgemeinen

Um Abb. 2 aus Abb. 1 abzuleiten, haben wir die Begriffe „Produktion und Konsumtion" auf das spezifische Produkt „Wissen" beschränkt und den Begriff „Wissenskonsument" durch „Wissensgegenstand" ersetzt, weil der Wissenskonsument nur durch die gegenständliche Funktion seiner Gebrauchswerte als Gegenpol zum Wissensproduzenten auftritt; beim Wissen-Gewinnungsprozess interessiert also im Allgemeinen nur die Gegenständlichkeit der Produkte den Wissensproduzenten.

---

[7] Güveniş, Halil: *Die Gesamtstruktur der dialektischen Gesetze bei der Evolution der Menschengesellschaft S. 5;* The General Science Journal, 2023; http://gsjournal.net/Science-Journals/Research Papers/View/9603

Wenn wir den Wissen-Gewinnungsprozess in Abb. 2 mit den gängigen Begriffen der Erkenntnistheorie ausdrücken, so erhalten wir den Erkenntnisprozess im Allgemeinen (Abb. 3):

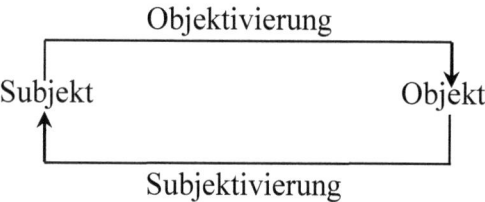

Abbildung 3: Der Erkenntnisprozess im Allgemeinen

Die abstrakten Momente des Erkenntnisprozesses im Allgemeinen sind Subjekt, Objektivierung, Objekt, Subjektivierung. Vorbedingung für die Objektivierung (= Wissensproduktion = Erkenntnisgewinnung = Vergegenständlichung des Subjekts) ist die Existenz des Subjekts (= des Wissensproduzenten mit seinen Erkenntnismitteln und Motivationen). Die Objektivierung geht vom Subjekt aus und kommt beim Objekt (= beim Wissensgegenstand = bei der Außenwelt) an. Subjekt und Objekt sind Zustandsgrößen des Erkenntnisprozesses; zwischen diesen beiden Polen vermitteln die Strömungsgrößen Objektivierung und Subjektivierung (= Wissenskonsumtion zwecks Wissensproduktion = Wahrnehmung des Wissensgegenstands), die sich zu einem sich selbst erhaltenden (= reproduzierenden) Kreisprozess der Wahrheitsfindung zusammenschließen.

Demnach ist ein im Subjekt erzeugtes Bild von einem Ding wahr, wenn es sich im Objekt als solches vergegenständlichen (= objektivieren) und im Subjekt sich als solches wahrnehmen (= subjektivieren) lässt. Wenn zwischen Vergegenständlichung und Wahrnehmung des Objekts keine Übereinstimmung erzielt werden kann, dann ist das im Subjekt erzeugte Bild von einem Ding unwahr; um die Wahrheit herauszufinden, muss daher in allen Bereichen des Erkenntnisprozesses eine Fehlersuche einsetzen. Als eine allgemeine Regel über alle Erkenntnisepochen extrapoliert gilt, dass ein einzelnes Subjekt niemals imstande sein wird, die Wahrheitsfindung und die Fehlersuche auf eigene Faust zustande zu bringen. Nur in Arbeitsteilung und Produktionsgemeinschaft befindliche Subjekte in Vielzahl können bei der Wahrheitsfindung und Fehlersuche erfolgreich sein. Von daher gehört es zur Grundbedingung des Erkenntnisprozesses im Allgemeinen, dass er in Arbeitsteilung und in Arbeitsgemeinschaft ausgeführt wird.

2. Das Gesamtschema der Evolution des Erkenntnisprozesses

Gehen wir *von der tiefsten zeitlichen Abstraktionsebene zur nächst höheren* über, so lässt sich die Evolution des Erkenntnisprozesses als Evolution des Gegensatzpaares „Objekt und Subjekt" (Abb. 3) in Abhängigkeit von der Evolution des Gegensatzpaares „Produzent und Konsument" darstellen.[8] Wenn wir für die Zeitperiode von 10.000.000 v. Chr. bis zu einem unbestimmten Zeitpunkt in Zukunft die einzelnen Evolutionsphasen bestimmen, dann erhalten wir das in Abb. 4 dargestellte Gesamtschema der Evolution des Erkenntnisprozesses:

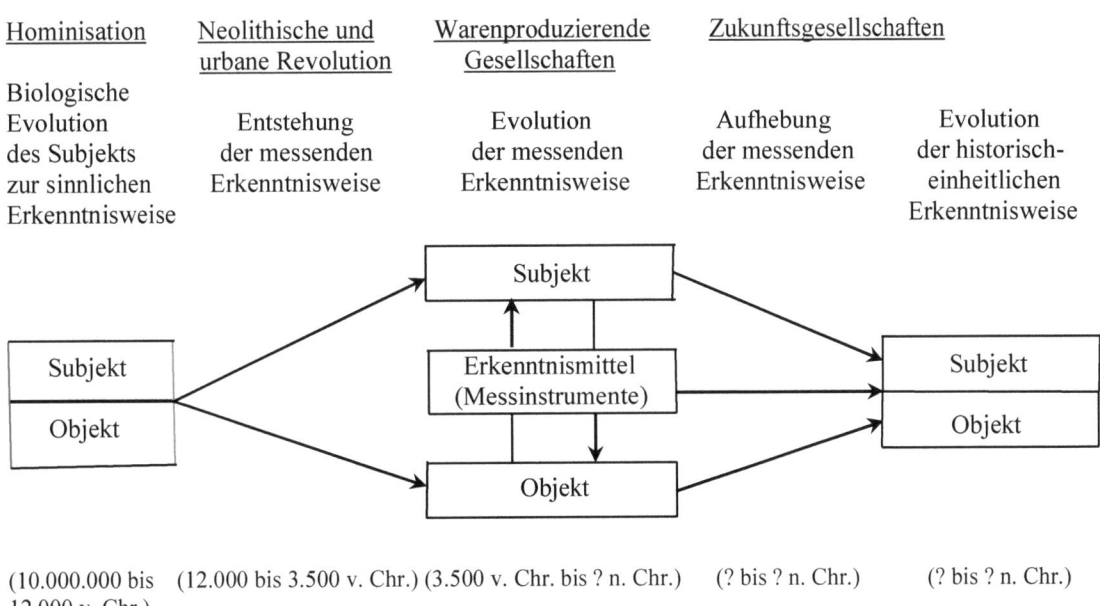

Abbildung 4: Das Gesamtschema der Evolution des Erkenntnisprozesses

Die Evolution des Erkenntnisprozesses durchläuft in Abhängigkeit von der Evolution des Arbeitsprozesses fünf Phasen. Im Einzelnen sind es folgende Phasen:

---

[8] Güveniş, Halil: *Die Gesamtstruktur der dialektischen Gesetze bei der Evolution der Menschengesellschaft;* The General Science Journal, 2023; http://gsjournal.net/Science-Journals/Research Papers/View/9603

Erste Phase: Die biologische Evolution der sinnlichen Erkenntnisweise

Zweite Phase: Die Entstehung der messenden Erkenntnisweise

Dritte Phase: Die Evolution der messenden Erkenntnisweise

Vierte Phase: Die Aufhebung der messenden Erkenntnisweise

Fünfte Phase: Die Evolution der historisch-einheitlichen Erkenntnisweise

3. Die biologische Evolution der sinnlichen Erkenntnisweise

In der ersten Phase der Evolution des Erkenntnisprozesses (bei der biologischen Evolution der sinnlichen Erkenntnisweise) entstehen die verhaltensbiologischen, kognitiven Merkmale des Erkenntnisprozesses, die wir kurz die biologische Evolution des Subjekts nennen. Die verhaltensbiologische, kognitive Evolution des Subjekts vom Raubtierrudel bis zum Cro-Magnon-Stamm endet in der voll entwickelten sinnlichen Erkenntnisweise der Jäger- und Sammlergesellschaft. *„Verhaltensbiologisch und kognitiv gesehen steht der Cro-Magnon-Stamm auf der Entwicklungsstufe des Identitäts- und Lernverhaltens im Rahmen der metamodal-symbolischen Verhaltenssteuerung mit den zusätzlichen kognitiven Fähigkeiten „Abstraktionsvermögen, Vorstellungskraft, Identifikationsvermögen". Von Herstellung und Gebrauch von Haushalts-, Kult- und Kunstgegenständen sprechen wir, wenn Mitglieder des Cro-Magnon-Stamms verhaltensbiologisch und kognitiv in der Lage sind, durch ihr Identifikationsvermögen mit einem Welt- und Menschenbild als Ersatz für ihre fast verkümmerten Instinkte moralische Grundwerte und Verhaltensnormen zu entwickeln und danach zu handeln."*[9]

In der ersten Phase der Evolution des Erkenntnisprozesses befindet sich zwischen Objekt und Subjekt keine Messmittel, um die im Objektzustand enthaltene Quantität (= Messgrößen) exakt zu bestimmen; das Subjekt ist bei der Wahrnehmung des Objekts und bei der Vergegenständlichung des Subjekts allein auf seine Sinnes- und Kognitionsorgane eingestellt, und jeder Wissensproduzent konsumiert das gleiche, von ihm selbst produzierte (= gejagte und gesammelte) Produktions- und Konsumtionswissen.

---

[9] Güveniş, Halil: *Die dialektischen Gesetze bei der verhaltensbiologischen, kognitiven Evolution des Arbeitsprozesses vom Raubtierrudel bis zum Cro-Magnon-Stamm*; The General Science Journal,2021; http://gsjournal.net/Science-Journals/Research Papers/View/9446

Moralische Legitimation ist das Grundcharakteristikum der Jäger- und Sammlergesellschaft. Zu ihrer Grundlegung und Aufrechterhaltung werden die umfangreichsten öffentlichen Dienstleistungen ausgeführt. An der Spitze dieser Dienstleistungen steht die Wahrheits- und Gerechtigkeitssuche in den Mythen und Offenbarungen des Stammes. Weitergeführt wird die Wahrheits- und Gerechtigkeitssuche durch die Schönheitssuche bei der künstlerischen Gestaltung symbolhafter Kult- und Kunstgegenstände (= Fetische, Totems, Musik, Gesang usw.). All diese Wahrheits-, Gerechtigkeits- und Schönheitssuche schlägt schließlich in die Tat um, wenn die Stammesangehörigen gemeinsam ihre kultischen Handlungen (= Tanzen, Beten, Pilgern, Bestatten usw.) ausführen. Vollzeitspezialisten für diese Tätigkeiten gibt es nicht; nur gewisse Personen mit besonderen Fähigkeiten (z. B. Medizinleute, Schamanen, Kriegshäuptlinge, Clan-Ältesten) werden zeitweilig mit gesamtgesellschaftlich wichtigen öffentlichen Dienstleistungen beauftragt. Während die Medizinleute und die Schamanen den Glauben der Jäger- und Sammlergesellschaft erhalten und „verwalten", stellen die Kriegshäuptlinge und die Clan-Ältesten bei allen gesamtgesellschaftlich wichtigen Beratungen und Entscheidungen ihre historische Erfahrung und Erkenntnis (= Wissen) zur Verfügung.

* * *

Insgesamt lässt sich feststellen, dass es in den drei Phasen der verhaltensbiologischen, kognitiven Evolution des Arbeitsprozesses vom Raubtierrudel bis zum Cro-Magnon-Stamm um die Evolution der Arbeitsteilung unter den abstrakten Produzenten geht und infolge dessen der Reihe nach die Konsumtionsmittel, Produktionsmittel und Dienstleistungen im Arbeitsprozess entstehen. Bei der Entstehung der Konsumtionsmittel werden durch Arbeitsteilung von abstrakten Produzenten im Arbeitsprozess wildwachsende Pflanzen- und Tierarten erbeutet bzw. verzehrt. Bei der Entstehung der Produktionsmittel werden Steine, Knochen und Holzstücke durch einfache Arbeitsteilung zu Werkzeugen verarbeitet und in einem späteren Stadium mit den erzeugten Werkzeugen die durch mehrfache Arbeitsteilung zusammengesetzten Produkte hergestellt. Bei der Entstehung der Dienstleistungen werden die bei der Produktionsmittelherstellung durch mehrfache Arbeitsteilung zusammengesetzten Produkte innerhalb der Einheit der Produktions- und Konsumtionstätigkeit für Familie, Stamm und Glaubensgemeinschaft durch eine allumfassende, gesellschaftliche Arbeitsteilung zu Bestandteilen der Menschengesellschaft (= der Jäger- und Sammlergesellschaft)[10] zusammengefügt.

Zusammenfassend lässt sich also sagen, dass es bei der biologischen Evolution der sinnlichen Erkenntnisweise um die Evolution der biologischen Fähigkeiten des Subjekts in Abhängigkeit von der Entstehung der Objekte „Konsumtionsmittel, Produktionsmittel und Dienstleistungen" geht. Bei der Entstehung der Konsumtionsmittel wird *das Raubtierrudel* genetisch an arbeitsteiliges Sozialverhalten angepasst. Bei der Entstehung der Produktionsmittel wird *die Werkzeughersteller-Horde* zusätzlich zum arbeitsteiligen Sozialverhalten genetisch mit Abstraktionsvermögen, Vorstellungskraft und aufrechtem Gang ausgestattet. Bei der Entstehung der Dienstleistungen schließlich wird die bei der Produktionsmittelherstellung durch Abstraktionsvermögen und Vorstellungskraft zusammengesetzten Werkzeuge und Hilfsmittel innerhalb der Einheit der Produktions- und Konsumtionstätigkeit für Familie, Stamm und Glaubensgemeinschaft durch das Identifikationsvermögen mit einem Welt- und Menschenbild zu Erkenntnisbestandteilen *des Cro-Magnon-Stamms* (= der Jäger- und Sammlergesellschaft)[11] zusammengefügt.

4. Die Entstehung der messenden Erkenntnisweise

In der zweiten Phase der Evolution des Erkenntnisprozesses (in der neolithischen und urbanen Revolution von 12.000 bis 3.500 v. Chr.) entstehen im Konsumtionsmittel-, im Produktionsmittel- und im Dienstleistungsbereich der Reihe nach die Geräte und Instrumente der messenden Erkenntnisweise. – Als Messung wird dabei jene Erkenntnisgewinnung bezeichnet, bei der ein Messmittel durch Vergleich mit einer Maßeinheit eine Messgröße vermittelt. Bei der messenden Erkenntnisweise steht also das Messmittel im Mittelpunkt des Geschehens; im Gegensatz dazu stehen der sinnlichen Erkenntnisweise als Messmittel allein die Sinnes- und Kognitionsorgane zur Verfügung. Des-

---

[10] Güveniş, Halil: *Der Arbeitsprozess in der Jäger- und Sammlergesellschaft nach der Methode des Absteigens vom Konkreten zum Abstrakten*; The General Science Journal, 2020; http://gsjournal.net/Science-Journals/Research Papers/View/8376

[11] Güveniş, Halil: *Die dialektischen Gesetze bei der verhaltensbiologischen, kognitiven Evolution des Arbeitsprozesses vom Raubtierrudel bis zum Cro-Magnon-Stamm*; The General Science Journal,2021; http://gsjournal.net/Science-Journals/Research Papers/View/9446

halb kann die sinnliche Erkenntnisweise über qualitativ definierte Begriffe und Zusammenhänge hinaus kein weiteres Instrumentarium entwickeln, während die messende Erkenntnisweise über die Qualität der Dinge hinaus eine Vielzahl von quantitativen Beschreibungen des Weltgeschehens entwickelt. In diesen Zusammenhang gehören die Anfänge der Mess- und Gerätetechnik, der Mathematik, der Wissenschaft und der Kosmologie.

Die relevante Messgröße beim Warenaustausch ist der Tauschwert. Man kann den Tauschwert an den Produkten und den Produktivkräften (= den Gebrauchswerten) allein mit Hilfe der Sinnesorgane nicht erkennen. Man braucht dazu vor allem noch das Tauschmittel (= Messmittel) ‚Geld'. Der Tauschwert (= der Preis) einer Ware ist eine Eigenschaft, die sich allein am Messmittel ‚Geld' ablesen lässt. Folglich ist es den Produzenten, Konsumenten und Geldbesitzern gemeinsam, den Tauschwert (= den Preis) einer Ware durch das Tauschmittel (= Messmittel) ‚Geld' zu erkennen.

Entscheidend beim Austauschprozess ist, dass sowohl die Warenmenge als auch der Preis der Ware in Maß- bzw. Zahlungseinheiten quantifiziert und anschließend gleichgesetzt werden können, wie z. B. bei der Preisangabe: „Ein Kilo Brot ist eine Gerstenration wert". Nur wenn sich Käufer, Verkäufer und Händler objektiv darüber einigen können, wie ein Kilogramm bzw. eine Gerstenration ermittelt bzw. gemessen wird, kann der Austauschprozess stattfinden. Diese objektive Angabe in Maß- bzw. Zahlungseinheiten ist erst mit der städtischen Kultur (mit Beginn der Zivilisation in den sogenannten Hochkulturen) während der urbanen Revolution entstanden; erst diese Gesellschaftsform kennt nämlich die messende Erkenntnisweise als historisch erworbene Erfahrung, die dringend benötigt wird, um den Tauschwert (= Preis) einer Ware durch das Tauschmittel (= Zahlungsmittel) auszudrücken.

Die Entstehung der messenden Erkenntnisweise von der Jäger- und Sammlergesellschaft bis zur Handwerker, Händler-, Dienstleister- und Sklavenhaltergesellschaft[12] endet mit der vollen Entfaltung der Arbeitsteilung und des Wissensaustauschs in allen

---

[12] Güveniş, Halil: *Die dialektischen Gesetze bei der neolithischen und urbanen Revolution*; The General Science Journal, 2021; http://gsjournal.net/Science-Journals/Research Papers/View/9074

Bereichen der Menschengesellschaft, d.h. die Teilungs- und Wechselwirkungsphase des Gegensatzpaares „Objekt und Subjekt" wird eingeleitet (Abb. 4).

Während in der neolithischen Revolution durch Domestizierung von wildwachsenden Pflanzen, Tieren und Metall die Konsumtions- und Produktionsmittelherstellung der Jäger- und Sammlergesellschaft revolutioniert wurde, umwälzte die urbane Revolution durch „Domestizierung" (= Urbanisierung) der noch im Naturzustand befindlichen, ortsfesten Dorfgemeinschaft den Dienstleistungssektor der Hirten-, Bauern- und Metallverarbeitergesellschaft; es entstanden die ersten Städte und Staaten der Handwerker, Händler-, Dienstleister- und Sklavenhaltergesellschaft. Eine urbane Gesellschaft mit zentraler Verwaltung, handwerklicher Spezialisierung und sozialer Ungleichheit bildete sich heraus. Großarchitektur und Kunst erreichten ihre erste Blüte.

Grundlage der urbanen Gesellschaft war eine arbeitsteilige und handelsorientierte Wirtschaft, die auf Massenproduktion von Waren ausgerichtet war. Das Grundcharakteristikum der Handwerker, Händler-, Dienstleister- und Sklavenhaltergesellschaft ist, dass für die Urbanisierung (= für die Bildung der ersten Städte und Staaten) vollkommen neue Berufsangehörige (Schreiber, Verwalter, Buchhalter, Ordnungskräfte, Sklavenhalter usw.) benötigt werden und diese voneinander unabhängigen Dienstleistungsproduzenten ihre spezielle Arbeit (= ihr Produktionswissen) innerhalb der Einheit der Handels- und Konsumtionstätigkeit des Staates (= des Gesamthändlers und Gesamtproduzenten von Konsumtionsmitteln und Dienstleistungen), zentralisiert und hierarchisch organisiert, vergegenständlichen und austauschen.

An der Spitze der politischen Macht der Handwerker, Händler-, Dienstleister- und Sklavenhaltergesellschaft steht eine monarchische Person, die bisweilen als Priesterkönig bezeichnet wurde. Diese Bezeichnung scheint gerechtfertigt zu sein, da zu dieser Zeit noch keine Trennung zwischen weltlicher und religiöser Macht feststellbar ist. Die religiöse Macht hat vielmehr die Aufgabe, die weltliche Macht als die von Gott gewollte heilige Ordnung zu sanktionieren; das geschieht durch Ursprungsmythen und ikonographische Bilder. – Eben so ein Bild der gesellschaftlichen Struktur (= Kosmologie = Weltbild) scheint in der ersten Stadt der Menschheitsgeschichte Uruk auf der Vase von Warka dargestellt worden zu sein. Dieses Bild konstruiert auf mehreren Ebenen eine

deutlich hierarchisch organisierte Gesellschaft. An deren Spitze stehen die Göttin Inanna, der Monarch (= der Mann im Netzrock) sowie deren Dienerschaft. Erst auf der
zweiten Ebene folgen die übrigen Menschen, die ihre Opfergaben darbieten. Auf der
dritten Ebene stehen die als Nahrungsquelle dienenden Tiere. Die Basis bilden der Süßwasserozean und die Pflanzenwelt.

* * *

Insgesamt lässt sich feststellen, dass es in den drei Phasen der Evolution des Austauschprozesses in der neolithischen und urbanen Revolution um die Entstehung der Arbeitsteilung und des Warenaustausches unter den abstrakten Produzenten (bzw. produktiven
Konsumenten) geht und infolge dessen der Reihe nach die Konsumtionsmittel, Produktionsmittel und Dienstleistungen revolutioniert werden. Bei der Revolutionierung der
Konsumtionsmittel entstehen die Berufszweige „Bauern und Hirten" und ihre einzelnen
Produkte „domestizierte Pflanzen- und Tierarten". Bei der Revolutionierung der Produktionsmittel entstehen die neuartigen Berufszweige der Metallverarbeitung und mit
ihnen die aus verschiedenen Kupferbearbeitungsarten zusammengesetzten Produkte.
Bei der Revolutionierung der Dienstleistungen werden die bei der Metallverarbeitung
zusammengesetzten Produkte im Rahmen des Großprojekts „Urbanisierung" zu Bestandteilen des einheitlichen Staates (= wirtschaftliche, soziale, politische Führung;
Verwaltung, Buchhaltung, Armee, Polizei, Justiz usw.) zusammengefügt.

Zusammenfassend lässt sich also sagen, dass es bei der Entstehung der messenden Erkenntnisweise um die Evolution des Produktions- und Konsumtionswissens in Abhängigkeit von der Entstehung der Messmittel und -instrumente im Konsumtionsmittel-,
im Produktionsmittel- und im Dienstleistungsbereich geht. Durch die Entstehung der
Messmittel und -instrumente im Konsumtionsmittelbereich erlangt *die Jäger- und
Sammlergesellschaft* während der neolithischen Revolution das allererste Produktions-
und Konsumtionswissen zur Domestizierung der wildwachsenden Pflanzen- und Tierarten. Durch die Entstehung der Messmittel und -instrumente im Produktionsmittelbereich gewinnt *die Bauern- und Hirtengesellschaft* zum Schluss der neolithischen Revolution vollkommen neue Erkenntnisse zur „Domestizierung" (= zur Förderung und Ver-
arbeitung) von „wildwachsendem" Metall (= Gold, Silber, Kupfer). Durch die Entste-

hung der Messmittel und -instrumente im Dienstleistungsbereich wird die bei der Produktionsmittelherstellung durch Metallverarbeitung zusammengesetzten Werkzeuge und Hilfsmittel innerhalb der Einheit der Produktions- und Konsumtionstätigkeit des Staates durch „Domestizierung" (= Urbanisierung) der noch im Naturzustand befindlichen, ortsfesten Dorfgemeinschaft zu Erkenntnisbestandteilen *der Handwerker, Händler-, Dienstleister- und Sklavenhaltergesellschaft*[13] zusammengefügt.

Während das durch sinnliche Erkenntnisweise im freien Naturzustand erworbene Weltbild der Jäger- und Sammlergesellschaft in sich geschlossen und vollkommen einheitlich und freiheitlich aufgebaut ist, verherrlicht die Kosmologie der Handwerker, Händler-, Dienstleister- und Sklavenhaltergesellschaft die soziale und politische Unfreiheit und Ungleichheit unter einem vollkommen hierarchisch organisierten, theokratischen Staat; an die Stelle der selbstbewussten, stolzen und ganzheitlich glücklichen Jäger- und Sammler ist der selbstherrliche und widernatürliche Theokrat mit seiner Gefolgschaft und Dienerschaft getreten; erkauft wurde dieser ideelle Rückschritt durch den materiellen Fortschritt und Beherrschung (= Domestizierung und Zerstörung) der Natur. Das ist die Geburtsstunde der menschlichen Habgier (= Ursünde), die später von Ursprungsmythen als „Vertreibung des Menschen aus dem Paradies" interpretiert wurde.

5. Die Evolution der messenden Erkenntnisweise

In der dritten Phase der Evolution des Erkenntnisprozesses (in warenproduzierenden Gesellschaften von 3.500 v. Chr. bis zu einem unbestimmten Zeitpunkt in Zukunft) bleibt die Teilungs- und Wechselwirkungsphase des Gegensatzpaares „Objekt und Subjekt" als allgemeine Rahmenbedingung der Epoche erhalten, und die messende Erkenntnisweise durchläuft eine wissenschaftliche und technologische Evolution in Abhängigkeit von der Evolution der Eigentumsverhältnisse vom Handwerksbetrieb bis zum Mitarbeiterunternehmen.[14]

---

[13] Güveniş, Halil: *Die dialektischen Gesetze bei der neolithischen und urbanen Revolution*; The General Science Journal, 2021; http://gsjournal.net/Science-Journals/Research Papers/View/9074

[14] Güveniş, Halil: *Die dialektischen Gesetze bei der Evolution der Eigentumsverhältnisse vom Handwerksbetrieb bis zum Mitarbeiterunternehmen*; The General Science Journal, 2023; http://gsjournal.net/Science-Journals/Research Papers/View/9563

In der ersten Phase der Evolution der Eigentumsverhältnisse (in der Handwerker-, Händler-, Dienstleister- und Sklavenhaltergesellschaft von 3500 v. Chr. bis 1550 n. Chr.) werden die Eigentumsverhältnisse an Produktivkräften revolutioniert. Auf der Grundlage des Privateigentums an Produktivkräften im Besitz ein- und derselben Rechtsperson entsteht der Handwerksbetrieb (und damit die Handels- und Dienstleistungsbetriebe); die natürlichen Besitzer (= die Produzenten) von Arbeitskraft kommen mit den Besitzern von Produktionsmitteln (= den Konsumenten von Arbeitskraft) in der Identität der Rechtsperson „Handwerker" in einer Werkstatt zusammen und produzieren mit ihrem Spezialwissen und Fertigkeiten die in der Handwerker-, Händler-, Dienstleister- und Sklavenhaltergesellschaft benötigten Produktions- und Konsumtionsmittel. Bei Handwerkern, Händlern, Dienstleistern ist es zu offensichtlich, dass sie natürliche Besitzer ihrer Arbeitskraft und ihrer Produktionsmittel zugleich sind. Bei Sklavenhaltern muss allerdings beachtet werden, dass sie nicht als natürliche Besitzer ihrer eigenen Arbeitskraft auftreten, sondern mit Gewalt über die Arbeitskraft rechtloser Personen, sprich Sklaven, verfügen; nur in diesem Sinne sind Sklavenhalter Besitzer „ihrer" Arbeitskraft und ihrer Produktionsmittel zugleich. Darüber hinaus sind Sklaven nicht die einzigen rechtlosen Personen in der Geschichtsepoche von 3.500 v. Chr. bis 1.550 n. Chr.; von daher steht die Bezeichnung „Sklave" stellvertretend für alle Entrechteten im besagten Zeitraum. – Je nach Entrechtungsform und -grad der natürlichen Besitzer von Arbeitskraft und Produktionsmitteln können nach Karl Marx *„ in großen Umrissen (...) asiatische, antike, feudale und modern bürgerliche Produktionsweisen als progressive Epochen der ökonomischen Gesellschaftsformation bezeichnet werden.* "[15] Eine andere Methode, die erste Evolutionsphase „Handwerker-, Händler-, Dienstleister- und Sklavenhaltergesellschaft" in progressive Epochen einzuteilen, besteht darin, diese Gesellschaftsformation nach dem Metall, aus dem ihre Produktions- und Konsumtionsmittel hergestellt wurden, zu klassifizieren: 1. die Kupferzeit (von 5500 bis 2200 v. Chr.), 2. die Bronzezeit (von 2200 bis 800 v. Chr.), 3. die Eisen- und Stahlzeit (von 1200 v. Chr. bis 1550 n. Chr.). Mit jeder neuen progressiven Epoche erreicht der Handwerksbetrieb eine höhere Arbeitsproduktivität und Anwendungsvielfalt. Innerhalb der progressiven Epochen selbst bleibt allerdings die Arbeitsproduktivität konstant, und es kommt zu keinem nennenswerten Wachstum; die betreffende Gesellschaft reproduziert

---

[15] Marx, Karl: Zur Kritik der Politischen Ökonomie, MEW 13, S. 9

sich sozusagen selbst (= einfache Reproduktion). Technisch gesehen steht der Handwerksbetrieb auf der Entwicklungsstufe der mechanischen Arbeitsmittel mit natürlichem Antrieb (= Hand-, Wasser-, Windantrieb). Das gesamte Produktionswissen der progressiven Epochen ist in den Händen und Köpfen der jeweiligen Handwerker, Händler, Dienstleister- und Sklavenhalter konzentriert.

In der zweiten Phase der Evolution der Eigentumsverhältnisse (in der Arbeiter- und Kapitalistengesellschaft von 1550 bis ? n. Chr.) werden die Produktivkräfte durch technologische Generationen und entsprechende Arbeitsteilung revolutioniert. Charakteristisch und ausschlaggebend für die Arbeiter- und Kapitalistengesellschaft ist die Teilung der Identität der Besitzer von Arbeitskraft und Produktionsmitteln in zwei entgegengesetzte Pole und der Austausch der Ware „Arbeitskraft" zwischen diesen beiden Polen. Die Arbeiter- und Kapitalistengesellschaft ist also gekennzeichnet zum einen durch die Teilung des Gegensatzpaares: Besitzer von Arbeitskraft und Produktionsmitteln, und zum anderen durch die Teilung des Gegensatzpaares: Abstrakte Produzenten und Konsumenten von Konsumtionsmitteln, Produktionsmitteln, Dienstleistungen und Arbeitskraft. – Steigen nun die Warenkapitalisten ununterbrochen auf Basis erweiterter Reproduktion und gesteigerter Arbeitsproduktivität mit Arbeitskraft und Produktionsmitteln (= mit Produktivkräften) in den Produktionsprozess ein, so spricht man von Kapitalakkumulation, die neben dem Kauf der Ware „Arbeitskraft" von ihrem natürlichen Besitzer (= vom Arbeiter) die zweite historische Grundbedingung der kapitalistischen Produktionsweise darstellt. Die Handwerker-, Händler-, Dienstleister- und Sklavenhaltergesellschaft geht also historisch gesehen dann in die Arbeiter- und Kapitalistengesellschaft über, wenn zum einen die Arbeiter über ihre Arbeitskraft frei verfügen können, und zum anderen die Kapitalisten fortwährend von der Grundmotivation zur Kapitalakkumulation angetrieben werden.

In der ersten Phase der Evolution des Akkumulationsprozesses (= im Manufakturkapitalismus von 1550 bis 1770 n. Chr.) wird die Arbeitskraft revolutioniert.[16] Auf der Grundlage einer neuartigen Arbeitsteilung, bei der die Gesamtarbeit eines einzelnen

---

[16] Güveniş, Halil: *Die dialektischen Gesetze bei der Evolution des Akkumulationsprozesses vom Manufakturbetrieb bis zur Finanzmarktgesellschaft;* The General Science Journal, 2023; http://gsjournal.net/Science-Journals/Research Papers/View/9526

Handwerkers in unterschiedliche Arbeitsvorgänge unterteilt und von vielen Teilarbeitern ausgeführt wird, entsteht der Manufakturbetrieb; damit erreicht der Manufakturbetrieb gegenüber dem traditionellen Handwerksbetrieb eine deutlich höhere Arbeitsproduktivität (= Konkurrenzfähigkeit). In der Epoche des Manufakturkapitalismus kommt jedoch keine Periodeneinteilung vor, weil die Revolutionierung der Arbeitskraft ohne technologische Generationen (= Basisinnovationen) vor sich geht. Das Grundcharakteristikum des Arbeitsprozesses im Manufakturkapitalismus ist also Arbeitsteilung in ein- und demselben Betrieb ohne Unterscheidung, ob diese Arbeitsteilung (= Steigerung der Arbeitsproduktivität) bei der Herstellung der Konsumtions- oder der Produktionsmittel stattfindet (= identische Akkumulation im Konsumtions- und Produktionsmittelbereich). Damit ist der Manufakturbetrieb bezüglich der Akkumulation, Arbeitsteilung und Arbeitsproduktivität gekennzeichnet durch die Identität des Gegensatzpaares: abstrakte Produzenten von Konsumtionsmitteln und Dienstleistungen und abstrakte Produzenten von Produktionsmitteln und Dienstleistungen. Technisch gesehen steht der Manufakturbetrieb, wie der Handwerksbetrieb, auf der Entwicklungsstufe der mechanischen Arbeitsmittel mit natürlichem Antrieb (= Hand-, Wasser-, Windantrieb).

In der zweiten Phase der Evolution des Akkumulationsprozesses (= im Fabrik- und Konzernkapitalismus von 1770 bis 1950 n. Chr.) werden die Produktionsmittel revolutioniert. Auf der Grundlage der maschinellen Produktion in unterschiedlichen Arbeitsvorgängen und Industriebetrieben entsteht der Fabrikkapitalismus; damit erreicht der Industriebetrieb gegenüber dem Manufakturbetrieb eine deutlich höhere Arbeitsproduktivität (= Konkurrenzfähigkeit). Die Epoche des Fabrik- und Konzernkapitalismus wird in Perioden eingeteilt, weil die Revolutionierung der Produktionsmittel (= Steigerung der Arbeitsproduktivität) auf der Grundlage von technologischen Generationen stattfindet (= unterschiedliche Akkumulation im Konsumtions- und Produktionsmittelbereich). Die erste Periode: Dampfkraft (1770-1890) wird durch die erste technologische Generation = durch die Periode der Dampfkraft auf der Grundlage der Thermodynamik charakterisiert, wobei alle Arten von Produktionsmitteln (Arbeitsgegenstand, Arbeitsmittel, Kommunikations- und Transportmittel = z. B. Dampfschiffe und Eisenbahnen) revolutioniert werden. Die zweite Periode: Elektro- und Explosionsenergie (1890-1950) wird durch die zweite technologische Generation = durch die Periode der Elektro- und Explosionsenergie auf der Grundlage der Elektrodynamik und Chemie charakterisiert, wobei alle Arten von Produktionsmitteln (Arbeitsgegenstand, Arbeitsmittel, Kommunikations- und Transportmittel = z. B. Telefon, Flugzeug, Fließband) revolutioniert werden. – Das Grundcharakteristikum des Fabrik- und Konzernkapitalismus ist, dass sich die Arbeitsprozesse im Konsumtions- und im Produktionsmittelbereich bezüglich der Akkumulation und Arbeitsproduktivität voneinander trennen und auf Basis der Konzentration und Zentralisation des Kapitals im Produktions- und Konsumtionsmittelbereich eine neuartige Arbeitsteilung unter den Industriebetrieben entsteht. Ist das Kapital durch viele Konkurrenzkämpfe hindurch in bestimmten Industriezweigen zentralisiert, so spricht man vom Konzernkapitalismus, der sich durch viele verkettete Industriebetriebe (= Industriekomplexe) charakterisieren lässt. – Damit ist der Fabrik- und Konzernkapitalismus bezüglich der Akkumulation, Arbeitsteilung und Arbeitsproduktivität gekennzeichnet durch die Teilung des Gegensatzpaares: abstrakte Produzenten von Konsumtionsmitteln und Dienstleistungen und abstrakte Produzenten von Produktionsmitteln und Dienstleistungen.

In der dritten Phase der Evolution des Akkumulationsprozesses (= im Finanzmarktkapitalismus von 1950 bis ? n. Chr.) wird, wie im Manufakturkapitalismus, die Arbeitskraft revolutioniert. Auf der Grundlage der Automatisierung der Produktion in unterschiedlichen Arbeitsvorgängen und Industriekomplexen und der Vereinheitlichung der Kapitalakkumulation im Dienstleistungsbereich durch kapitalmarktorientierte Kapitalgesellschaften (= Finanzmarktgesellschaften) entsteht der Finanzmarktkapitalismus; damit erreicht der vollautomatisierte Industriekomplex gegenüber dem traditionellen Industriebetrieb eine deutlich höhere Arbeitsproduktivität (= Konkurrenzfähigkeit). Die Epoche des Finanzmarktkapitalismus wird in Perioden eingeteilt, weil die Automatisierung durch die dritte technologische Generation auf der Grundlage der Elektronik, Informations-, System- und Steuerungstheorie stattfindet, wobei alle Arten von Produktions- und Konsumtionsmitteln (Arbeitsgegenstand, Arbeitsmittel, Kommunikations- und Transportmittel = z. B. PC, Handy, TV) und vor allem Dienstleistungen revolutioniert (= automatisiert) werden. Obwohl die Basisinnovationen dieser Epoche in Form von permanenten technologischen Generationen kommen, werden diese dicht aufeinander folgenden Perioden formal in der dritten Epoche der kapitalistischen Entwicklung zusammengefasst. Der Grund für diese Zusammenfassung und Epocheneinteilung liegt darin, dass es sich hier um eine kontinuierliche Ersetzung der Steuerungsfunktionen der Arbeitskraft handelt, d.h. hier wird, wie im Manufakturkapitalismus, die

Arbeitskraft revolutioniert (= wegrationalisiert = aus dem Produktionsprozess ausgeschlossen), allerdings diesmal über den Umweg der Revolutionierung der Produktionsmittel und Dienstleistungen auf der Grundlage von informationstechnologischen Generationen. – Das Grundcharakteristikum des Finanzmarktkapitalismus ist, dass auf Basis der Vereinheitlichung der Kapitalakkumulation im Dienstleistungsbereich durch Finanzmarktgesellschaften eine ausschließlich kapitalmarktspezifische virtuelle Arbeitsteilung unter den Industriekomplexen geschaffen wird und gleichzeitig durch die Vollautomatisierung der Produktion vor allem im Dienstleistungsbereich eine informationstechnologische Vereinheitlichung der abstrakten Produzenten stattfindet. – Damit ist der Finanzmarktkapitalismus bezüglich der Akkumulation, Arbeitsteilung und Arbeitsproduktivität gekennzeichnet durch die Einheit des Gegensatzpaares: abstrakte Produzenten von Konsumtionsmitteln und Dienstleistungen und abstrakte Produzenten von Produktionsmitteln und Dienstleistungen.

In der dritten Phase der Evolution der Eigentumsverhältnisse geht die dritte Phase der Evolution des Akkumulationsprozesses (= der Finanzmarktkapitalismus) zu Ende, und die Ära der Mitarbeitergesellschaft (= der Mitarbeiterkapitalismus) beginnt.[17] Von daher kommt bei der Analyse der Eigentumsverhältnisse dem Übergang vom Finanzmarktkapitalismus zur Mitarbeitergesellschaft eine entscheidende Bedeutung zu. Wir können allerdings die Hauptcharakteristika des Übergangs vom Finanzmarktkapitalismus zur Mitarbeitergesellschaft nicht wie bisher gewohnt durch zeitlich vertikale und räumlich horizontale Abstraktion aus dem vorhandenen historisch-empirischen Material gewinnen, weil diese Evolution gar nicht stattgefunden hat. Wir wissen aber, dass der Finanzmarkt- bzw. der Mitarbeiterkapitalismus nach dem ersten dialektischen Gesetz „Identität, Kampf und Einheit der Gegensätze" die dritte – die Einheitsphase der Evolution des Akkumulationsprozesses bzw. der Eigentumsverhältnisse ist. Folglich können wir nach dem zweiten und dritten dialektischen Gesetz „Negation der Negation" bzw. „Umschlagen von Quantität in Qualität" vorhersagen, wie der Übergang vom Finanzmarktkapitalismus zur Mitarbeitergesellschaft beschrieben werden kann und was die Hauptcharakteristika der Ära der Mitarbeitergesellschaft sind. – Das dritte

---

[17] Güveniş, Halil: *Die dialektischen Gesetze bei der Evolution der Eigentumsverhältnisse vom Handwerksbetrieb bis zum Mitarbeiterunternehmen*; The General Science Journal, 2023; http://gsjournal.net/Science-Journals/Research_Papers/View/9563

dialektische Moment (= die Einheitsphase der Gegensätze) erhalten wir, wenn wir die Negation der Negation zur Identitätsphase bilden: nämlich, Selbstorganisation der gemeinschaftlich-einheitlichen Privateigentümer an Produktivkräften in einzelnen Mitarbeiterunternehmen zu Bestandteilen der Mitarbeitergesellschaft durch Kooperation in allen Bereichen der Wirtschaft, Politik und Gesellschaft, wobei auf der Grundlage der Selbsterhaltung (= Wiederherstellung) der Menschen- und Naturrechte durch entsprechende informationstechnologische Generationen einheitliche Reproduktion und konstante Arbeitsproduktivität angestrebt wird. – Der Übergang von der Teilungs- und Wechselwirkungsphase zur Einheitsphase der Evolution der Eigentumsverhältnisse lässt sich im Sinne des dritten dialektischen Gesetzes als „Umschlagen von Quantität in Qualität" deuten. Wenn die Evolutionsnische „Finanzmarktkapitalismus" von der Kapitalakkumulation in Finanzmarktunternehmen her ausgeschöpft ist und die vierte technologische Epoche (= Automatisierung auf der Grundlage der Elektronik, Informations-, System- und Steuerungstheorie) soweit ausgereift ist, dass durch Revolutionierung der Eigentumsverhältnisse in ein- und demselben Unternehmen, nämlich im Mitarbeiterunternehmen, die natürlichen Besitzer von Arbeitskraft und Produktionsmitteln als gemeinschaftlich-einheitliche, freie Rechtspersonen an die Stelle der gegensätzlichen Eigentümer im kapitalistischen Unternehmen treten können.

* * *

Insgesamt lässt sich feststellen, dass es in den drei Phasen der Evolution der Eigentumsverhältnisse an Produktivkräften um die Evolution der Teilungs- und Wechselwirkungsphase des Gegensatzpaares „Produzent und Konsument" geht und infolge dessen der Reihe nach die Produktivkräfte im Handwerksbetrieb, im kapitalistischen Unternehmen (= Manufaktur, Fabrik, Konzern, Finanzmarktgesellschaft) und im Mitarbeiterunternemen revolutioniert werden. Bei der Revolutionierung der Produktivkräfte im Handwerksbetrieb entsteht das Privateigentum an Produktivkräften, indem die natürlichen Besitzer von Arbeitskraft und Produktionsmitteln in der Identität der Rechtsperson „Handwerker" in einer Werkstatt zusammenkommen und mit ihrem Spezialwissen und Fertigkeiten die in ihrem Berufszweig benötigten Produktions- und Konsumtionsmittel herstellen. Bei der Revolutionierung der Produktivkräfte im kapitalistischen Unternehmen entsteht das kapitalistische Eigentum an Produktivkräften, indem die Identität der Besitzer von Arbeitskraft und Produktionsmitteln in zwei entgegengesetzte Pole geteilt und zwecks Produktion (= Konsumtion von Arbeitskraft) die Ware „Arbeitskraft" ausgetauscht wird. Bei der Revolutionierung der Produktivkräfte im Mitarbeiterunternehmen entsteht das Gemeineigentum der unmittelbaren Produzenten (= der Privateigentümer) an Produktivkräften, indem die Identität (= die Einheit) der natürlichen (= unmittelbaren) Besitzer von Arbeitskraft und Produktionsmitteln in ein- und demselben Unternehmen wiederhergestellt wird.

Zusammenfassend lässt sich also sagen, dass es bei der Evolution der messenden Erkenntnisweise um die Evolution des Produktions- und Konsumtionswissens (= um wissenschaftliche und technologische Evolution) in Abhängigkeit von der Evolution der Eigentumsverhältnisse an Produktivkräften im Handwerksbetrieb, im kapitalistischen Unternehmen und im Mitarbeiterunternehmen geht. Durch die Evolution der mechanischen Arbeitsmittel mit natürlichem Antrieb (= Hand-, Wasser-, Windantrieb) im Handwerksbetrieb erlangt *die Handwerker, Händler-, Dienstleister- und Sklavenhaltergesellschaft* ein umfangreiches Produktions- und Konsumtionswissen, das in Form von Wissenschaft und Technik auf einem niedrigen Niveau vereinzelt und zersplittert in den Händen und Köpfen der jeweiligen Handwerker, Händler, Dienstleister und Sklavenhalter konzentriert ist. Durch die Evolution der wissenschaftlichen und technologischen Generationen im kapitalistischen Unternehmen gewinnt *die Arbeiter- und Kapitalistengesellschaft* vollkommen neue Erkenntnisse zur Beherrschung und zur Unterwerfung der Natur, wobei das Produktions- und Konsumtionswissen der Epoche in fortgeschrittenen Einzel- bzw. Fachwissenschaften zentralisiert ist. Durch die Evolution der informationstechnologischen Generationen im Mitarbeiterunternehmen werden die in der Arbeiter- und Kapitalistengesellschaft entstandenen Fachwissenschaften zur Wiederherstellung der Menschen- und Naturrechte eingesetzt, wobei das fortgeschrittene Fachwissen der Epoche im Rahmen der Informationstechnologie (= Informatik) vereinheitlicht wird. – Die Wiederherstellung der Menschen- und Naturrechte auf dem Planeten „Erde" ist ein derart umfangreiches Großprojekt, dass zu ihrer Realisierung zum ersten Mal in der Menschheitsgeschichte nicht isolierte Einzelteile, sondern die Gesamtheit der Erde zum Erkenntnisobjekt wird.

6. Die Aufhebung der messenden Erkenntnisweise

In der vierten Phase der Evolution des Erkenntnisprozesses (in Zukunftsgesellschaften von ? bis ? n. Chr.) werden die gesellschaftlichen Merkmale der messenden Erkenntnisweise (= Teilung des Wissens in Einzel- bzw. Fachwissenschaften und Wissensaustausch) zugunsten der historisch-einheitlichen Erkenntnisweise aufgehoben. Die Aufhebung der messenden Erkenntnisweise von der Mitarbeitergesellschaft bis zur Einheitsphase der Evolution des Arbeitsprozesses endet mit der vollen Aufhebung der gesellschaftlichen Arbeitsteilung und des Wissensaustauschs in allen Bereichen der Menschengesellschaft, d.h. die Einheitsphase des Gegensatzpaares „Objekt und Subjekt" wird eingeleitet (Abb. 4). Die Evolution des Erkenntnisprozesses von der messenden bis zur historisch-einheitlichen Erkenntnisweise durchläuft die zweite, nämlich die Entstehungsphase der messenden Erkenntnisweise in umgekehrter Richtung; in einer „anti-urbanen" und „anti-neolithischen" Revolution werden die Teilung des Wissens in Einzel- bzw. Fachwissenschaften und der Wissensaustausch durch kontinuierliche informationstechnologische Ersetzung der Steuerungsfunktionen der Arbeitskraft im Dienstleistungs-, im Produktionsmittel- und im Konsumtionsmittelbereich der Reihe nach Schritt für Schritt aufgehoben. – Die Wiederherstellung der naturwüchsigen gesellschaftlichen Zustände auf dem Planeten „Erde" ist ein derart einzigartiger Komplex von Großprojekten, dass zu ihrer Realisierung zum ersten Mal in der Menschheitsgeschichte nicht zeitlich konstante Einzelteile, sondern die Gesamtheit der Erde in ihrer historisch-einheitlichen Entwicklung zum Erkenntnisobjekt wird.

7. Die Evolution der historisch-einheitlichen Erkenntnisweise

In der fünften Phase der Evolution des Erkenntnisprozesses (in Zukunftsgesellschaften von ? bis ? n. Chr.) werden die gesellschaftlichen Merkmale des Erkenntnisprozesses im Sinne der ersten Phase (= der Identitätsphase) des Gegensatzpaares „Subjekt und Objekt" wiederhergestellt (= vereinheitlicht), d.h. die sinnliche Erkenntnisweise etabliert sich wieder – nicht als sich selbst reproduzierende Erkenntnisweise eines Volksstamms auf einem beschränkten Gebiet für eine beschränkte Zeit, sondern als sich selbst mit den Naturprozessen in Einheit und in historischen Dimensionen erhaltende Erkenntnisweise der Menschheit auf Mutter Erde.

Auch der Struktur nach wird die historisch-einheitliche Erkenntnisweise der Evolution der sinnlichen Erkenntnisweise folgen und durch kontinuierliche informationstechnologische Ersetzung der Steuerungsfunktionen der Arbeitskraft die drei Momente der biologischen Evolution der sinnlichen Erkenntnisweise hervorbringen. Natürlich wird die Evolution der historisch-einheitlichen Erkenntnisweise keine biologisch-genetische sein; bei der gesellschaftlichen Evolution der historisch-einheitlichen Erkenntnisweise handelt es sich vielmehr um die Evolution der informationstechnologischen Erkenntnismittel des Subjekts in Abhängigkeit von der Evolution der Objekte „Konsumtionsmittel, Produktionsmittel und Dienstleistungen": *„Bei der Entstehung der Konsumtionsmittel wurde das Raubtierrudel genetisch an arbeitsteiliges Sozialverhalten angepasst."*; in der ersten Unterphase der Einheitsphase des Erkenntnisprozesses lernen die informationstechnologischen Erkenntnismittel des Subjekts das arbeitsteilige Zusammenwirken der Gesamtheit der Erkenntnismittel. *„Bei der Entstehung der Produktionsmittel wurde die Werkzeughersteller-Horde zusätzlich zum arbeitsteiligen Sozialverhalten genetisch mit Abstraktionsvermögen, Vorstellungskraft und aufrechtem Gang ausgestattet."*; in der zweiten Unterphase der Einheitsphase des Erkenntnisprozesses lernen die informationstechnologischen Erkenntnismittel des Subjekts das Denken und Phantasieren im Rahmen der Gesamtheit der informationstechnologischen Erkenntnismittel. *„Bei der Entstehung der Dienstleistungen schließlich wurde die bei der Produktionsmittelherstellung durch Abstraktionsvermögen und Vorstellungskraft zusammengesetzten Werkzeuge und Hilfsmittel innerhalb der Einheit der Produktions- und Konsumtionstätigkeit für Familie, Stamm und Glaubensgemeinschaft durch das Identifikationsvermögen mit einem Welt- und Menschenbild zu Erkenntnisbestandteilen des Cro-Magnon-Stamms (= der Jäger- und Sammlergesellschaft) zusammengefügt."*; in der dritten Unterphase der Einheitsphase des Erkenntnisprozesses lernen die informationstechnologischen Erkenntnismittel des Subjekts die Entwicklung von Motivationen durch das Identifikationsvermögen mit einem Welt- und Menschenbild als Ersatz für die angeborenen (= fest vorgegebenen) Instinkte, Prozeduren und Reflexe (= Verhaltensnormen).

Artikel X

Mein Erkenntnisweg zur historisch-empirischen Forschungsmethode vom Konkreten zum Abstrakten abzusteigen

Mein polit-ökonomischer Werdegang in den Jahren 1977-2020

Im Artikel I habe ich die historisch-empirische Forschungsmethode, vom Konkreten zum Abstrakten abzusteigen, mit folgender Kritik an Marx in die Politische Ökonomie eingeführt:

„Die auf die Veröffentlichung des „Kapital" folgende Geschichtsepoche hat gezeigt, dass die logische Methode des Aufsteigens vom Abstrakten zum Konkreten die einzelnen Abstraktionsschritte nicht aufdeckt, wie Marx überhaupt zum Abstrakten gelangt ist, um anschließend das Aufsteigen vom Abstrakten zum Konkreten darstellen zu können.
[...]
Anstatt im historisch-empirischen Material der Politischen Ökonomie eine passende Antwort auf die Methodenfrage zu suchen, übernimmt Marx die Hegelsche logische Methode des Aufsteigens vom Abstrakten zum Konkreten mitsamt den dialektischen Gesetzen unhinterfragt und pauschal in die Politische Ökonomie und tauft sie auf den Namen „Darstellungsmethode", obwohl die empirische Wissenschaft außer der „Forschungsmethode" keinen derartigen Begriff kennt."

Ich kritisiere also Marx, in der Methodenfrage der Politischen Ökonomie keinen selbständigen eigenen Erkenntnisweg zur logischen Methode des Aufsteigens vom Abstrakten zum Konkreten zu haben. Diese Kritik darf ich natürlich nur dann äußern, wenn ich meinen eigenen Erkenntnisweg zur historisch-empirischen Forschungsmethode, vom Konkreten zum Abstrakten abzusteigen, offen darlege. Das habe ich aber im Artikel I nicht getan. Deshalb habe ich beschlossen, meinen eigenen Erkenntnisweg zur historisch-empirischen Forschungsmethode, vom Konkreten zum Abstrakten abzusteigen, im vorliegenden autobiographischen Bericht kurz darzustellen. Bei diesem Bericht handelt es sich um meinen polit-ökonomischen Werdegang in den Jahren 1977-2020.

1. Mein wissenschaftlicher Werdegang in den Jahren 1977-82

Mein selbständiger wissenschaftlicher Werdegang begann im Jahr 1977. Während ich in diesem Jahr in Tübingen mit den Abschlussprüfungen zum Physikstudium beschäftigt war, ging ich nebenbei der grundsätzlichen Fragestellung nach: Gibt es eine Dialektik der Quantenmechanik? Wie lässt sie sich darstellen?

Zu dieser Fragestellung war ich durch meine vorangegangene marxistische Schulung geführt worden. Intensive Auseinandersetzung mit Marx-, Engels-, Lenin- und Mao-Schriften hatte bei mir eine nebulöse Vorstellung von Dialektik und von dialektischem Materialismus erzeugt, und nun wollte ich, „bescheiden" wie ich war, die Dialektik in der Quantenmechanik entdecken. Hauptstoßrichtung meiner Studien war, die dialektischen Gesetze, die ich bei den Klassikern des Marxismus herausgefiltert hatte, auf die Quantenmechanik und auf andere physikalische Theorien anzuwenden. Ich war zwar von Engels im Voraus gewarnt worden, dass man die Dialektik in die Natur nicht hinein zu konstruieren hat, sondern als die allgemeinsten Bewegungsgesetze der Materie aus der Natur heraus abstrahieren (= extrahieren) muss. Dennoch zweifelte ich in der Gutgläubigkeit des Marxisten keinen Moment daran, dass diese Gesetze auch in der Quantenmechanik enthalten sind. Ich begann bei allen passenden und unpassenden Gelegenheiten die dialektischen Gegensatzpaare auf alles Mögliche anzuwenden, bis ich endlich zu der Überzeugung kam, dass dies alles Unsinn war und grundsätzlich anders vorgegangen werden muss.

Mit Beginn des Jahres 1978 gingen meine Untersuchungen in zwei Richtungen. Erstens versuchte ich, wo ich die Hoffnung auf den dialektischen Materialismus in der Quantenmechanik verloren hatte, wenigstens den historischen Materialismus zu retten. Dabei ging ich davon aus, dass die Dialektik auf der Zeitebene gar nicht existiert und nur als die Form – als die Struktur der historischen Entwicklung interpretiert werden muss. Prompt führten diese Bemühungen zu einem befriedigenden Ergebnis, und ich konnte ein Entwicklungsschema und ein Grundkonzept zur historischen Vereinheitlichung der physikalischen Theorien angeben. – Darüber hinaus versuchte ich im Jahr 1978, die Quantenmechanik physikalisch zu interpretieren. Dies gelang mir durch die Schrift *„Kritik der Kopenhagener Deutung der Quantenmechanik"*, wobei ich den Photonen als Feldquanten und Erkenntnismittel zugleich eine herausragende Bedeutung beimessen musste.

Sowohl die Dialektik als auch die Interpretation der Quantenmechanik zeigten mir aufs Schärfste, wie wichtig eigentlich das Erkenntnisproblem ist, und unbedingt eine saubere Trennung der vorwissenschaftlichen und wissenschaftlichen Erkenntnis vorgenommen werden muss. Also beschäftigte ich mich im Jahr 1979 im Anschluss an meine Untersuchungen über die Quantenmechanik mit der Erkenntnistheorie. Ich versuchte auf der Grundlage der gewonnenen Positionen im historischen Materialismus vom Vorjahr, die Evolution der verschiedenen Erkenntnisweisen als einen historischen Prozess darzustellen. Damit fing meine Diaspora an; der ursprüngliche physikalische Ausgangspunkt ging völlig verloren, und ich versuchte mich in der Geschichte des Erkenntnisprozesses zurechtzufinden. Zwar hatte ich den dialektisch-materialistischen Fehler, auf der Zeitebene die Evolution der Gegensatzpaare zu verfolgen, schon längst aufgegeben. Aber die Willkür bei der Festlegung des relevanten Gegensatzpaares in vertikaler Zeitrichtung hatte ich voll darauf, und ich dialektisierte munter darauf los und ließ alle möglichen historischen Entwicklungen in dialektischen Schemata aufgehen, bis ich endlich begriff, dass ich den Fehler vom Vorjahr im historischen Maßstab fortsetzte und der Willkür Tür und Tor geöffnet hatte. Im krampfhaften Bemühen um die objektive Feststellung einer echten Dialektik gelang es mir anhand Marxscher Analyse durch eine wesenhafte Betrachtung die korrekte dialektische Aufeinanderfolge von Gegensatzpaaren bei der Evolution der Menschengesellschaft zu verstehen. Gerüstet mit dieser neuen Waffe konnte ich dann die Evolution der verschiedenen Erkenntnisweisen in der Menschheitsgeschichte aufzeigen. Meine Untersuchungen endeten in einem qualitativ-abstrakten Schema der Evolution der Materie. Darüber hinaus konnte ich die *„Evolutionäre Erkenntnistheorie"* kritisierend speziell den Übergang von Biologie zur Menschengesellschaft in einem *„Rohentwurf zur sinnlichen Erkenntnisweise"* näher erläutern. Da dieser Rohentwurf meinen damaligen Standpunkt in der Frage der Dialektik besonders gut darstellt, möchte ich an dieser Stelle die Zusammenfassung und die Einleitung zu diesem Rohentwurf in voller Länge anführen:

*„**Zusammenfassung:** Wir versuchen in diesem Rohentwurf die biologische Evolution vom einfachen Tierzustand bis zur Menschengesellschaft als ein Erkenntnisproblem darzustellen. Wir zeigen anhand des historischen Materials, dass die Evolution über den Affenzustand geführt hat, und die volle, komplexe Sinnlichkeit, die wir beim Menschen vorfinden, in qualitativ verschiedenen Stadien einer dialektischen Entwicklung entstand. Wir geben quantitativ bestimmte Parameter an, die die progressive Entwicklung eindeutig und notwendig definieren.*

Einleitung: Die Geschichte der Materie lässt sich in einigen wenigen Sätzen wiedergeben: Sie hat sich aus einem von Elementarteilchenprozessen bestimmten Urzustand heraus über atomare und molekulare Organisationsformen zu Strukturen wie Galaxien, Sterne und Planeten entwickelt. Auf mindestens einem dieser Planeten entstand dann das Leben. Zu Beginn waren es Einzeller, später organisierte Vielzeller. In der Folge wuchs die biologische Evolution in den Affenzustand hinüber und brachte in ihrer höchsten Vollendung den Menschen hervor. Die Menschengesellschaft durchlief ihrerseits die progressiven Entwicklungsetappen der Urgemeinschaft und der einfachen Warenproduktion und befindet sich zurzeit im Kapitalismus, der sich sicherlich nicht als die allerletzte Gesellschaftsformation erweisen wird.

Aus dieser knappen Zusammenfassung geht hervor, dass die Materie in ständiger Entwicklung begriffen ist. Sämtliche Entwicklungsformen, die heute nebeneinander und „übereinander" existieren, haben sich einst auseinander und nacheinander entwickelt. Dabei beeinflussten die späteren Formen die früheren derart, dass ein komplizierter, geschichtlicher Wechselwirkungszusammenhang entstand.

Diese einmalige, historische Entwicklung der Materie wird allgemein anerkannt, sofern man nicht die Absicht hat, dem zwingenden historischen Material bewusst zu widersprechen. Was jedoch nicht anerkannt wird, ist die Tatsache, dass diese Entwicklung notwendige Etappen durchlief. Für diejenigen, die die Geschichte in Kategorien des Zufalls zu fassen suchen, ist der jetzige Zustand der Materie **eine** von den möglichen Entwicklungsvarianten. Sie könnte sich genauso gut anderswie entwickelt haben. Folglich ist der zukünftige Zustand der Materie auch nicht notwendig bestimmt.

Im Gegensatz zu dieser Geschichtsauffassung steht die Dialektik, die den notwendigen Ablauf der Geschichte voraussagt. Dabei wird die Zufälligkeit der geschichtlichen Inhalte im Einzelnen gar nicht bestritten. Es wird nur behauptet, dass diese Inhalte in Wechselwirkung miteinander global eine notwendige Form hervorbringen und diese Form sich in der Zeit notwendig fortbewegt. Die Untersuchung der in Frage kommenden Formen wiederum ergibt ganz allgemein, dass sich die Materie entlang gewisser, ganz genau definierter Gegensatzpaare aufsteigend selbstorganisiert. Eben wegen dieser gegensätzlichen Formbestimmtheit der historischen Entwicklung sprechen wir dann in Anlehnung an Friedrich Hegel von Dialektik.

Auch der Erkenntnisprozess ist einer geschichtlichen Entwicklung unterworfen. Je nachdem, wie das Gegensatzpaar Objekt und Subjekt zueinanderstehen, ergeben sich verschiedene Erkenntnisweisen. Dabei kommt es im Allgemeinen durch Wechselwirkung mit den schon bestehenden Erkenntnisweisen zu äußerst komplizierten Verschachtelungen.

Wenn man nun die Erkenntnis auf den Erkenntnisprozess selbst richtet, dann kommt es sehr stark darauf an, welcher Erkenntnisweise man sich bedient. Mit nicht-historischen Erkenntnisweisen z. B. wird man an die geschichtliche Entwicklung der Erkenntnis nicht herankommen können. Um die geschichtliche Formbestimmtheit des Erkenntnisprozesses zu untersuchen, bedarf es der abstrahierenden, historischen Erkenntnis. Und diese wiederum kann nur geschichtlich gewonnen werden, d.h. sie muss in einer gewissen Gesellschaftsepoche aus der oben angeführten Geschichte der Materie mit Notwendigkeit abstrahiert worden sein, um im Nachhinein auf den Erkenntnisprozess selbst zurückwirken zu können. Die Erkenntnis des geschichtlichen Erkenntnisprozesses ist demnach nur dann in sich konsistent, wenn man mittels der abstrahierenden, historischen Erkenntnis nachweist, dass in einem gewissen Stadium der Entwicklung die abstrahierende, historische Erkenntnis als geschichtlich notwendiges Moment entsteht, d.h. die Schlange muss im historischen Maßstab in den Schwanz beißen.

Im Rahmen des vorliegenden Rohentwurfes können wir natürlich einen so großen Kreis nicht schließen. Hier gilt es lediglich einen Anfang zu machen. Was wir zunächst zu ergründen haben, ist die sinnliche Erkenntnisweise, d.h. die Entwicklung vom einfachen Tierzustand bis zur Menschengesellschaft. Diese Entwicklung ist sicherlich zugleich eine biologische, da sie als Anpassung an die Umweltbedingungen durch Mutation und Selektion verstanden werden kann, aber in welche Richtung diese biologische Evolution führt, kann nur als ein Erkenntnisproblem begriffen werden. Diese notwendige Entwicklung als ein Erkenntnisproblem darzustellen, nehmen wir uns in diesem Rohentwurf vor. Wir unterdrücken dabei ihre „technische Realisierung". Worauf wir uns einzig und allein stützen, sind Abstraktionen aus dem zur Verfügung stehenden historischen Material."

* * *

Im Anschluss an den „*Rohentwurf zur sinnlichen Erkenntnisweise*" verfasste ich im Jahr 1980 einen „*Rohentwurf zur politischen Ökonomie*". Diese Arbeit enthielt in Rohform alle Elemente, aus denen im Jahr 2017 der Grundsatzartikel „*Kritische Aufarbeitung der Marxschen Darstellung der kapitalistischen Produktionsweise mit Hilfe der Methode des Aufsteigens vom Abstrakten zum Konkreten*"[1] entstand. Da dieser Rohentwurf meinen damaligen Standpunkt zur „*Methodenfrage in der Politischen Ökonomie*" besonders gut darstellt, möchte ich im Folgenden die Einleitung zu diesem Rohentwurf in voller Länge anführen:

„**Einleitung:** *Die vorliegende Arbeit ist keine Einführung in die Grundlagen der politischen Ökonomie. Um sie zu verstehen, bedarf es der gründlichen Kenntnis der Marxschen Kapitalismusanalyse. Was wir in dieser Arbeit darstellen wollen, ist eine marxistische Strukturanalyse der ökonomischen Totalität des Kapitalismus. Unter einer marxistischen Analyse verstehen wir dabei nichts anderes als das wissenschaftliche Studium historischer Inhalte mit einer besonderen Methode, die wir historische Methode nennen. Die Wesensmerkmale dieser Methode lassen sich folgendermaßen aus den historischen Inhalten heraus erklären:*

Im Gegensatz zu einzelwissenschaftlichen Untersuchungen hat die historische Wissenschaft kein aus dem natürlichen Zusammenhang gerissenes Ding zum Gegenstand, sondern eine Totalität bestehend aus verschiedenen Seiten, die im Wechselwirkungszusammenhang stehen und nicht aus dem natürlichen Zusammenhang herausgerissen werden dürfen. Die Einzelwissenschaftler würden nun behaupten, dass so eine Totalität bestehend aus hinreichend vielen einzelwissenschaftlichen Untersuchungsobjekten, keine neue Information bieten kann als ihre Teile bieten können, weil ja das Ganze aus seinen Teilen besteht. Genau in diesem Punkt weicht die historische Analyse von den einzelwissenschaftlichen Untersuchungen ab: Das Ganze ist mehr als seine Teile, sofern es sich um historisch entstehende und vergehende Totalitäten handelt, weil das Ganze sich als historisch erhaltende bzw. reproduzierende Ganzheit erweisen muss. Die Teile unterliegen bekanntlich keiner derartigen Forderung. Erst auf der Ebene der Ganzheit kommt diese Problematik hinzu, und die historische Wissenschaft muss es als selbständiges Problem lösen und daraus ihre Existenzberechtigung ableiten.

Diese Aufgabenstellung existierte aber schon vor der Entwicklung der Einzelwissenschaft und wurde dahingehend beantwortet, dass die Dinge in ewigem Kreisprozess sind angetrieben von Widersprüchen, die ihnen innewohnen. Damit war die Kardinalfrage der historischen Wissenschaft schon in Urzeiten gestellt und als sich selbst bewegender, im dynamischen Gleichgewicht befindlicher Kreisprozess beantwortet worden. Das Neue an der historischen Wissenschaft gegenüber urzeitlichen Betrachtungen besteht nun darin, dass sie genau wie die Einzelwissenschaft sich nicht mit qualitativen Aussagen begnügt, sondern nur von quantitativ fundierten Größen ausgeht. Hat also die historische Wissenschaft mit den vorwissenschaftlichen Betrachtungen die qualitative Beobachtung gemeinsam, so hat sie mit der Einzelwissenschaft die quantifizierende Messung gemeinsam. Wir können sie, salopp gesagt, als die um die Erfahrung der Einzelwissenschaft reichere vorwissenschaftliche Erkenntnis bezeichnen. So konnte z. B. die vorwissenschaftliche Erkenntnis über die Vorstellung eines sich selbst ewig erhaltenden Kreislaufs nicht hinauskommen, also wirkliche qualitative Änderungen der Kreisläufe in der Geschichte nicht in Betracht ziehen, weil sie die Quantität nicht fruchtbar ins Spiel bringen konnte, obwohl es auch zu der Zeit an genialen Vorausahnungen nicht fehlte: „Die Welt, eine

---

[1] siehe **Anhang II**

134

und dieselbe aus allem, haben weder die Götter noch die Menschen gemacht, sondern sie war, ist und wird sein, ewig lebendiges Feuer, nach Maß sich entzündend und nach Maß verlöschend." (Heraklit, der Dunkle aus Ephesos)

Bringt man jedoch quantitative Vorstellungen ins Spiel, so kann man die wirkliche geschichtliche Entwicklung so verstehen, dass die dem jeweiligen Antrieb zugeordnete Quantität nach einem dynamischen Kreislauf nicht gleichbleibt und der Kreis auf quantitativer Skala auseinandergezogen wird, d.h. in eine Spirale ausartet. Legt man also der geschichtlichen Entwicklung vom Antrieb her eine Quantität zugrunde, so wird es vollkommen verständlich, dass die Totalität von einer qualitativen Form in die andere übergehen kann, wobei auch der Antrieb in geschichtlicher Entwicklung ein Formwechsel erfährt. Sämtliche Entwicklungsformen, die zu einem bestimmten geschichtlichen Zeitpunkt nebeneinander und „übereinander" existieren, haben sich einst auseinander und nacheinander entwickelt und haben insofern eine notwendige Struktur, weil der Antrieb notwendige Etappen durchläuft.

Damit haben wir eine notwendige Struktur, die auseinander und nacheinander entstanden ist, und ganz wie im Sinne der Geologie eine Schichtung aufweist. Die früheren Schichten tragen die späteren oder vielmehr, sie sind als allgemeine Bedingung in ihnen enthalten. Umgekehrt machen die später entstandenen Schichten das Charakteristikum der jeweiligen Epoche aus, können aber auf die früheren Schichten nicht reduziert werden, obwohl sie von ihnen getragen werden.

Versucht man nun, die Schichtung der Totalität zu verstehen und alle vorkommenden Phänomene zu ordnen, so muss man offensichtlich eine doppelte Abstraktionsaufgabe erfüllen: Zum einen muss man, um eine bestimmte Entwicklungsformation zu verstehen, das Allgemeine der Epoche vom Besonderen trennen und immer vom Allgemeinen herkommend Schritt für Schritt bis zum Besonderen vordringen. Diesem Prozess entspricht als Denkart eine Abstraktion, bei der man Zug um Zug vom Abstrakten zum Konkreten aufsteigt. Sehr wichtig dabei ist, dass man auf jeder Abstraktionsebene von der bestimmenden Seite herkommend die jeweilige Abstraktionsebene erschöpft. Diesem Prozess wiederum entspricht als Denkart eine zweite Abstraktion, bei der man Schritt für Schritt von der bestimmenden Seite her alle Seiten der Totalität konkretisierend erfasst.

Gelingt es auf die Weise alle in Frage kommenden Phänomene zu erklären und einzuordnen, so kann man die Totalität nach diesem Schema darstellen, und es mag sein, als habe man hier mit einer Konstruktion a-priori zu tun, wie Marx sich in diesem Fall ausdrücken würde. Dies ist aber keineswegs der Fall. Was man hier gemacht hat, ist, dass man aus der besonderen Struktur der historischen Inhalte ihre Form, ihre Struktur abstrahiert hat, um dementsprechend die historische Methode zu begründen, d.h. historische Methode ist (doppelte) Abstraktion der Form der historischen Inhalte."

* * *

Mit Beginn des Jahres 1982 nahm ich die kapitalistische Entwicklung in Angriff. Ich versuchte die historische Entwicklung des Kapitalismus am Marx' Begriff „Steigerung der organischen Zusammensetzung des Kapitals" zu verfolgen. Eine kurze Skizze in diese Richtung wurde unter Hinweis auf Ernest Mandels Vorarbeit kritisiert. Also versuchte ich von da an Mandels „*Spätkapitalismus*" zu überschreiten. – Eine zweite Richtung, die meine Forschung einschlug, war das Akkumulationsproblem von Rosa Luxemburg; sie stellte sich den Untergang des Kapitalismus als eine Zusammenbruchskrise vor. Diese beiden Probleme, die Entwicklung und der Zusammenbruch des Kapitalismus, waren die Aufgaben, die ich in den nächsten Monaten zu bewältigen hatte. In zähem Ringen um die ökonomischen Arbeiten von Marx, Lenin, Luxemburg und Mandel habe ich dann diese Aufgaben im Sinne der historisch-dialektischen Methode gelöst und im Übersichtsartikel „*Entwicklung und Zusammenbruch des Kapitalismus*" dargestellt. **Inhalt** und **Vorwort** dieses Übersichtsartikels sehen folgendermaßen aus:

*„**Inhalt:** 1. Zur Zusammenbruchstheorie von Rosa Luxemburg, 2. Grundfragen der Kapitalismusentwicklung bei Marx, Lenin und Ernest Mandel.*
***Vorwort:** Die vorliegende Arbeit gliedert sich in zwei Aufsätze, die einander ergänzen, aber unabhängig voneinander entwickelt wurden. Im ersten Aufsatz wird am Argumentationsstrang von Rosa Luxemburg die Reproduktion des Kapitalismus untersucht. Im zweiten Aufsatz untersuche ich dann anhand der ökonomischen Schriften von Marx, Lenin und Ernest Mandel die Entwicklung des Kapitalismus. Die ganze Arbeit setzt sich zum Ziel, Marx und seine Nachfolger an ihrem Hauptansatz kritisch zu überschreiten.*"

Natürlich fand dieser Artikel keine Leser, geschweige denn Drucker, weil sich zu der Zeit kein Marxist bereit erklärte, „*Marx und seine Nachfolger an ihrem Hauptansatz kritisch zu überschreiten.*" – Es kam aber viel schlimmer als ich gedacht habe: Ich wurde Ende 1982 politisch und moralisch aus dem Marxismus hinauskatapultiert[2] und verlor damit das Interesse und die Motivation, Marx und seine Nachfolger *als Marxist* an ihrem Hauptansatz kritisch zu überschreiten. Das Interesse und die Motivation aber, Marx und Rosa Luxemburg *als Wissenschaftler* an ihrem Hauptansatz kritisch zu überschreiten, waren mir vollkommen erhalten geblieben, so dass ich mich ab dem Jahr 1983 nur noch als freier Forscher (= independent researcher) und Wissenschaftler mit der Zusammenbruchskrise des Kapitalismus beschäftigte.

2. Zur Zusammenbruchskrise des Kapitalismus in den Jahren 1983-2016

Der erste Aufsatz in meinem 1982 verfassten Übersichtsartikel „*Entwicklung und Zusammenbruch des Kapitalismus – Zur Zusammenbruchstheorie von Rosa Luxemburg*" enthielt in Rohform alle Elemente, aus denen im Jahr 2016 der Artikel „*Die Zusammenbruchstheorie Rosa Luxemburgs und die gegenwärtige Weltwirtschaftskrise*"[3] entstand. Einleitung und die ersten fünf Kapitel dieser beiden Artikel sind, abgesehen von einigen stilistischen Korrekturen, fast identisch. Erst ab Kapitel 6 beginnen die Fehler und Mängel im Aufsatz „*Zur Zusammenbruchstheorie von Rosa Luxemburg*", die ich in den Jahren 1983-2016 auf der Grundlage der in der Einleitung zur „*Methodenfrage in der politischen Ökonomie*" erwähnten Grundsätze richtigstellte bzw. ergänzte. Dabei

---

[2] siehe **Anhang IV**: Mein politischer Werdegang in den Jahren 1974-83
[3] siehe **Anhang I**

ging ich Schritt für Schritt vor, *in der ersten Etappe 1983-92* stellte ich das Akkumulationsproblem bei Rosa Luxemburg anhand der volkswirtschaftlichen Gesamtrechnungen auf die statistisch-empirische Grundlage. *In der zweiten Etappe 2007-2011* formulierte ich das Akkumulationsproblem unabhängig von seinem marxistischen Hintergrund als eine volkswirtschaftliche, ökonometrische Arbeit und veröffentlichte sie unter der Überschrift *„Zur Zusammenbruchskrise des Kapitalismus"* als erster Teil meines Buches *„Lösung der Klimakrise im Rahmen der Zusammenbruchskrise des Kapitalismus"*[4]. *In der dritten Etappe 2011-2016* schließlich stellte ich mit dem 2016 verfassten Artikel *„Die Zusammenbruchstheorie Rosa Luxemburgs und die gegenwärtige Weltwirtschaftskrise"* den marxistischen Hintergrund des Akkumulationsproblems wieder her.

$$* * *$$

Anfang 1983 stand ich also, als freier Forscher und Wissenschaftler, vor der Aufgabe, die Methodenfehler und -mängel in meinem Aufsatz *„Zur Zusammenbruchstheorie von Rosa Luxemburg"* herauszufinden und zu korrigieren. Der Hauptmangel in diesem Aufsatz war, dass ich, wie es bei marxistischen Theoretikern so üblich ist, mit qualitativ-fiktiven Begriffen historische Trendbestimmungen durchführte, denen in der Realität des Wirtschaftsgeschehens keine empirisch gegebenen Messwerte entsprechen; ich musste also die Zusammenbruchstheorie von Rosa Luxemburg anhand der volkswirtschaftlichen Gesamtrechnungen auf die statistisch-empirische Grundlage stellen, um diesem Aufsatz ein einzelwissenschaftlich legitimes Fundament zu geben. – Marx und seine Nachfolger versuchten den geschichtlichen Verlauf des Kapitalismus anhand des Begriffs „Steigerung der organischen Zusammensetzung des Kapitals" zu verfolgen; ich hingegen beging in meinem Aufsatz den Methodenfehler, die historische Entwicklung des Kapitalismus anhand des Begriffs „Steigerung des Rationalisierungskapitals" zu verfolgen:

„Die entscheidende Rolle in unserem Modell spielt das Rationalisierungskapital M_c^R. Dabei ist die Höhe des Rationalisierungskapitals entscheidend mitgeprägt von der Entwicklung der Technologie, denn auf einem gegebenen technologischen Entwicklungsniveau gibt es ein spezifisches Verhältnis

$$K = \frac{M_c^R}{c}, \tag{3.1}$$

[4] Güveniş, Halil: Lösung der Klimakrise im Rahmen der Zusammenbruchskrise des Kapitalismus. Aachen, 2011.

das den Zweck der Rationalisierung optimal erfüllt. Konkret heißt dies, dass eine bestimmte Summe konstantes Kapital durch eine bestimmte Summe Rationalisierungskapital optimal den Erfordernissen der Konkurrenzfähigkeit angepasst wird. Wird mehr als dieses Optimum in die Anschaffung neuer, technisch weiterentwickelter Maschinen gesteckt, so sind die Anschaffungskosten für die neuen Maschinen höher als die damit eingesparten Löhne, sodass sich kein Konkurrenzvorteil mehr ergibt. Wird weniger als dieses Optimum vom Kapitalisten aufgebracht, so überlässt er seinen Konkurrenten damit die Chance, rationeller als er zu produzieren. Deshalb wird jedes Unternehmen unter dem Druck der Konkurrenz gezwungen sein, jenes Optimum an Rationalisierungskapital aufzubringen.

Die technologische Entwicklung bringt es mit sich, dass das Optimum K immer größer wird. Dies zunächst, weil mit neuen Erfindungen und Entdeckungen sich auch billigere Produktionstechniken entwickeln lassen. Dass diese Möglichkeiten voll ausgeschöpft werden, ergibt sich jedoch aus dem Bestreben jedes Produktionsmittelproduzenten, seine Produkte möglichst preiswert abzusetzen, sodass damit die Abnehmer einen Anreiz haben, verstärkt Arbeitskräfte durch Maschinen zu ersetzen."

Einen statistisch-empirischen Ersatz für den Begriff „Rationalisierungskapital" konnte ich allerdings im Jahr 1983 auf der Grundlage der volkswirtschaftlichen Gesamtrechnungen nicht angeben, weil ökonometrische Fragestellungen für mich völlig neu waren, obwohl ich als theoretischer Physiker an mathematische Probleme bestens gewöhnt war. Zurückgehrt von Tübingen nach Istanbul schloss ich diese Wissenslücke in den Jahren 1983-92, wobei ich mich auch in die Grundlagen der Modellierung und Simulation dynamischer Systeme einführte. Diese umfangreichen Bemühungen führten schließlich zu meiner ökonometrischen Arbeit *„Das Langzeitverhalten der Ersparnis-Investitions-Beziehung in BRD, Japan und USA"*, in der ich das Akkumulationsproblem bei Rosa Luxemburg anhand der volkswirtschaftlichen Gesamtrechnungen auf die statistisch-empirische Grundlage stellte. Einen statistisch-empirischen Ersatz für den Begriff „Rationalisierungskapital" auf der Grundlage der volkswirtschaftlichen Gesamtrechnungen konnte ich allerdings auch in dieser neuen Arbeit nicht angeben; ich tröstete mich damit, dieses Problem in Zukunft lösen zu können.

Meine ökonometrische Arbeit *„Das Langzeitverhalten der Ersparnis-Investitions-Beziehung in BRD, Japan und USA"* stieß im Jahr 1992 auf völliges Unverständnis der Marxisten und Fachökonomen. Bei Marxisten war es klar, warum sie mit meiner ökonometrischen Arbeit Verständnisschwierigkeiten hatten: Ein Physiker und Marxist, der sich zum freien Forscher und Wissenschaftler entwickelt hatte, konnte ihnen nicht weismachen, worum es beim Akkumulationsproblem von Rosa Luxemburg geht; außerdem mieden sie mathematische Erklärungen wie der Teufel das Weihwasser. Aber das Unverständnis der Fachökonomen für meine ökonometrische Arbeit kam für mich völlig überraschend, da ich bis dahin angenommen hatte, mathematische Ausführungen würden für sie eher geeignet sein. Ich wurde aber eines Besseren belehrt: Mathematisch-historische Trendbestimmungen, die aus dem Gesamtzusammenhang gerissen von einem Fachfremden geliefert werden, waren unakzeptabel, unverständlich für sie. – Mir blieb also nichts anderes übrig, als mich mit besseren Zeiten zu vertrösten.

* * *

Aus dem, was ich bisher berichtet habe, geht hervor, dass mein wissenschaftlicher Werdegang in den Jahren 1977-92 ein fortwährender Lernprozess war, bei dem ich die Fehler und Mängel in den vorangegangenen Arbeiten überschreitend in jeder neuen Arbeit besser (= widerspruchsfreier) wurde als in den vorangegangenen. Folglich durfte keine Arbeit von mir den Anspruch erheben, vollkommen fehlerfrei zu sein. – Diese Lernprinzipien wurden aber von den Lesern und Kritikern meiner Arbeiten nicht erkannt, weil sie nicht in gewohnter Form dargeboten wurden, und ich an keiner Stelle meiner Veröffentlichung auf die Fortentwicklung meines eigenen Lernprozesses einging. Stattdessen interpretierte ich die Verständnisschwierigkeiten meiner Leser und Kritiker als meine eigene Schwäche, meine Arbeiten nicht widerspruchsfrei darstellen zu können und konzentrierte mich umso mehr auf die Beseitigung der verbliebenen Fehler und Mängel.

Aus-den-eigenen-Fehlern-und-Mängeln-Lernen war also meine primäre Lernmethode, die fast immer zum Ziel führte. Eine zweite Lernmethode, die nicht immer zum Ziel führte, war die gegenseitige Beeinflussung meiner Forschungsthemen, die in etwa folgendermaßen ablief: Hatte ich bei der Lösung eines Problems in einem bestimmten Forschungsgebiet unüberwindbare Schwierigkeiten, so sprang ich von einem Forschungsthema zum anderen und ließ das alte Thema für einige Zeit ruhen. Die Lösung des alten Problems stellte sich dann manchmal Monate oder Jahre später blitzartig ein, während ich mit meinem neuen Forschungsthema beschäftigt war. Beim näheren Hinsehen stellte sich dann jedes Mal heraus, dass der Fortschritt in meinem neuen Forschungsgebiet die Lösung des alten Problems wesentlich beeinflusst hatte.

Mein großes Problem im Jahr 1993 war nun, dass die bewährte zweite Lernmethode bei der statistisch-empirischen Ersatzschaffung für den Begriff „Rationalisierungskapital" nicht funktionierte. Jeder Versuch, jeder neue Anlauf in diese Richtung im Zeitraum von 1993-2007 schlug fehl, und ich musste mich jedes Mal mit besseren Zeiten vertrösten. Erst das Jahr 2007 brachte eine wesentliche Änderung in dieser Richtung; ich begann mit dem Niederschreiben meines Buches *„Lösung der Klimakrise im Rahmen der Zusammenbruchskrise des Kapitalismus"* und hatte vor, die Zusammenbruchskrise des Kapitalismus im ersten Teil meines Buches zu behandeln, obwohl ich immer noch keine Ahnung hatte, wie ich für den Begriff „Rationalisierungskapital" einen statistisch-empirischen Ersatz schaffen sollte. Doch dann kam die Finanzkrise 2008/2009 und versetzte mir einen derart heftigen Schlag, dass ich von heute auf morgen den verzweifelt lange gesuchten Begriff „durchschnittliche Abschreibungsdauer" entdeckte. Im Jahr 2011 schrieb ich dann in den ersten Teil meines Buches *„Lösung der Klimakrise im Rahmen der Zusammenbruchskrise des Kapitalismus"*:

„2.3 Durchschnittliche Abschreibungsdauer

Um für den Abwärtstrend des Verhältnisses $\frac{I^{br}}{D}$ *einen zwingenden historischen Grund zu finden, betrachten wir die Größe*

$$DAD = \frac{NAV + I^{br} - D}{D}, \qquad (2.7)$$

wobei NAV das Nettoanlagevermögen ist.

Das Verhältnis $\frac{NAV + I^{br} - D}{D}$ *gibt exakt die durchschnittliche Abschreibungsdauer DAD an, die man braucht, um das gesamte Anlagevermögen, das der Volkswirtschaft zur Verfügung steht, abzuschreiben. Man beachte, dass bei dieser Definition über alle Sachanlagen der Gesellschaft mit ganz unterschiedlichen Nutzungsdauern extrapoliert und eine anonyme durchschnittliche Abschreibungsdauer gebildet wird; in BRD haben z. B. PCs 3 Jahre Nutzungsdauer – Kopiergeräte 7, Büromöbel 13, Wohngebäude 50.*

[...]

Die Abnahme der durchschnittlichen Abschreibungsdauer im Zeitraum von 1951 bis 2007 betrachten wir als die zweite historische Tendenz der Wirtschaftsentwicklung in BRD, Japan und USA. Während die Zunahme der Abschreibungsquote ein Maß für die Masse der eingesetzten technologischen Innovationen ist, gibt die Abnahme der durchschnittlichen Abschreibungsdauer an, wie schnell technologische Generationen aufeinander folgen und wie intensiv sie in einzelne Wirtschaftszweige eindringen. Mit abnehmender durchschnittlicher Abschreibungsdauer nimmt die Abschreibungsgeschwindigkeit $(= \frac{1}{DAD})$*, d.h. die Produktivität, zu. Aus der Tatsache, dass die durchschnittliche Abschreibungsdauer im Zeitraum von 1951 bis 2007 kontinuierlich abgenommen hat, ist zu schließen, dass die auf der Grundlage von Elektronik und Informationstechnologien stattfindenden Innovationsschübe praktisch permanent geworden sind und jedes Unternehmen unter dem Konkurrenzdruck steht, auf Gedeih oder Verderb die Produktivität zu steigern. Die Folge davon ist, dass die Produktion viel effizienter und differenzierter organisiert wird und jedes Angebot schon im Entstehen den entsprechenden Nachfragewunsch erzeugt.*

Eine weitere, sehr wichtige Folge dieser Entwicklung ist, dass das Verhältnis der Bruttoinvestitionen zu Abschreibungen $\frac{I^{br}}{D}$ *ebenfalls abnimmt: Bruttoinvestitionen und Abschreibun-*

gen sind Stromgrößen für die Bestandsgröße ‚Nettoanlagevermögen', d.h. das Nettoanlagevermögen wird gebildet, indem man über eine sehr lange Zeitperiode Jahr für Jahr die Bruttoinvestitionen zum Kapitalstock der Volkswirtschaft hinzuzählt und die Abschreibungen davon abzieht. Nimmt nun die durchschnittliche Abschreibungsdauer DAD nach Gleichung (2.7) als historische Tendenz ab, wobei gleichzeitig NAV und D zunehmen, so kann das nur dadurch realisiert werden, wenn das Verhältnis $\frac{I^{br}}{D}$ ebenfalls im historischen Maßstab abnimmt. Es besteht also eine eindeutige Korrelation zwischen der Abnahme der durchschnittlichen Abschreibungsdauer und dem Abwärtstrend des Verhältnisses $\frac{I^{br}}{D}$.“

Auch mein 2011 erschienenes Buch „*Lösung der Klimakrise im Rahmen der Zusammenbruchskrise des Kapitalismus*“ stieß bei den Lesern auf völliges Unverständnis, und zwar aus zweierlei Gründen: Zum einen wurde es als unmöglich empfunden, das Akkumulationsproblem bei Rosa Luxemburg losgelöst von seinem marxistischen Hintergrund als eine volkswirtschaftliche, ökonometrische Arbeit zu veröffentlichen. Zum anderen stieß das Buch, insbesondere der zweite Teil: Lösung der Klimakrise, auf völliges Unverständnis der Leser, weil hier offenbar mit Marx' Darstellungsmethode des Aufsteigens vom Abstrakten zum Konkreten liebäugelt wird, aber an keiner Stelle der Problematik auf die Methodenfrage im historischen Zusammenhang eingegangen wird; dem Autor mag diese Methode klar sein, aber ohne ein einziges Wort zur Methodenfrage zu verlieren, erscheinen die von ihm entwickelten Rettungsszenarien aus der Klimakatastrophe als eine Willkürhandlung ohnegleichen.

* * *

Den fehlenden marxistischen Hintergrund des Akkumulationsproblems in meinem Buch „*Lösung der Klimakrise im Rahmen der Zusammenbruchskrise des Kapitalismus*“ stellte ich mit dem 2016 verfassten Artikel „*Die Zusammenbruchstheorie Rosa Luxemburgs und die gegenwärtige Weltwirtschaftskrise*“ wieder her:

„***Zusammenfassung:*** *In der vorliegenden Arbeit zeigen wir auf der Grundlage der volkswirtschaftlichen Gesamtrechnungen, dass das von Rosa Luxemburg entdeckte Akkumulationsproblem real existiert und dass es nur gelöst werden kann, wenn – im Unterschied zu Rosa Luxemburg – der Staat als die von ihr gesuchte ‚dritte Person' identifiziert wird. Ferner zeigen wir am Langzeitverhalten der Wirtschaftsentwicklung in BRD, Japan und USA, dass die Entwicklung des Kapitalismus heute eine Stufe erreicht hat, auf der das grundsätzliche Akkumulationsproblem keine kapitalistische Lösungsmöglichkeit mehr besitzt und dass langfristig der globale Staatsbankrott droht und zum Schluss eine neue Wirtschaftsform entstehen wird, die vom Nullwachstum und von verschwindenden Nettoinvestitionen ausgeht.“*

Auch diese Arbeit konnte den Marxisten keinen Eindruck machen, weil es eine Blasphemie für sie war, Marx und Rosa Luxemburg mit unverständlichen, mathematischen

Formeln an ihrem Hauptansatz kritisch zu überschreiten. – Diese Abwehrhaltung der Marxisten zeigte mir zum wiederholten Male, wie schwierig es ist, marxistische Inhalte ohne marxistische Formelemente zu verstehen: Ich stand ja vor 1983 auf demselben Standpunkt wie sie. Ich versuchte damals das Akkumulationsproblem des Kapitalismus im Sinne von Rosa Luxemburg mit marxistischen Mitteln zu lösen. Nach moralisch-politischem Überschreiten des Marxismus im Jahr 1982 versuchte ich den Marxismus auch wissenschaftlich zu überschreiten. 1992 stellte ich das Akkumulationsproblem bei Rosa Luxemburg anhand der volkswirtschaftlichen Gesamtrechnungen auf die statis-tisch-empirische Grundlage, konnte aber keinen statistisch-empirischen Ersatz für den Begriff „Rationalisierungskapital" schaffen, was mir erst nach der Finanzkrise 2008/2009 mit der Größe „durchschnittliche Abschreibungsdauer" gelang. Den fehlen-den marxistischen Hintergrund des Akkumulationsproblems im Jahr 2011 stellte ich dann mit dem 2016 verfassten Artikel *„ Die Zusammenbruchstheorie Rosa Luxemburgs und die gegenwärtige Weltwirtschaftskrise "* wieder her und erwartete von den Marxis-ten, dass sie diesen 39 Jahre währenden Erkenntnis- und Lernprozess ohne eine expli-zite Erklärung auf Anhieb verstehen. – Dass diese Erwartung grundsätzlich nicht erfüllt werden kann, wurde mir erst im Jahr 2016 vollends klar!

3. Die Methode des Aufsteigens vom Abstrakten zum Konkreten im Jahr 2017

Der zweite Aufsatz in meinem 1982 verfassten Übersichtsartikel *„ Entwicklung und Zu-sammenbruch des Kapitalismus – Grundfragen der Kapitalismusentwicklung bei Marx, Lenin und Ernest Mandel "* enthielt in Rohform alle Elemente, aus denen im Jahr 2016 der Artikel *„ Die Epochen und Perioden der kapitalistischen Entwicklung "*[5] entstand:

*„**Einleitung:** Es war der Anspruch von Marx und auch der marxistischen Theoretiker in seiner Nachfolge, die kapitalistische Ökonomie nicht nur als Ausbeutergesellschaft zu beschreiben, sondern zugleich auch die innere Dynamik, d.h. die Epochen und Perioden der kapitalistischen Entwicklung, zu untersuchen, um den Nachweis über die historische Vergänglichkeit des kapi-talistischen Systems zu führen. In den ersten beiden Kapiteln dieser Arbeit möchten wir für Marx und Ernest Mandel die gängige marxistische Darstellung kritisch beleuchten und zeigen, an welchen zentralen Punkten ihre Darstellung der Epochen und Perioden der kapitalistischen Entwicklung einer Korrektur bedarf. Wir sehen diese kritische Aufarbeitung als notwendige Voraussetzung, die innere Dynamik des kapitalistischen Systems in sich geschlossen und ihrem ökonomischen Wesen nach darstellen zu können. Auf der Grundlage dieser kritischen Aufar-beitung zeigen wir dann in den letzten beiden Kapiteln dieser Arbeit anhand der volkswirt-schaftlichen Gesamtrechnungen am Langzeitverhalten der Wirtschaftsentwicklung in den USA,*

---

[5] Güveniş, Halil: *Die Epochen und Perioden der kapitalistischen Entwicklung;*
The General Science Journal, 2016;
https://www.gsjournal.net/Science-Journals/Research Papers/View/6646

wie die Epochen und Perioden der kapitalistischen Entwicklung mit ökonomischen Begriffen beschrieben werden können."

Mein Hauptfehler in diesem neuen Artikel war, dass ich unter frischem Eindruck des vorangegangenen Artikels *„Die Zusammenbruchstheorie Rosa Luxemburgs und die gegenwärtige Weltwirtschaftskrise"* stand und unbedingt einen Ersatz für meinen 1982 verfassten zweiten Aufsatz *„Grundfragen der Kapitalismusentwicklung bei Marx, Lenin und Ernest Mandel"* schaffen wollte. Durch diese übereilte Entscheidung bedingt konnte ich im neuen Artikel lediglich jene Fakten berücksichtigen, die der Zusammenbruch des Kapitalismus mit sich bringt, aber alle anderen Probleme, die mit der historischen Entwicklung des Kapitalismus zusammenhängen, blieben unberücksichtigt. Insbesondere auf die Methodenfrage im historischen Zusammenhang wurde an keiner Stelle des Artikels eingegangen. – Schon die von mir 2011 entwickelten Rettungsszenarien aus der Klimakatastrophe im Buch *„Lösung der Klimakrise im Rahmen der Zusammenbruchskrise des Kapitalismus"* hatten zu der Kritik geführt, dass ich historische Entwicklungen modelliere und simuliere, ohne ein einziges Wort zur Methodenfrage zu verlieren; diese Kritik galt nun für den neu verfassten Artikel umso mehr!

Auch Marx stand nach Niederschreiben des *„Kapital"* im Jahr 1867 unter der Kritik, seine logische Darstellungsmethode des Aufsteigens vom Abstrakten zum Konkreten an keiner Stelle seiner Veröffentlichung ausführlich und verbindlich erklärt zu haben, und folglich seine Kapitalismusanalyse im *„Kapital"* stellenweise wie eine A-priori-Konstruktion aussieht. – Trotz dieser berechtigten Kritik ließ Marx seine LeserInnen im Unklaren darüber, was er eigentlich unter Darstellungsmethode versteht und wie er die Eindeutigkeit und Vollständigkeit seiner Methode erreichen will. Obwohl er als Wissenschaftler verpflichtet gewesen wäre, jeden seiner Abstraktionsschritte nachvollziehbar, d.h. empirisch verifizierbar oder falsifizierbar, zu machen, begnügte er sich bei verschiedenen Ausgaben und Auflagen des *„Kapital"* lediglich mit Warnungen vor seiner Darstellungsmethode.

* * *

Um die Methodenkritik an Marx und damit an mir selbst entkräften zu können, verfasste ich im Jahr 2017 den Grundsatzartikel *„Kritische Aufarbeitung der Marxschen*

Darstellung der kapitalistischen Produktionsweise mit Hilfe der Methode des Aufsteigens vom Abstrakten zum Konkreten":

„Deshalb möchten wir im Folgenden bei der kritischen Aufarbeitung der Marxschen Darstellung der kapitalistischen Produktionsweise die Methode des Aufsteigens vom Abstrakten zum Konkreten als einen hypothetischen Methodenansatz auffassen und erst dann als verifiziert ansehen, wenn „die wirkliche Bewegung" (= die historische Entwicklung) und „das Leben des Stoffs" (= die Struktur des Forschungsgegenstands) eindeutig und vollständig in die Abschnitts- und Kapitelstruktur der vorliegenden Arbeit abgebildet worden sind."[6]

Auch dieser Grundsatzartikel wurde von Marxisten wenig verstanden; sie warfen mir vor, Marx entstellt bzw. zweckentfremdet zu haben. Mit keinem Wort gingen sie darauf ein, dass ich in dieser Arbeit die Methode des Aufsteigens vom Abstrakten zum Konkreten anhand der kritischen Aufarbeitung der Marxschen Darstellung der kapitalistischen Produktionsweise zu verifizieren versuche und die einzelnen Abstraktionsschritte aufzeige, die gemacht werden müssten, um die Marxsche Kapitalismusanalyse im „*Kapital*" korrekt darzustellen. – Zugegeben, ich nahm in diesem Grundsatzartikel an einigen problematischen Stellen, wenn erforderlich, Korrekturen vor; das tat ich aber nur deshalb, weil Marx sich selbst nicht als Marxist, sondern als Wissenschaftler bezeichnet und das Hauptkriterium für Wissenschaftlichkeit die angewandte Forschungsmethode ist. Hätte Marx von vorneherein akzeptiert, ein Marxist (= ein Philosoph = ein Ideologe) zu sein, dann hätte ich seine Kapitalismusanalyse im „*Kapital*" vom Methodenstandpunkt her nicht kritisch aufgearbeitet. Indem ich aber seine Wissenschaftlichkeit an der von ihm selbst angewandten Darstellungsmethode des Aufsteigens vom Abstrakten zum Konkreten „messe", komme ich zu der Schlussfolgerung, dass Marx kein Wissenschaftler, sondern ein Ideologe ist, der seine eigene Methode nicht eindeutig und vollständig beherrscht und stellenweise willkürlich auf die Politische Ökonomie anwendet.

Trotzdem konnte ich aber im Jahr 2017 nach Fertigstellung meines Grundsatzartikels feststellen, dass die von mir zunächst als hypothetisch angenommene Methode des Aufsteigens vom Abstrakten zum Konkreten anhand der kritischen Aufarbeitung der Marxschen Darstellung der kapitalistischen Produktionsweise als korrekt verifiziert werden kann, und *„die wirkliche Bewegung"* (= die historische Entwicklung) und *„das Leben des Stoffs"* (= die Struktur des Forschungsgegenstands) – bis auf den Arbeitsprozess im Allgemeinen – in der Abschnitts- und Kapitelstruktur des *„Kapital"* korrekt wiedergegeben werden.

---

[6] siehe **Anhang II**

* * *

Der Arbeitsprozess im Allgemeinen war also vom Methodenstandpunkt her die einzige problematische Stelle im „*Kapital*". Dieser abstrakte Begriff wird erst im dritten Abschnitt des „*Kapital*" unter der Überschrift „Die Produktion des absoluten Mehrwerts" behandelt, obwohl die Kapitalismusanalyse mit dem Arbeitsprozess im Besonderen bei der Jäger- und Sammlergesellschaft beginnen müsste. „*Darstellung der historischen Entwicklung der Jäger- und Sammlergesellschaft*" war daher der Titel meines nächsten Artikels, den ich unmittelbar nach Fertigstellung des Grundsatzartikels im Jahr 2017 verfasste:

„**Einleitung:** *In einer vorangegangenen Arbeit haben wir die Marxsche Darstellungsmethode im „Kapital", vom Abstrakten zum Konkreten aufzusteigen, zunächst als die doppelte Abstraktionsaufgabe ,zeitliche und räumliche Abstraktion in vertikaler bzw. horizontaler Richtung' interpretiert und anschließend mit Hilfe dieser Methode die Marxsche Darstellung der kapitalistischen Produktionsweise im „Kapital" kritisch aufgearbeitet. Vom Allgemeinen zum Besonderen aufsteigend haben wir nach dieser Methode vier zeitliche Abstraktionsebenen in vertikaler Richtung unterschieden: 1. Der Arbeitsprozess im Allgemeinen, 2. der Austauschprozess im Allgemeinen, 3. der Akkumulationsprozess im Allgemeinen, 4. der Akkumulationsprozess im Besonderen – die historische Entwicklung der kapitalistischen Produktionsweise. Auf diesen vier zeitlichen Abstraktionsebenen haben wir durch räumliche Abstraktion in horizontaler Richtung die historischen Entwicklungsstufen der kapitalistischen Produktionsweise eindeutig und vollständig dargestellt.*

In der vorliegenden Arbeit möchten wir, als Alternative zur historischen Entwicklung der kapitalistischen Produktionsweise, die historische Entwicklung der Jäger- und Sammlergesellschaft darstellen. Zu diesem Zweck müssen wir vom Arbeitsprozess im Allgemeinen zum Arbeitsprozess im Besonderen aufsteigen und die Jäger- und Sammlergesellschaft von den während der ganzen Geschichtsepoche (40.000 v. Chr. bis 12.000 v. Chr.) konstanten Produktions- und Konsumtionsverhältnissen her konkret beschreiben."[7]

* * *

Die Evolution der Menschengesellschaft beginnt mit der Jäger- und Sammlergesellschaft, die ihrerseits das Ende der biologischen Evolution der metamodal-symbolischen Verhaltenssteuerung bedeutet. Auf den Artikel „*Darstellung der historischen Entwicklung der Jäger- und Sammlergesellschaft*" folgte daher, noch im Jahr 2017, der weiterführende Artikel „*Darstellung der Evolution der metamodal-symbolischen Verhaltenssteuerung*":

---

[7] Güveniş, Halil: *Darstellung der historischen Entwicklung der Jäger- und Sammlergesellschaft;*
The General Science Journal, 2017;
https://www.gsjournal.net/Science-Journals/Research Papers/View/6882

„Einleitung: In einer vorangegangenen Arbeit haben wir die historische Entwicklung der Jäger- und Sammlergesellschaft mit Hilfe der Methode des Aufsteigens vom Abstrakten zum Konkreten dargestellt. Wir haben festgestellt, dass die sinnliche Erkenntnisweise voll entwickelt sein muss, damit sich die Jäger- und Sammlergesellschaft durch historische Erfahrung, Erkenntnis und Glauben legitimieren kann. Dabei ist unter sinnlicher Erkenntnisweise jene Erkenntnisgewinnung zu verstehen, bei der allein die von der biologischen Evolution her gegebenen natürlichen Erkenntnismittel zur Verfügung stehen. Im Einzelnen sind es folgende Erkenntnismittel: In der ersten Entwicklungsstufe der sinnlichen Erkenntnisweise sind es die Sinnesorgane und das sensorische und das motorische Gedächtnis. In der zweiten Entwicklungsstufe der sinnlichen Erkenntnisweise sind es das Abstraktionsvermögen und die Vorstellungskraft (= das Generalisierungsvermögen). In der dritten Entwicklungsstufe der sinnlichen Erkenntnisweise sind es das Identifikationsvermögen und das Wahrnehmungsorgan für die Geisterwelt.

In der vorliegenden Arbeit verstehen wir unter ‚Evolution der natürlichen Erkenntnismittel‘, neurobiologisch gesehen, die Evolution der Verhaltenssteuerungsmittel und beschreiben konkret die der sinnlichen Erkenntnisweise entsprechende Evolution der metamodal-symbolischen Verhaltenssteuerung.“[8]

* * *

Die von mir begangenen Methodenfehler und -mängel in den letztgenannten beiden Artikeln waren enorm. Sie alle resultierten aus der mangel- bzw. fehlerhaften Anwendung der Methode des Aufsteigens vom Abstrakten zum Konkreten; ich konnte die doppelte Abstraktionsaufgabe ‚zeitliche und räumliche Abstraktion in vertikaler bzw. horizontaler Richtung‘ nicht eindeutig und vollständig lösen. Dabei hatte ich keine Schwierigkeiten bei der zeitlich-vertikalen Abstraktion der Reihenfolge der Verhaltenssteuerungs- und Gesellschaftsformationsebenen, weil diese historisch aufeinanderfolgend vorgegeben sind. Das Problem lag vielmehr bei der räumlich-horizontalen Abstraktion auf jeder Verhaltenssteuerungs- und Gesellschaftsformationsebene: Nehmen wir z. B. an, wir wollen in der Jäger- und Sammlergesellschaft die für den Arbeitsprozess entscheidende Abstraktionsreihenfolge für die Begriffe: Jäger und Sammler, Besitzer von Arbeitskraft und Produktionsmitteln, Produzenten von Produktions- und Konsumtionsmitteln, bestimmen. Nach der Methode des Aufsteigens vom Abstrakten zum Konkreten wissen wir zwar, dass der konkrete Begriff durch die Jäger und Sammler gegeben ist; wir wissen aber nicht eindeutig, welche Reihenfolge bei der räumlich-horizontalen Abstraktion die Begriffe: Besitzer und Produzenten, haben. Nach der Methode des Aufsteigens vom Abstrakten zum Konkreten ist es durchaus legitim, die Abstraktionsreihenfolge: Jäger und Sammler → Produzenten → Besitzer, zu wählen, also

---

[8] siehe **Anhang III**

146

anzunehmen, dass die Produzenten gleichzeitig Besitzer von Arbeitskraft und Produktionsmitteln sind, aber die Besitzer von Arbeitskraft und Produktionsmitteln auf der tiefsten Abstraktionsebene die Produzenten von Produktions- und Konsumtionsmitteln nicht in sich enthalten – was ein Widerspruch ist! Der Widerspruch löst sich auf, wenn man sich die Sache von der Praxis her anschaut; vom historisch-empirischen Material her ist die Abstraktionsreihenfolge: Jäger und Sammler → Besitzer → Produzenten korrekt, weil die Jäger und Sammler zunächst Besitzer von Arbeitskraft *oder* Produktionsmitteln mit Produktionsvermögen und -motivation sind, und erst dann, auf der tiefsten Abstraktionsebene, als Besitzer von Arbeitskraft *und* Produktionsmitteln zugleich die gesellschaftliche Verantwortung tragen, Produzenten zu sein.

Ich erkannte also schon im Jahr 2017, dass die logische Darstellungsmethode des Aufsteigens vom Abstrakten zum Konkreten ungenau (= zu Fehlern verleitend) war und erst durch Absteigen vom Konkreten zum Abstrakten scharf (= exakt) wurde. Ich zog aber im Jahr 2017 daraus noch nicht den Schluss, dass anstelle der Marxschen logischen Darstellungsmethode, vom Abstrakten zum Konkreten aufzusteigen, die historisch-empirische Forschungsmethode, vom Konkreten zum Abstrakten abzusteigen, zu wählen ist. Noch war mein Respekt vor Marx zu groß, um diesen Schluss zu ziehen: Wie konnte ein Philosoph von Marx' Format in seinem ureigensten Gebiet beim Aufsteigen vom Abstrakten zum Konkreten derart ungenau sein? Wie lässt sich dieser unscharfe Methodenansatz von Marx im Kontext seines Lebenswerks erklären? – Das alles waren Fragen, die ich mir schon im Jahr 2017 stellte, aber noch nicht beantworten konnte. Die Antwort kam erst im Jahr 2020 – nach einer Brützeit von drei Jahren.

4. Die Methode des Absteigens vom Konkreten zum Abstrakten im Jahr 2020

Anfang 2020 brach die Corona-Krise aus und verurteilte mich innerhalb meiner vier Wände zu bleiben. Das Eingesperrt-Sein in mich selbst brachte es zwangsläufig mit sich, dass ich viel zu viel Zeit fand fürs Nachdenken über Marx' Darstellungsmethode im „*Kapital*". In dieser trostlosen, aber für mich äußerst fruchtbaren Atmosphäre begriff ich endgültig, welchen entscheidenden Fehler Marx beim Übergang vom Idealismus zum Materialismus begangen hatte, um zu einer korrekten Forschungsmethode in der Politischen Ökonomie zu gelangen: Marx stellte das Hegelsche Gedankensystem *inhaltlich* „vom Kopf auf die Füße"[9], indem er Feuerbach folgend vom Idealismus zum Materialismus überging. *Förmlich*, d.h. der Struktur nach, stellte aber Marx die Hegelsche dialektische Methode nicht vom Kopf auf die Füße, indem er von der logischen Darstellungsmethode, vom Abstrakten zum Konkreten aufzusteigen, zur historisch-empirischen Forschungsmethode, vom Konkreten zum Abstrakten abzusteigen, überging. – Diese „Ursünde" von Marx wirkte in seinem späteren Forscherleben als Ursache für viele weitere Denkfehler.

Was hätte also Marx tun sollen, um zu einer korrekten Forschungsmethode in der Politischen Ökonomie zu gelangen? – Hegel hatte vollkommen recht, als er beim Entwickeln seines philosophischen Systems von der logischen, dialektischen Denkmethode des Aufsteigens vom Abstrakten zum Konkreten ausging; als Idealist (= als Anhänger der Ideenlehre) musste er diesen Weg gehen, weil das Ideelle (= das Abstrakte) nicht materiellen (= konkreten) Ursprungs ist und selbständig existiert. Er musste also das Materielle (= Konkrete) aus dem Ideellen (= Abstrakten) heraus deduzieren (= extrahieren); mit anderen Worten: er musste vom Abstrakten zum Konkreten fortschreiten (= aufsteigen). – Marx hätte genau das Gegenteil von dem tun sollen, was Hegel tat, weil in Marx' Augen das Materielle (= das Konkrete) nicht ideellen (= abstrakten) Ursprungs ist und selbständige Existenz genießt; als Materialist hätte Marx das Ideelle (= das Abstrakte) aus dem Materiellen (= Konkreten) heraus abstrahieren (= extrahieren) müssen. Er durfte also nicht *vom Abstrakten zum Konkreten aufsteigen*, sondern *vom Konkreten zum Abstrakten absteigen*.

Zu Marx' Zeiten war aber die Transformation der Hegelschen Logik vom Idealismus zum Materialismus einfach nicht möglich; die Zeit war noch nicht reif genug, um von der einzelwissenschaftlichen zur historisch-empirischen Forschungsmethode überzugehen:

„(...) neue höhere Produktionsverhältnisse treten nie an die Stelle, bevor die materiellen Existenzbedingungen derselben im Schoß der alten Gesellschaft selbst ausgebrütet worden sind."[10]

---

[9] Engels, Friedrich: Ludwig Feuerbach und der Ausgang der klassischen deutschen Philosophie, MEW 21, S. 293

[10] Marx, Karl: Zur Kritik der Politischen Ökonomie, MEW 13, S. 9

Als Autor dieser Zeilen hätte Marx einfach wissen müssen, dass der Erfolg seines ungeheuerlichen Projekts von der Reife seiner Zeit abhängt. Er unternimmt jedoch keinerlei Anstrengungen, die Unreife seiner Zeit festzustellen, und postuliert stattdessen, dass die Transformation vom Idealismus zum Materialismus methodenmäßig prinzipiell möglich ist, selbst wenn keine Vorarbeiten und keine Vorbilder für diesen Übergang vorhanden sind. Mangels eines selbständigen eigenen Erkenntnisweges übernimmt Marx von der Hegelschen Logik unhinterfragt und pauschal die Methode des Aufsteigens vom Abstrakten zum Konkreten mitsamt den dialektischen Gesetzen und legt im Vorwort zu „*Kapital*" keine Rechenschaft darüber ab, wo er methodologisch steht, obwohl er als Wissenschaftler dazu verpflichtet wäre.

* * *

Mit den oben geschilderten Gedanken im Kopf konnte ich meine Forschungsergebnisse zur „*Methodenfrage in der politischen Ökonomie*" endlich Anfang 2020 nach einem Erkenntnis- und Lernprozess von 43 Jahren fertigformulieren und im Grundsatzartikel „*Die historisch-empirische Forschungsmethode vom Konkreten zum Abstrakten abzusteigen*"[11] vorveröffentlichen.

Istanbul, 20. Januar 2025   Halil Güveniş

---

[11] Güveniş, Halil: *Die historisch-empirische Forschungsmethode vom Konkreten zum Abstrakten abzusteigen;* The General Science Journal, 2020; https://www.gsjournal.net/Science-Journals/Research Papers/View/8259

Anhang I

Die Zusammenbruchstheorie Rosa Luxemburgs
und die gegenwärtige Weltwirtschaftskrise

Zusammenfassung

In der vorliegenden Arbeit zeigen wir auf der Grundlage der volkswirtschaftlichen Gesamtrechnungen, dass das von Rosa Luxemburg entdeckte Akkumulationsproblem real existiert und dass es nur gelöst werden kann, wenn – im Unterschied zu Rosa Luxemburg – der Staat als die von ihr gesuchte ‚dritte Person' identifiziert wird. Ferner zeigen wir am Langzeitverhalten der Wirtschaftsentwicklung in BRD, Japan und USA, dass die Entwicklung des Kapitalismus heute eine Stufe erreicht hat, auf der das grundsätzliche Akkumulationsproblem keine kapitalistische Lösungsmöglichkeit mehr besitzt und dass langfristig der globale Staatsbankrott droht und zum Schluss eine neue Wirtschaftsform entstehen wird, die vom Nullwachstum und von verschwindenden Nettoinvestitionen ausgeht.

Einleitung

Mit der Veröffentlichung ihres Hauptwerks ‚*Die Akkumulation des Kapitals*' leitete Rosa Luxemburg eine Diskussion ein, die auch heute nicht als abgeschlossen gelten kann. Zwar behaupten Rosa Luxemburgs Kritiker seit langem, ihre Überlegungen zur Kapitalakkumulation widerlegt zu haben und behandeln daher ihre Schrift als nur noch historisch von Interesse, doch soll im Folgenden der Nachweis geführt werden, dass diese Widerlegungen an den Tatsachen vorbeigehen und dass es notwendig ist, diese Problematik erneut aufzurollen und eine befriedigende Antwort auf die von Rosa Luxemburg aufgeworfenen Fragen zu geben.

Die Kritiker Rosa Luxemburgs greifen vornehmlich Fehler und Mängel in den von ihr aufgezeigten Lösungen an und vergessen dabei, sich der grundsätzlichen Fragestellung zuzuwenden, wie in einer Mehrwert produzierenden Gesellschaft eine vollständige Reproduktion überhaupt möglich sein könne. Deshalb möchten wir im ersten Teil dieser Arbeit auf der Grundlage der volkswirtschaftlichen Gesamtrechnungen zeigen, dass das von Rosa Luxemburg entdeckte Akkumulationsproblem real existiert und dass es nur gelöst werden kann, wenn – im Unterschied zu Rosa Luxemburg – der Staat als die von ihr gesuchte ‚dritte Person' identifiziert wird.

Diese grundsätzliche Behandlung der Luxemburgschen Fragestellung zieht für die aktuelle Weltwirtschaftskrise wichtige Schlussfolgerungen nach sich. Es geht um die Frage, inwiefern die heutige Weltwirtschaftskrise im Unterschied zu früheren das kapitalistische Weltsystem grundsätzlich vor das von Rosa Luxemburg benannte Akkumulationsproblem stellt, inwiefern also die gegenwärtige Weltwirtschaftskrise im Sinne von Rosa Luxemburg als der Beginn der Zusammenbruchskrise des Kapitalismus interpretiert werden kann und muss. Dem Nachweis, dass die Entwicklung des Kapitalismus heute eine Stufe erreicht hat, auf der das grundsätzliche Akkumulationsproblem keine kapitalistische Lösungsmöglichkeit mehr besitzt, ist der zweite Teil dieses Aufsatzes gewidmet. Wir zeigen am Langzeitverhalten der Wirtschaftsentwicklung in BRD, Japan und USA, dass langfristig der globale Staatsbankrott droht und zum Schluss eine neue Wirtschaftsform entstehen wird, die vom Nullwachstum und von verschwindenden Nettoinvestitionen ausgeht.

1. Das Einzelkapital

Der Ausgangspunkt bei Rosa Luxemburg ist ein System, das als Abstraktion nur aus Arbeitern und Kapitalisten besteht. Dabei ist diese Abstraktion nicht willkürlich, sondern sie behandelt die Grundvoraussetzung kapitalistischer Produktion, indem von Besonderheiten verschiedener kapitalistischer Gesellschaften (z. B. von feudalen Relikten, Zwischenschichten) bewusst abgesehen wird.

Zwischen Arbeitern und Kapitalisten findet folgender Prozess statt: Der Kapitalist schießt zunächst das konstante Kapital c vor und kommt damit in den Besitz der Produktionsmittel. Anschließend kauft er auf dem Arbeitsmarkt mit dem variablen Kapital v (Lohn) Arbeitskräfte für eine begrenzte Zeit. Genauer gesagt für den Zeitraum, bis die erworbenen Produktionsmittel durch Abnutzung unbrauchbar geworden sind. Mit Arbeitern und Produktionsmitteln steigt der Kapitalist in den Produktionsprozess ein und presst dabei aus den Arbeitern zusätzlich zum vorgeschossenen, variablen Kapital v den Mehrwert m heraus. Die während dieses Zeitraumes erzeugten Waren haben demnach den Wert

$$w = c + v + m \, . \tag{1.1}$$

Er verkauft diese Waren auf dem Markt entweder an andere Kapitalisten oder an Arbeiter, um am Ende des Zeitraumes erneut Produktionsmittel und Arbeitskräfte zu erwerben und damit einen neuen Produktionszyklus zu beginnen. Dieser erneute Zyklus stellt eine erweiterte Produktion dar, wenn der Kapitalist den erwirtschafteten Mehrwert ganz oder teilweise zum Ankauf von zusätzlichen Arbeitskräften und Produktionsmitteln verwendet. Eine erweiterte Produktion findet nicht statt, wenn der Kapitalist den Mehrwert ausschließlich zu Zwecken des Konsums verwendet. Deshalb lässt sich der Mehrwert m generell in zwei Teile aufspalten:

$$m = m^{Akk} + m^{Km} \tag{1.2}$$

Hierbei ist m^{Km} der vom Kapitalisten konsumierte Teil des Mehrwerts, während m^{Akk} der Teil des Mehrwerts ist, der wieder dem Kapital zugeschlagen, also akkumuliert wird.

Der akkumulierte Teil besteht wiederum aus zwei Teilen:

$$m^{Akk} = m_c + m_v \, , \qquad\qquad (1.3)$$

wobei m_c dem Kapitalisten zum Kauf zusätzlicher Produktionsmittel dient und m_v zum Kauf zusätzlicher Arbeitskräfte. Bei einem gegebenen Stand der Produktivkräfte gibt es für jeden Produktionszweig ein spezifisches Verhältnis von c und v, das heißt eine spezifische organische Zusammensetzung des Kapitals q. Eine Erweiterung der Produktion muss sich diesem Verhältnis ebenfalls fügen, sodass gilt:

$$q = \frac{c}{v} = \frac{m_c}{m_v} \qquad\qquad (1.4)$$

Gleichung (1.4) hat jedoch nur Gültigkeit, wenn keine Entwicklung der Produktivkräfte stattfindet, was konkret bedeutet, dass jeder Produktionszyklus mit der gleichen Technologie ausgestattet ist wie der vorangehende. Mit der Entwicklung der Technologie ergibt sich jedoch die Möglichkeit der Rationalisierung der Produktion. Der Einsatz der Technologie bedeutet für den Produktionsprozess, dass Arbeitsplätze wegrationalisiert werden. Genauer gesagt: Für das gleiche Quantum konstantes Kapital c ist durch Rationalisierung ein geringeres Quantum variables Kapital v notwendig. Durch technologische Entwicklung steigt also die organische Zusammensetzung des Kapitals q an.

Damit lässt sich die Entwicklung von erweiterten Produktionszyklen bei gleichzeitigem technologischem Fortschritt folgendermaßen darstellen: Die Produktion kann mit einem neuen Zyklus beginnen, wenn auf dem Markt der Wert

$$w = c + v + m_c + m_v + m^{Km} \qquad\qquad (1.5)$$

realisiert ist und die Bedingung

$$\frac{m_c}{m_v} > \frac{c}{v} \qquad\qquad (1.6)$$

erfüllt wird. – Vom Standpunkt des Einzelkapitalisten könnte dieser Prozess bis in alle Ewigkeit dauern.

153

2. Das Gesamtkapital

Während es vom Standpunkt des Einzelkapitalisten aus gesehen keinen Grund gibt, warum der Produktionsprozess ins Stocken geraten könnte, ergibt sich vom Standpunkt des Gesamtkapitals aus gesehen, dass die Summe aller Produktionsprozesse nur dann Bestand haben kann, wenn im gesellschaftlichem Maßstab die sogenannte Reproduktionsbedingung erfüllt ist. Die Ableitung dieser Reproduktionsbedingung ergibt sich aus der stillschweigend gemachten Voraussetzung, dass jeder Einzelkapitalist, um in die Produktion einzusteigen, Produktionsmittel und Arbeitskräfte vorfinden muss. Das heißt, im vorangegangenen Produktionsprozess muss gesamtgesellschaftlich eine bestimmte Anzahl von Produktionsmitteln erzeugt worden sein und gleichfalls müssen die Arbeiter durch den Konsum von Nahrungsmitteln etc. in den Stand versetzt worden sein, ihre Arbeitskraft zum Verkauf anbieten zu können. Da v und c nur optimal genutzt werden können, wenn sie in einem bestimmten Verhältnis auftreten (= organische Zusammensetzung des Kapitals q), muss gesamtgesellschaftlich ein ebenso bestimmtes Verhältnis der Erzeugung von Produktions- und Konsumtionsmitteln bestehen. Daraus ergibt sich eine Einteilung der gesamten Wirtschaft in eine Abteilung, in der Produktionsmittel erzeugt werden und in eine andere Abteilung, in der Konsumtionsmittel hergestellt werden.

Gesetzt den Fall, dass in einem Produktionszyklus beide Abteilungen im Gleichgewicht sind, dass also die optimale Aufteilung beider Abteilungen gegeben ist, dann ist für den Erhalt des optimalen Verhältnisses im nächsten Zyklus das folgende Schema anzuwenden: Der gemittelte Gesamtausstoß beider Abteilungen ergibt sich nach (1.5) zu

$$\text{I.} \quad W_{Pm} = C_{Pm} + V_{Pm} + M_{cPm} + M_{vPm} + M^{Km}{}_{Pm}$$

$$\text{II.} \quad W_{Km} = C_{Km} + V_{Km} + M_{cKm} + M_{vKm} + M^{Km}{}_{Km} \,.$$

(2.1)

Die Akkumulationsbedingung lautet nun, dass der Ausstoß der Abteilung I , die Produktionsmittel herstellt, gerade so groß sein muss, wie alle in Abteilung I und II benötigten Produktionsmittel, dass weiterhin der Ausstoß der Abteilung II , die Konsumtionsmittel erzeugt, genauso groß sein muss wie die Nachfrage nach Konsumtionsmitteln durch die Kapitalisten und Arbeiter aus beiden Abteilungen. Konkret: Der Wert aller erzeugten Produktionsmittel, also W_{Pm} , muss gleich sein der Summe aller in (2.1) auftretenden Glieder, die konstantes Kapital bezeichnen (also C_{Pm} , M_{cPm} , C_{Km} , M_{cKm}). Analoges gilt für W_{Km} , sodass sich aus (2.1) die folgende Akkumulationsbedingung gewinnen lässt:

$$W_{Pm} = C_{Pm} + M_{cPm} + C_{Km} + M_{cKm}$$

$$W_{Km} = V_{Pm} + M_{vPm} + M^{Km}_{Pm} + V_{Km} + M_{vKm} + M^{Km}_{Km} \quad\quad (2.2)$$

Aus den beiden Gleichungssystemen (2.1) und (2.2) ergibt sich durch Gleichsetzen von $W_{Pm(2.1)} = W_{Pm(2.2)}$ beziehungsweise durch Gleichsetzen von $W_{Km(2.1)} = W_{Km(2.2)}$ die Akkumulationsbedingung, die notwendig erfüllt sein muss, wenn gesamtgesellschaftlich die beiden Abteilungen im Gleichgewicht stehen sollen:

$$C_{Km} + M_{cKm} = V_{Pm} + M_{vPm} + M^{Km}_{Pm} \quad\quad (2.3)$$

Zur reibungslosen Aufrechterhaltung der kapitalistischen Produktionsverhältnisse muss genau dieses Reproduktionsschema erfüllt sein.

3. Das Akkumulationsproblem bei Rosa Luxemburg

Wir kommen nun zur eigentlichen Fragestellung von Rosa Luxemburg. Vorauszuschicken ist, dass sie die bislang aufgestellten Gleichungen in der hier dargestellten Form nicht kannte. Unter Verwendung dieser Gleichungen ist es jedoch möglich, wesentlich prägnanter den Gedankengang Luxemburgs nachzuvollziehen. Deshalb haben wir eine Form der Darstellung gewählt, die sich auf die genannten Gleichungen stützt.

Den Gedankengängen Luxemburgs folgend ist die Gleichung (2.3) grundsätzlich nicht erfüllbar, denn angetrieben von dem Streben nach Konkurrenzfähigkeit, rationalisieren die Kapitalisten die Produktion. Das heißt, die organische Zusammensetzung des Kapitals $\frac{c}{v}$ wächst. Die Erweiterung der Produktion lässt c und v ansteigen, jedoch die Rationalisierung sorgt dafür, dass c schneller steigt als v . Da jedoch in Gleichung (2.3) auf der linken Seite nur Glieder stehen, die das konstante Kapital c betreffen und auf der rechten Seite nur Glieder, die das variable Kapital v betreffen, ergibt sich aus einem rascheren Wachstum von c im Vergleich zu v , dass die linke Seite der Gleichung ebenfalls rascher wächst als die rechte, sodass das Gleichgewichtszeichen in (2.3) schon nach einem Produktionszyklus nicht mehr gelten kann.

Damit ergibt sich für Rosa Luxemburg ein grundsätzliches Problem: Auf der einen Seite ist ein System aus Arbeitern und Kapitalisten bestehend überhaupt nicht lebensfähig, da sich kein Gleichgewichtszustand herstellen lässt, auf der anderen Seite hat der Kapitalismus durch seine bloße Existenz bewiesen, dass er funktioniert (wenn auch mit der Einschränkung periodischer Krisenerscheinungen, die jedoch bisher nicht zum Zusammenbruch des Systems geführt haben). Zur Lösung dieses Problems schlägt Rosa Luxemburg vor, die auf dem kapitalistischen Markt fehlenden Abnehmer von Konsumgütern im nichtkapitalistischen Milieu zu suchen. Sie behauptet, die kapitalistischen Produktionsverhältnisse seien nur deshalb von Bestand, weil der kapitalistische Markt im Austauschverhältnis mit dem nichtkapitalistischen Milieu (also vor allem mit den peripheren Ländern) steht. Der Kapitalismus werde zusammenbrechen, sobald die nichtkapitalistischen Märkte erschöpft sind. Daraus ergibt sich auch ihre Erklärung des Imperialismus als ein Kampf der kapitalistischen Metropolen um nichtkapitalistische Absatzmärkte.

Bevor wir unseren Standpunkt zu den Luxemburgschen Überlegungen im Einzelnen darstellen, wollen wir nun kurz die wichtigsten Einwände darlegen, die bislang gegen Luxemburg vorgebracht wurden.[1] Dabei beschränken wir uns auf den Hauptkritikpunkt, durch den versucht wurde, die Luxemburgsche Argumentation grundsätzlich zu widerlegen, das heißt, ihr nachzuweisen, dass die Gleichung (2.3) auch in einem aus Kapitalisten und Arbeitern bestehenden System erfüllt werden kann. Der Hauptkritiker zu Lebzeiten Luxemburgs, Otto Bauer, versuchte dies rechnerisch an den Reproduktionsschemata nachzuweisen.[2] Allerdings kam er hierbei in gewisse Schwierigkeiten mit dem richtigen Verhältnis der Kapitalmassen in beiden Abteilungen, weil er annahm, der in einer Abteilung produzierte Mehrwert müsse wieder in dieser Abteilung realisiert werden. Hierzu schreibt Ernest Mandel:

„Alle die genannten Autoren setzen grundsätzlich voraus, dass sich das Verhältnis des Werts der Produktion und der Produktionskapazität zwischen beiden Abteilungen nicht ändert, während die Nachfrage nach Waren der Abteilung II, infolge der steigenden Mehrwertrate und der wachsenden organischen Zusammensetzung des Kapitals, natürlich langsamer wächst als die Nachfrage nach Waren der Abteilung I. Dadurch ist die Krise unvermeidlich. Aber diese konstante ‚technische Proportion' (Otto Bauer spricht von einem ‚technischen Koeffizienten') zwischen dem Zuwachs der Produktion der Abteilung I und der Produktionskapazität der Abteilung II (Sweezy) oder den zur Herstellung der zusätzlichen Produktionsmittel (Bauer) ist keineswegs bewiesen.

---

[1] Paul M. Sweezy: *Theorie der kapitalistischen Entwicklung.* Frankfurt, 1976; S. 239ff.
  Ernest Mandel: *Der Spätkapitalismus.* Frankfurt, 1974; S. 23ff.
  Roman Rosdolsky: *Zur Entstehungsgeschichte des Marxschen ‚Kapital'.* Frankfurt, 1968.

[2] Otto Bauer: *Die Akkumulation des Kapitals,* in: Die Neue Zeit, 31. Jahrgang, Band II, Nr. 27.

*Die Tatsache, dass eine beschleunigte Entwicklung der Abteilung I über die gesamtwirtschaftliche Steigerung der organischen Zusammensetzung des Kapitals auch die Produktionskapazität der Abteilung II vergrößern muss, beweist noch nicht, dass die Produktionskapazität der beiden Abteilungen **im selben Verhältnis** steigen muss. Verändert sich aber dieses wechselseitige Verhältnis der Kapazitäten, so kann bei stark gestiegener gesamter Warenproduktion eine verstärkte Nachfrage nach Waren der Abteilung I durchaus von einer absolut, wenn auch in geringerem Maße gestiegenen Produktionskapazität begleitet sein, ohne dass Überproduktion oder Überkapazität die Folge sein muss.*"[3]

Diese Argumentation scheint schlüssig und vom Standpunkt des Mathematikers ist ihr nicht beizukommen, denn eine Gleichung wie (2.3), die aus fünf additiven Gliedern besteht, macht es immer möglich, vier der Glieder *willkürlich* zu wählen und dann ein fünftes Glied zu finden, mit dem die Gleichung erfüllt ist. Der simpelste Fall wäre, M^{Km}_{Pm} als fünftes Glied zu wählen: gleichgültig, wie schnell die linke Seite der Gleichung auch steigen mag, es findet sich immer ein M^{Km}_{Pm}, sodass die Gleichung erfüllt ist. Das heißt, wenn die Kapitalisten der Abteilung I (Produktionsmittelherstellung) ihren Konsum nur kräftig genug ausdehnen, so lässt sich die Gleichung (2.3) *immer* erfüllen.

Ganz analog lässt sich auch M_{vPm} als fünftes Glied auffassen. Zunächst heißt dies, dass sich immer eine Summe an variablem Kapital im Produktionsmittelsektor finden lässt, die die Gleichung erfüllt. Rein rechnerisch ist es also möglich, sei es durch eine Zunahme der Arbeitskräfte oder der Löhne, M_{vPm} den Erfordernissen der Gleichung (2.3) anzupassen. Zu diesem Schluss kommt auch Sweezy, wenn er über Rosa Luxemburg schreibt:

„*Das Dogma, das sie niemals in Frage stellt, nämlich dass die Konsumtion der Arbeiter niemals den Mehrwert realisieren kann, impliziert, dass der gesamte Betrag an variablem Kapital und also die Konsumtion der Arbeiter immer, wie in der einfachen Reproduktion, konstant bleiben müssen. Tatsächlich aber bringt die Akkumulation typischerweise einen Zuwachs zum variablem Kapital mit sich, und wenn dieses zusätzliche variable Kapital von den Arbeitern ausgegeben wird, realisiert es einen Teil des Mehrwerts, der die physische Gestalt von Konsumgütern hat ... Wenn man ihre Prämisse über die Konstanz der Konsumtion akzeptiert, wäre dies zweifellos richtig ... fortgesetzte Zuschläge zu den Produktionsmitteln würden dann wirklich ,ein Karussell, das sich in leerer Luft um sich selbst dreht' sein.*"[4]

Das Problem der Beweisführung gegen Luxemburg sowohl bei Mandel als auch bei Sweezy liegt darin, dass sie rein rechnerisch feststellen, dass sich die Gleichung (2.3) lösen lasse (was mathematisch gesehen eine Trivialität ist), dann aber darauf verzichten, den nächsten notwendigen Schritt zu tun, nämlich die Frage zu stellen, ob die rechnerische Lösung im Kapitalismus

---

[3] Ernest Mandel: a.a.O., S. 33f.

[4] Paul M. Sweezy: a.a.O., S. 241f.

eine real mögliche ist. Die Antwort auf diese Frage ergibt sich nicht mehr aus dem Reproduktionsschema, denn dieses verdeutlicht nur, was erfüllt sein müsste, um den Kapitalismus beständig funktionsfähig zu halten, nicht aber, ob die Dynamik der kapitalistischen Entwicklung sich auch dementsprechend verhält.

Dies ist auch der Standpunkt Rosa Luxemburgs, wenn sie über das Marxsche Reproduktionsschema schreibt:

„Hier ist es aber an der Zeit aufzupassen, ob wir nicht deshalb zu so erstaunlich glatten Resultaten gelangen, weil wir immer bloß gewisse mathematische Übungen mit Addition und Subtraktion machen, die keine Überraschungen bieten können, und ob die Akkumulation nicht deshalb so ins Unendliche störungslos verläuft, weil das Papier sich geduldig mit mathematischen Gleichungen beschreiben lässt. Mit anderen Worten, es ist an der Zeit, sich nach konkreten gesellschaftlichen Bedingungen der Akkumulation umzusehen."[5]

Dennoch sind die Überlegungen von Mandel und Sweezy von Interesse, denn aus ihnen geht hervor, welcher Bereich der kapitalistischen Produktion auf seine Bewegungsgesetze hin untersucht werden muss, um eine Antwort auf die Erfüllbarkeit des Reproduktionsschemas zu geben – nämlich: das variable Kapital.

4. Schranken für das variable Kapital

Die gesamtgesellschaftliche Summe des variablen Kapitals ergibt sich aus der Zahl der Arbeitskräfte einerseits und aus der durchschnittlichen Höhe ihrer Löhne andererseits. Dabei ist im Reproduktionsschema zunächst nur das variable Kapital in der Produktionsmittelindustrie ($V_{Pm} + M_{vPm}$ in Gleichung (2.3)) von Interesse. Da jedoch der Kapitalismus es dem Arbeiter freistellt, an wen er seine Arbeitskraft verkauft, ergibt sich eine Tendenz zur Angleichung des Lohnniveaus in beiden Abteilungen, sodass realistischerweise das gesamte variable Kapital einer Gesellschaft zu betrachten ist.

Von den beiden Grundgrößen (Zahl der Arbeitskräfte und Lohnhöhe) soll zunächst die Lohnhöhe untersucht werden. Tagespolitisch stellt sich das Niveau der Löhne durch den Lohnkampf ein. Die Kapitalisten bestehen auf dem Fortbestand ihrer Konkurrenzfähigkeit und fordern niedrige Löhne. Die Arbeiter hingegen drängen auf eine angemessene Lohnerhöhung (nicht zuletzt

---

[5] Rosa Luxemburg: Die Akkumulation des Kapitals, in: Gesammelte Werke, Bd.5. Berlin, 1981; S. 91.

mit dem Argument, damit eine gesamtgesellschaftlich notwendige Nachfrage zu erzeugen). Auf welchem Niveau letztendlich ein Lohnabschluss erfolgt, ist zahlreichen insbesondere auch außerökonomischen Faktoren geschuldet. Soll das Reproduktionsschema funktionieren, dann müssten unter diesen Faktoren einige auf lange Sicht dominant sein, die dafür sorgen, dass die Löhne gesamtgesellschaftlich ein Niveau annehmen, das zur Erfüllung der Gleichung (2.3) ausreicht. Umgekehrt: Soll die Funktionsfähigkeit des Reproduktionsschemas widerlegt werden, müssen Faktoren gefunden werden, die auf lange Sicht grundsätzlich verhindern, dass das Lohnniveau entsprechend dem Schema ansteigt.

Nun ist bekannt, dass es für das Lohnniveau eine untere Schranke gibt, einen Mindestlohn v_0, der sich zwar von Gesellschaft zu Gesellschaft und innerhalb der kapitalistischen Entwicklung zu verändern vermag, der aber sich allgemein bestimmt, als die physische untere Schranke unterhalb deren die Selbsterhaltung der Arbeiter und ihrer Familie (die Kinder sind die Arbeiter von morgen!) nicht mehr gewährleistet ist. Wird dieser Mindestlohn v_0 auf Dauer unterschritten, kann sich das kapitalistische System nicht mehr reproduzieren, da es an Arbeitskräften fehlt. Um über die Funktionsfähigkeit des Reproduktionsschemas zu entscheiden, müsste sich, wenn Rosa Luxemburg recht hat, analog zum Mindestlohn auch eine obere Schranke der Durchschnittslöhne finden lassen, die nicht überschritten werden darf, wenn sich das kapitalistische System selbst erhalten will.

Es lässt sich sofort sagen, dass diese obere Schranke nicht physischer Natur sein kann, weil es keinen Grund dafür gibt, warum ein höherer Lohn der Gesundheit der Arbeiter schaden sollte. Dennoch gibt es eine obere Schranke, wenn sie sich auch analog zum Mindestlohn nicht präzise in Heller und Pfennig benennen lässt. Dazu folgende Überlegung: Der Mindestlohn reicht aus, um die lebensnotwendigen Konsumgüter zu kaufen. Eine Erhöhung des Lohnes über den Mindestlohn führt zunächst zu mehr Konsum, der subjektiv als Ausgleich für die Strapazen der Lohnarbeit angesehen wird. Steigt das Lohnniveau weiter, so wird ein Punkt erreicht, an dem zusätzlich zu einem ausgedehnten Konsum es möglich ist, einen Teil des Lohnes gewinnbringend anzulegen. Gleichgültig nun welche Anlageform bevorzugt wird (am offensichtlichsten ist es beim Erwerb von Aktien), bedeutet gewinnbringendes Anlegen zumindest indirekt immer, dieses Geld vorzuschießen, um damit produktive Tätigkeit beginnen zu können. Was sich umgangssprachlich als ‚gewinnbringend' bezeichnen lässt, ist letztlich das Partizipieren am Mehrwert.

Das heißt, dass es ab einem bestimmten Lohnniveau für die Lohnarbeiter möglich wird, tendenziell der Lohnarbeit zu entfliehen. Der direkte und häufig unterschätzte Fall ist die Verselbständigung von Lohnarbeitern, also ihr Übergang zum Kapitalisten (wenn auch in aller Regel zum Kleinkapitalisten). Aber auch andere Formen wie Teilzeitarbeit oder vorzeitiger Ruhestand lassen sich finanzieren, wenn der Lohn so hoch ist, dass sich ein Teil davon gewinnbringend anlegen lässt.

Dies bedeutet nun nicht nur, dass die Ausdehnung des Konsums durch ein erhöhtes Lohnniveau an Grenzen stößt und damit die Gleichung (2.3) nicht erfüllt werden kann, dies bedeutet auch, dass beim Überschreiten der oberen Lohnschranke dieser Prozess eine doppelte Dynamik gewinnt: Einerseits erhöht sich die Nachfrage nach Konsumgütern ab einem bestimmten Lohnniveau kaum noch, andererseits werden die überschüssigen Gelder zum Erwerb von konstantem Kapital verwendet, sodass die rechte (Nachfrage)Seite von (2.3) nicht beliebig steigt, während die linke (Angebots)Seite einen zusätzlichen Zuwachs erfährt.

Neben der Erhöhung der Löhne besteht als zweite Möglichkeit zur Steigerung des gesamtgesellschaftlichen variablen Kapitals die Zunahme der Zahl der Lohnabhängigen. Zeitweilig standen hierbei kapitalistische Gesellschaften vor dem Problem, dass nicht ausreichend Arbeitskräfte zur Verfügung standen. Doch dies ist ein vorübergehendes Phänomen, da bislang noch immer nach kurzer Zeit durch Bevölkerungstransfers (Anwerbung, Binnenwanderung, Zwangsumsiedlung…) eine ausreichende Anzahl von Arbeitskräften zur Verfügung stand. Die Schranken für die Zunahme der Zahl der Lohnabhängigen liegen nicht im unzureichenden Bevölkerungswachstum und dergleichen begründet, sondern ergeben sich aus dem Zwang zur Rationalisierung der Produktion unter dem Druck der kapitalistischen Konkurrenz. Die Gleichung (2.3) in der vorliegenden Form wird damit immer unerfüllbarer, ja das Nachhinken der Nachfrage nach Konsumgütern verschärft zusätzlich die Konkurrenz und induziert damit erneut Rationalisierungsinvestitionen.

Damit ergibt sich für die konsumtive Nachfrage, dass die rein rechnerische Möglichkeit der Erhöhung des variablen Kapitals in der Realität auf eindeutige Schranken stößt und folglich die Gleichung (2.3) real nicht erfüllt werden kann. Wenn der Kapitalismus bislang dennoch funktioniert hat, so muss es einen Mechanismus geben, der die fehlende Konsumtion aufzubringen imstande ist.

5. Der Staat als dritte Person

Rosa Luxemburgs Vorschlag zur Lösung dieses Problems bestand in der Einführung einer ‚dritten Person', die das überschüssige Angebot durch *effektive* Nachfrage absorbieren sollte. Sie sah diese Person durch das nichtkapitalistische Milieu realisiert, wobei es sich beim nichtkapitalistischen Milieu sowohl um nichtkapitalistische Produktionsformen im eigenen Land (etwa in der Landwirtschaft) als auch und vor allem um periphere Länder mit vorkapitalistischen Produktionsverhältnissen handeln kann. Rosa Luxemburg irrt sich jedoch, wie Sweezy richtig darauf hingewiesen hat,[6] wenn sie glaubt, dass das nichtkapitalistische Milieu die Absatzschwierigkeiten des Kapitalismus aus der Welt schaffen könnte. Wenn nämlich die nichtkapitalistischen Konsumenten eine Nachfrage an den kapitalistischen Markt richten können, dann müssen sie zuvor an denselben Markt mit einem entsprechenden Angebot herangetreten sein, damit Äquivalententausch stattfindet. Insgesamt können die nichtkapitalistischen Konsumenten am kapitalistischen Markt nicht mehr kaufen, als sie an denselben Markt verkauft haben. Damit zeigt sich aber, dass das nichtkapitalistische Milieu für das von Luxemburg entdeckte Akkumulationsproblem keine Lösung sein kann. Es muss sich ein anderer Mechanismus, eine andere ‚dritte Person' finden lassen.

Die Unbrauchbarkeit des nichtkapitalistischen Milieus als ‚dritte Person' zeigt aber auch, welche grundlegende Eigenschaft eine funktionsfähige ‚dritte Person' besitzen muss: Es muss eine ‚Person' sein, die an den kapitalistischen Markt eine Nachfrage richtet, ohne dabei diese Nachfrage durch ein vorangegangenes Angebot an demselben Markt realisiert zu haben; es darf also kein Äquivalententausch stattfinden. Dies ist nur möglich, wenn sich die ‚dritte Person' *zwangsweise* und ohne Entschädigung einen Teil der gesamtgesellschaftlich erzeugten Werte aneignet oder wenn die ‚dritte Person' so vertrauenswürdig ist, dass sie letztlich ohne Sicherheiten Werte durch Kreditaufnahme abschöpfen kann. In beiden Fällen bestünde die Funktion der ‚dritten Person' dann darin, mit den vereinnahmten Geldern die Nachfrage so anzuheben, dass sich ein Gleichgewicht von Angebot und Nachfrage einstellt. Die einzige ‚Person', die über ausreichend Zwangsmittel verfügt, als auch hinreichend vertrauenswürdig zur Kreditaufnahme ist, ist die ‚öffentliche Person', der Staat. Folglich müsste die Steuererhebung und die Kreditschöpfung des Staates jener Mechanismus sein, mit dem sich bislang historisch das Realisierungsproblem der Kapitalisten gelöst hat.

---

[6] Paul M. Sweezy: a.a.O., S. 242.

6. Das Reproduktionsschema der volkswirtschaftlichen Gesamtrechnungen

Bisher haben wir das Akkumulationsproblem bei Rosa Luxemburg auf der Grundlage der von Marx im ‚*Kapital*' entwickelten, abstrakten Terminologie diskutiert. Wie wir aber bereits an anderer Stelle ausgeführt haben,[7] ist es möglich, das Akkumulationsproblem auch anhand der volkswirtschaftlichen Gesamtrechnungen darzustellen und zu analysieren. Deshalb möchten wir im Folgenden versuchen, das Marxsche Reproduktionsschema auf der Grundlage der volkswirtschaftlichen Gesamtrechnungen (VGR) zu reformulieren und damit das Akkumulationsproblem auf empirisch-statistischer Basis zu diskutieren.

Der Ausgangspunkt der VGR ist ein Wirtschaftssystem, das aus Privat- und Staatssektor und Ausland besteht. Die Grundgröße der VGR ist das Bruttoinlandsprodukt (BIP), das von der Verteilungs- und Verwendungsseite her folgendermaßen definiert wird:[8]

I. BIP = Abschreibungen + Nettonationaleinkommen − Saldo der Primäreinkommen aus der übrigen Welt

II. BIP = Konsum + Bruttoinvestitionen + Exporte − Importe.

(6.1)

Gleichsetzen und Umformen dieser beiden Gleichungen ergibt:

Sparen = Nettonationaleinkommen − Konsum =

Bruttoinvestitionen − Abschreibungen + Exporte − Importe +

Saldo der Primäreinkommen aus der übrigen Welt.

(6.2)

---

[7] Halil Güveniş: *Lösung der Klimakrise im Rahmen der Zusammenbruchskrise des Kapitalismus.* Aachen, 2011; S. 8ff.

[8] Zur Definition des Bruttoinlandprodukts siehe
http://de.wikipedia.org/wiki/Volkswirtschaftliche_Gesamtrechnung

Wenn wir die Abkürzungen

S = Sparen,

I^{br} = Bruttoinvestitionen,

D = Abschreibungen, (6.3)

FS_A = Finanzierungssaldo des Auslands

= – Exporte + Importe – Saldo der Primäreinkommen aus der übrigen Welt

einführen und S, I^{br} und D nach Privat- und Staatssektor auflösen, dann lässt sich Gleichung (6.2) umformen in

$$S_{Pr} = (I^{br}_{Pr} - D_{Pr}) - FS_{St} - FS_A \,,$$ (6.4)

wobei $FS_{St} = S_{St} - (I^{br}_{St} - D_{St})$ = Finanzierungssaldo des Staates ist.

Mit Hilfe der in Gleichung (6.4) auftretenden Größe ‚Nettoinvestition' ($I^n = I^{br} - D$) lässt sich das Nettoanlagevermögen folgendermaßen definieren: Bruttoinvestitionen und Abschreibungen sind Stromgrößen für die Bestandsgröße

$$\text{Nettoanlagevermögen} = NAV = NAV_0 + I^{br} - D \,,$$ (6.5)

d.h. das Nettoanlagevermögen NAV wird gebildet, indem man über eine sehr lange Zeitperiode Jahr für Jahr die Bruttoinvestitionen I^{br} zum bestehenden Kapitalstock NAV_0 hinzuzählt und die Abschreibungen D davon abzieht. Die Größe

$$DAD = \frac{NAV}{D} = \frac{NAV_0 + I^{br} - D}{D}$$ (6.6)

gibt dann die durchschnittliche Abschreibungsdauer (= die Umschlagszeit des fixen Kapitals) an, die man braucht, um das gesamte Anlagevermögen der Gesellschaft abzuschreiben. Man beachte, dass bei dieser Definition über alle Sachanlagen der Gesellschaft mit ganz unterschiedlichen Nutzungsdauern extrapoliert und eine anonyme durchschnittliche Abschreibungsdauer gebildet wird; in BRD haben z. B. PCs 3 Jahre Nutzungsdauer – Kopiergeräte 7, Büromöbel 13, Wohngebäude 50.

Lösen wir Gleichung (6.6) nach $\frac{I^{br}}{D}$ auf, so erhalten wir

$$\frac{I^{br}}{D} = DAD - \frac{DAD_0}{a} + 1 \, , \tag{6.7}$$

wobei $a = \frac{D}{D_0}$ ist. Nehmen wir zum Beispiel an, die durchschnittliche Abschreibungsdauer einer bestimmten Zeitperiode ($DAD = DAD_0$) sei 50 Jahre und die Produktionserweiterung für ein Jahr betrage $a = 1{,}05$ ($= 5\%$), so folgt aus (6.7)

$$\frac{I^{br}}{D} = 50 \, (1 - \frac{1}{1{,}05}) + 1 = 3{,}38 \, , \tag{6.8}$$

d.h. bei einer durchschnittlichen Abschreibungsdauer von 50 Jahren muss das Verhältnis der Bruttoinvestitionen zu Abschreibungen 3,38 sein, damit eine jährliche Produktionserweiterung von 5% erzielt werden kann.

50 Jahre durchschnittliche Abschreibungsdauer ist aber ein Beispiel, das in idyllischen Urzeiten des Kapitalismus gültig war. Gehen wir von aktuellen Verhältnissen aus, so müssen wir für $DAD = DAD_0$ etwa 20 Jahre durchschnittliche Abschreibungsdauer annehmen. Bei einer jährlichen Produktionserweiterung von 5% erhalten wir dann aus Gleichung (6.7)

$$\frac{I^{br}}{D} = 20 \, (1 - \frac{1}{1{,}05}) + 1 = 1{,}95 \, , \tag{6.9}$$

d.h. bei einer durchschnittlichen Abschreibungsdauer von 20 Jahren muss das Verhältnis der Bruttoinvestitionen zu Abschreibungen nur noch 1,95 betragen, damit eine jährliche Produktionserweiterung von 5% erzielt werden kann.

7. Diskussion des Akkumulationsproblems auf empirisch-statistischer Basis

Gleichung (6.4) ist das reformulierte Reproduktionsschema der VGR, also das Gegenstück zu (2.3). Festzuhalten an dieser Gleichung ist, dass zu ihrer Formulierung das Wirtschaftssystem nicht in zwei Abteilungen (Produktions- und Konsumtionsmittelindustrie bestehend aus Arbeitern und Kapitalisten) untergliedert wurde, wie es bei Marx bzw. Luxemburg der Fall ist. Stattdessen wurde das BIP *im gesamtgesellschaftlichen Kreislauf* von der Verteilungs- und Verwendungsseite her unterschieden und für die drei Sektoren: Privat, Staat, Ausland diese beiden Seiten gleichgesetzt. Daraus folgt, dass Marx durch die in ‚*Kapital*' entwickelte, abstrakte Terminologie sich selbst unmöglich machte, das Reproduktionsschema auf empirisch-statistischer Basis darzustellen und zu analysieren, wohingegen Gleichung (6.4) genau die gewünschte Form hat, die verschiedenen Aspekte des Akkumulationsproblems näher zu diskutieren: Auf der linken Seite der Gleichung (6.4) steht nämlich das Sparen des Privatsektors, also der Tendenz nach das, was Marx unter akkumuliertem Mehrwert versteht. Auf der rechten Seite der Gleichung stehen der Reihe nach die Sektoren: Privat, Staat, Ausland, die *gemeinsam* den akkumulierten Mehrwert realisieren. Wollen wir auf empirisch-statistischer Basis feststellen, welche ersten, zweiten, dritten und vierten Personen den Mehrwert realisieren, so müssen wir die auf der rechten Seite der Gleichung (6.4) aufgeführten sektoralen Größen näher ins Auge fassen und auf die von Rosa Luxemburg aufgeworfenen Fragen eine eindeutige Antwort geben.

Die grundsätzliche Frage, die Rosa Luxemburg stellt, ist, ob der akkumulierte Teil des Mehrwerts in einem aus Kapitalisten und Arbeitern bestehenden Wirtschaftssystem realisiert werden kann oder nicht? Ihre eigene Antwort auf diese Frage lautet: Nein, in einem aus Kapitalisten und Arbeitern bestehenden System ist die Realisierung des akkumulierten Teils des Mehrwerts nicht möglich.

Der Hauptkritiker zu Lebzeiten Luxemburgs, Otto Bauer, erwidert auf Rosa Luxemburgs Antwort:

> „*Rosa Luxemburg glaubt, dass der akkumulierte Mehrwertteil nicht realisiert werden kann. In der Tat kann er **im ersten Jahre** nicht realisiert werden, wenn die stofflichen Elemente des zusätzlichen produktiven Kapitals ... erst im zweiten Jahre gekauft werden.*" ... „*Wir haben angenommen, **dass die Kapitalisten schon im ersten Jahre diejenigen Produktionsmittel kaufen, welche im zweiten Jahre von dem Zuwachs der Arbeiterbevölkerung in Bewegung gesetzt werden, und dass die Kapitalisten schon im ersten Jahre diejenigen Konsumtionsgüter kaufen, welche sie im zweiten Jahre an den Zuwachs der Arbeiterbevölkerung verkaufen** ... Würden wir diese Annahme nicht zulassen, dann wäre die Realisierung des im ersten Jahre erzeugten Mehrwertes in diesem Jahre in der Tat unmöglich.*"[9]

Rosa Luxemburg kritisiert ganz entschieden diesen Lösungsvorschlag von Otto Bauer:

> „*... Aber eine solche Lösung verschiebt die Schwierigkeit nur von diesem Moment auf den nächsten. Denn nachdem wir so annehmen, dass die Akkumulation losgegangen ist und die erweiterte Produktion*

---

[9] Rosa Luxemburg: a.a.O., S. 471.

*im nächsten Jahr eine noch viel größere Warenmasse als in diesem auf den Markt wirft, entsteht wieder die Frage: Wo finden wir **dann** die Abnehmer für diese noch mehr gewachsene Warenmenge? Wird man etwa antworten: Nun, diese gewachsene Warenmenge wird auch im folgenden Jahr wiederum von den Kapitalisten selbst untereinander ausgetauscht und von ihnen allen verwendet, um die Produktion abermals zu erweitern – und so fort von Jahr zu Jahr –, dann haben wir ein Karussell vor uns, das sich in leerer Luft um sich selbst dreht.*[10]

Und welche Antwort gibt das reformulierte Reproduktionsschema (6.4) auf das von Rosa Luxemburg benannte Akkumulationsproblem? – Nach (6.4) ist es grundsätzlich möglich, in einem aus Kapitalisten und Arbeitern bestehenden Wirtschaftssystem den akkumulierten Teil des Mehrwerts zu realisieren, wenn die ersten und die zweiten Privatpersonen, die Kapitalisten und die Arbeiter, ihre Nettoinvestitionen ($I^n_{Pr} = I^{br}_{Pr} - D_{Pr}$) so groß werden lassen können wie ihr Sparen. In der von Marx als ‚ursprüngliche Akkumulation‘ bezeichneten Geschichtsepoche waren die Kapitalisten und die Arbeiter auf der Grundlage des Manufakturkapitalismus zeitweilig sicher imstande, diese Akkumulationsbedingung in ureigenster Form, d.h. ohne zu Hilfenahme der dritten und vierten Personen ‚Staat‘ und ‚Ausland‘, zu erfüllen. Erst mit Beginn der maschinellen Produktion, ab etwa Anfang neunzehntes Jahrhundert, waren dann auch die dritten und vierten Personen ‚Staat‘ und ‚Ausland‘ imstande, einen nennenswerten Beitrag zur Realisierung des akkumulierten Mehrwerts zu leisten. – Hier darf aber nicht vergessen werden, dass der Beitrag der dritten und vierten Personen ‚Staat‘ und ‚Ausland‘ zur Realisierung des akkumulierten Mehrwerts nicht über die Größe ‚Nettoinvestitionen‘ abgewickelt wird, sondern über negative Finanzierungssalden – FS = – (Gesamteinnahmen – Gesamtausgaben), d.h. der Staat und das Ausland müssen *durch Steuererhebung und Kreditschöpfung* einen gewissen Teil des Sparens des Privatsektors übernehmen, damit ihre Finanzierungssalden überhaupt negativ werden können. Ferner darf in diesem Zusammenhang nicht vergessen werden, dass Gleichung (6.4) für ein nach außen hin offenes System, für eine nationale Volkswirtschaft, gilt, aber beim Übergang zu einem nach außen hin abgeschlossenen System, zur Weltwirtschaft, sich reduziert auf die Beziehung

$$S_{Pr} = (I^{br}_{Pr} - D_{Pr}) - FS_{St} , \qquad (7.1)$$

d.h. die vierte Person ‚Ausland‘ reduziert sich beim Übergang zur Weltwirtschaft auf die erste, zweite und dritte Person ‚Kapitalist‘, ‚Arbeiter‘ und ‚Staat‘. ‚Ausland‘ kann also bei der Reali-

---

[10] Rosa Luxemburg: a.a.O., S. 427.

sierung des akkumulierten Mehrwerts formal nicht als ‚dritte Person' gelten, wie Rosa Luxemburg es behauptete; es sind vielmehr die ausländischen Kapitalisten, Arbeiter und Staaten, die durch Kreditschöpfung aus dem Sparen des Privatsektors als ‚dritte Personen' im Inland fungieren.

Wir kommen nun zur wichtigsten Frage der Diskussion: Dürfen wir im Lichte der Gleichung (6.4) feststellen, dass Otto Bauer Recht hatte, als er sagte, dass die Kapitalisten den im ersten Jahr akkumulierten Teil des Mehrwerts fürs Wachstum im zweiten Jahr realisieren (= reinvestieren)? – Auf den ersten Blick scheint Gleichung (6.4) in der Tat Otto Bauer Recht zu geben. Die Kapitalisten und die Arbeiter im Privatsektor tätigen über ihre Abschreibungen hinaus eine Nettoinvestition, die in bestimmten Geschichtsepochen das Sparen = den akkumulierten Mehrwert vollständig realisieren kann. Doch es ist nicht möglich, auf der Grundlage der Gleichung (6.4) zu behaupten, dass die Nettoinvestitionen eine Realisierung fürs Wachstum *im nächsten Jahr* bedeuten. Wir haben bei unseren zwei Beispielfällen (6.8) und (6.9) gesehen, dass die Kapitalisten nicht fürs Wachstum im nächsten Jahr, sondern für die Produktionserweiterung um $\frac{D}{D_0} = 1,05 \ (= 5\%)$ *in diesem Jahr* ihr Nettoanlagevermögen im Betrage ihrer Nettoinvestitionen erhöhen müssen, sodass das Verhältnis ihrer Bruttoinvestitionen zu Abschreibungen je nach Höhe der durchschnittlichen Abschreibungsdauer der betrachteten Zeitperiode 3,38 bzw. 1,95 beträgt. Der entscheidende Fehler im Reproduktionsschema von Otto Bauer und Rosa Luxemburg liegt also darin, dass sie für die durchschnittliche Abschreibungsdauer des Nettoanlagevermögens (= Umschlagszeit des fixen Kapitals) stillschweigend $DAD = DAD_0 = 1$ Jahr annehmen, sodass aus (6.6) und (6.7)

$$\frac{I^{br}}{D} = 1, \ I^n = I^{br} - D = 0 \qquad (7.2)$$

folgt. Da unter diesen Bedingungen die Nettoinvestitionen verschwinden, sieht sich Otto Bauer gezwungen, die Realisierung des akkumulierten Mehrwerts in eine fiktive Zukunft zu verlagern. Und Rosa Luxemburg im Gegenzug sieht sich in ihrer Annahme bestätigt, dass es grundsätzlich nicht möglich ist, in einem aus Kapitalisten und Arbeitern bestehenden Wirtschaftssystem den akkumulierten Mehrwertteil zu realisieren. Hätte sie beim Aufstellen ihres Reproduktionsschemas nicht die unzulässige, vereinfachende Annahme gemacht, dass die Umschlagszeit des fixen Kapitals ein Jahr beträgt, so hätte sie sicher herausgefunden, dass die Kapitalisten nur deshalb Kapitalisten genannt werden, weil sie Jahr für Jahr ihre Nettoinvestitionen auf ihren bestehenden Kapitalstock darauf legen und damit den akkumulierten Mehrwertteil realisieren.

8. Historische Grundtendenzen der kapitalistischen Entwicklung

Nachdem wir das Akkumulationsproblem bei Rosa Luxemburg auf der Grundlage der Gleichungen (6.4) und (6.7) diskutiert haben, kommen wir nun zur empirisch-statistischen Darstellung dieser Gleichungen in Form von Zeitreihen und Diagrammen für BRD, Japan und USA.[11] – Wir betrachten zunächst die historischen Grundtendenzen der kapitalistischen Entwicklung. Anschließend analysieren wir die aus den historischen Grundtendenzen abgeleiteten Trends der kapitalistischen Entwicklung. Zum Schluss kommen wir zur Trendanalyse für das reformulierte Reproduktionsschema (6.4).

$$* * *$$

Das Marxsche Reproduktionsschema kennt nur eine historische Grundtendenz: die Zunahme der organischen Zusammensetzung des Kapitals $q = \frac{c}{v}$ im Laufe der technologischen Entwicklung. Die empirisch-statistische Behandlung dieses Problems liefert jedoch drei historische Grundtendenzen für die kapitalistische Entwicklung. Als Erstes betrachten wir die Grundtendenz der Abschreibungsquote

$$\underline{D} = \frac{D}{BIP} \tag{8.1}$$

für BRD, Japan und USA:

---

[11] Halil Güveniş: a.a.O., S. 139ff.

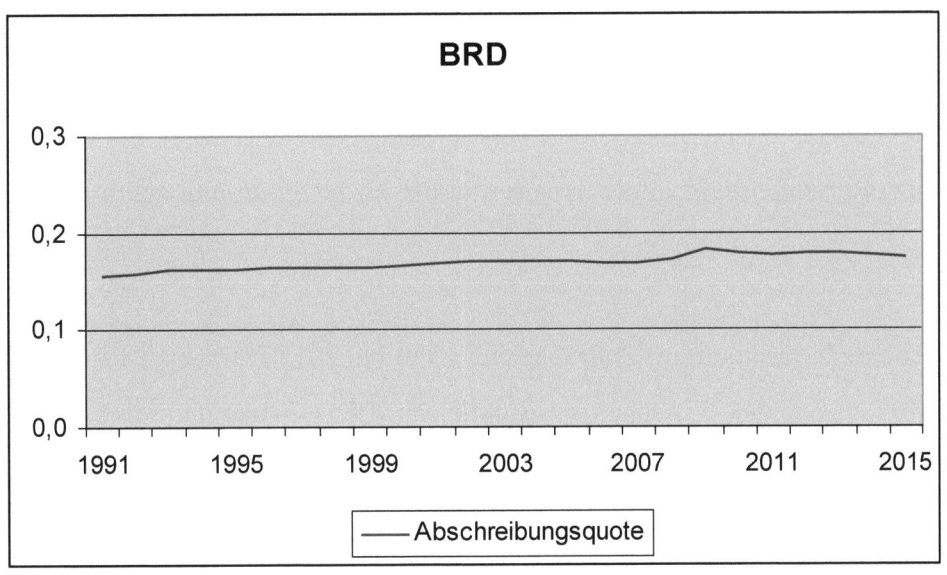

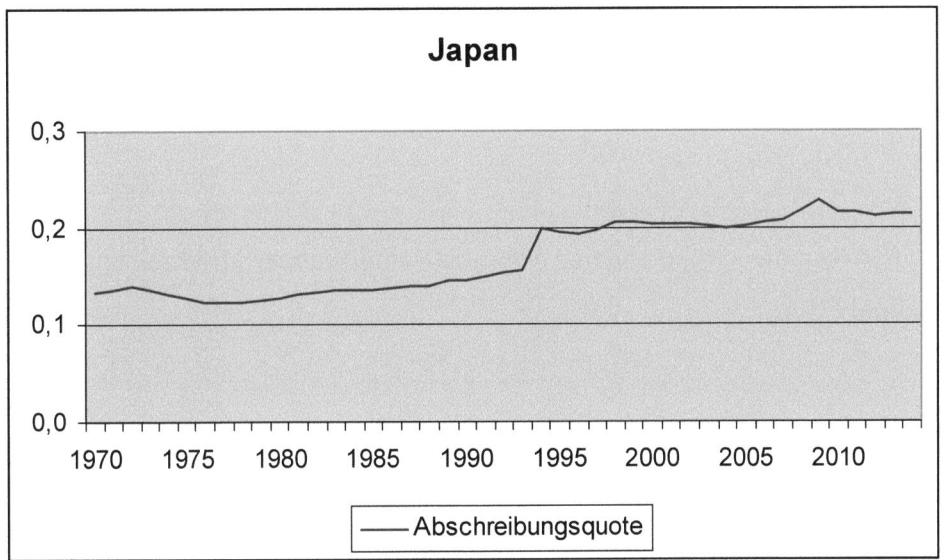

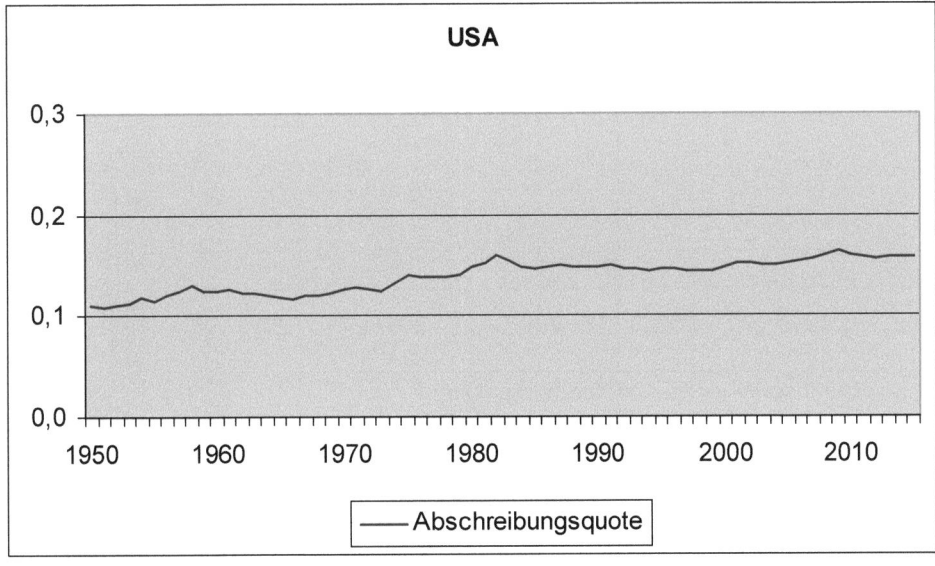

Quelle: Eigene Berechnungen nach den Statistiken des ‚Statistisches Bundesamt Deutschland' (DESTATIS),
‚Economic and Social Research Institute' (ESRI), ‚Bureau of Economic Analysis' (BEA).

Die in den Grafiken aufgetragenen $\underline{D}$-Werte weisen charakteristische konjunkturelle Schwankungen auf. Doch auf lange Sicht dominiert der Aufwärtstrend. Das Land mit dem höchsten Anstieg der Abschreibungsquote ist Japan, gefolgt von der deutschen Wirtschaft, die weniger kapitalintensiv produziert. Schlusslicht in der Triade sind die USA, die traditionell arbeitsintensiv produzieren.

Die Zunahme der Abschreibungsquote im Zeitraum von 1950 bis 2015 betrachten wir als die *erste historische Grundtendenz* der Wirtschaftsentwicklung in BRD, Japan und USA. Sie ist ein Maß für die technologische Entwicklung und gibt an, in welchem Verhältnis zur Gesamtproduktion der Verbrauch der Anlagegüter steigt. Durch den technologischen Fortschritt werden die Unternehmen instand gesetzt, mehr Sachanlagen einzusetzen und dadurch kostengünstiger zu produzieren.

* * *

Als Nächstes bestimmen wir die Grundtendenz der durchschnittlichen Abschreibungsdauer (6.6) für BRD, Japan und USA:

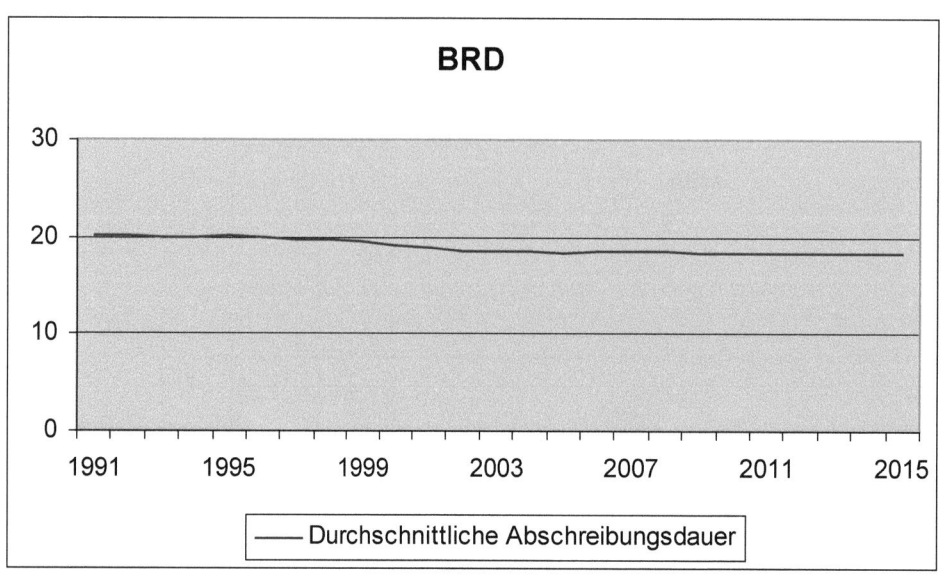

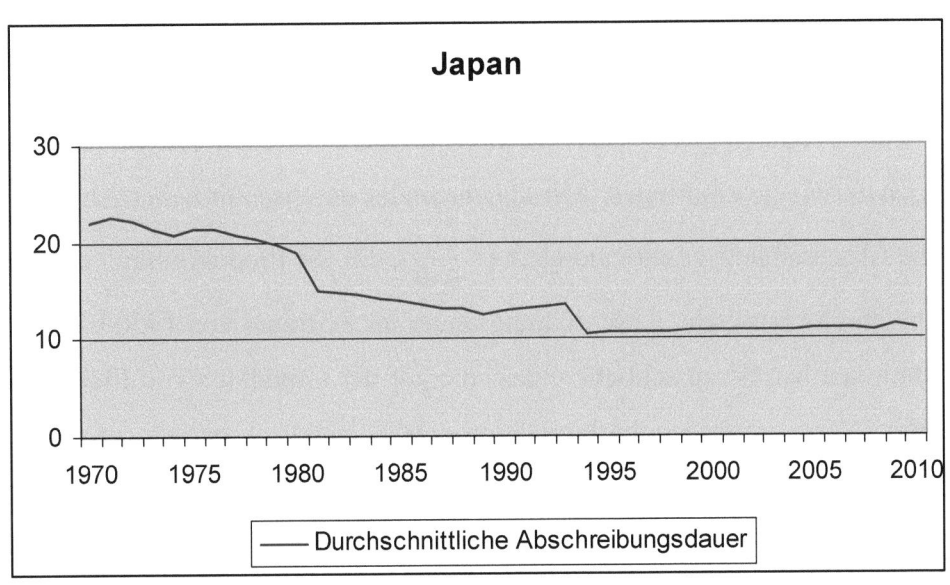

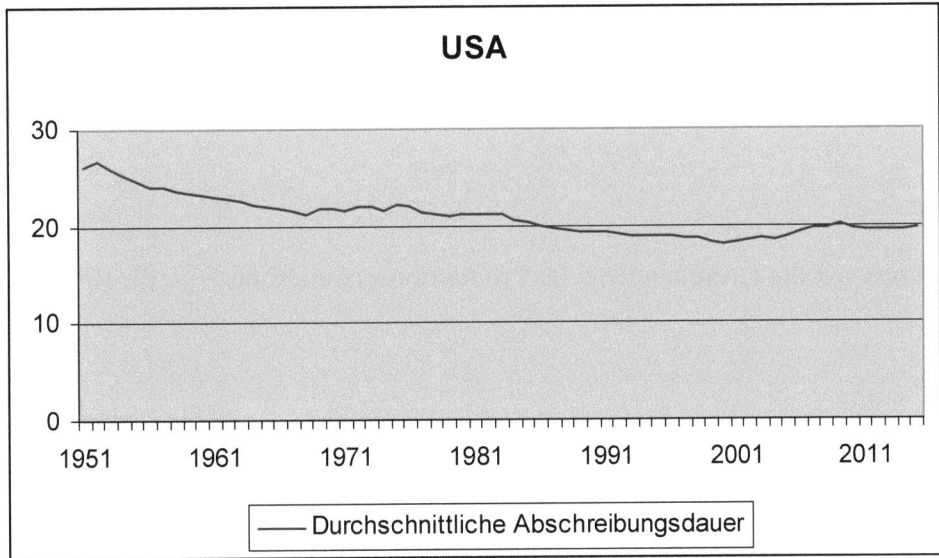

Quelle: Eigene Berechnungen nach den Statistiken des ‚Statistisches Bundesamt Deutschland' (DESTATIS),
‚Economic and Social Research Institute' (ESRI), ‚Bureau of Economic Analysis' (BEA).

Die in den Grafiken aufgetragenen DAD-Werte weisen charakteristische konjunkturelle Schwankungen auf. Wie zu erwarten ist, dominiert im Langzeitverhalten der gleichmäßige Abwärtstrend. Das Land mit der geringsten durchschnittlichen Abschreibungsdauer ist Japan, gefolgt von der deutschen Wirtschaft, deren Abwärtstrend allerdings nicht so steil verläuft wie bei der US-Wirtschaft. Die USA bilden, wie gewohnt, das Schlusslicht in der Triade.

Die Abnahme der durchschnittlichen Abschreibungsdauer im Zeitraum von 1950 bis 2015 betrachten wir als die *zweite historische Grundtendenz* der Wirtschaftsentwicklung in BRD, Japan und USA.[12] Während die Zunahme der Abschreibungsquote ein Maß für die Masse der einge-setzten technologischen Innovationen ist, gibt die Abnahme der durchschnittlichen Abschrei-bungsdauer an, wie schnell technologische Generationen aufeinander folgen und wie intensiv sie in einzelne Wirtschaftszweige eindringen. Mit abnehmender durchschnittlicher Abschrei-bungsdauer nimmt die Abschreibungsgeschwindigkeit ($= \frac{1}{DAD}$), d.h. die Produktivität,[13] zu. Aus der Tatsache, dass die durchschnittliche Abschreibungsdauer im Zeitraum von 1950 bis 2015 kontinuierlich abgenommen hat, ist zu schließen, dass die auf der Grundlage von Elektronik und Informationstechnologien stattfindenden Innovationsschübe praktisch permanent gewor-den sind und jedes Unternehmen unter dem Konkurrenzdruck steht, auf Gedeih oder Verderb die Produktivität zu steigern. Die Folge davon ist, dass die Produktion viel effizienter und dif-ferenzierter organisiert wird und jedes Angebot schon im Entstehen den entsprechenden Nach-fragewunsch erzeugt.

* * *

Zum Schluss bestimmen wir die Grundtendenz der Produktionserweiterung $\frac{D}{D_0}$ für BRD, Ja-pan und USA:

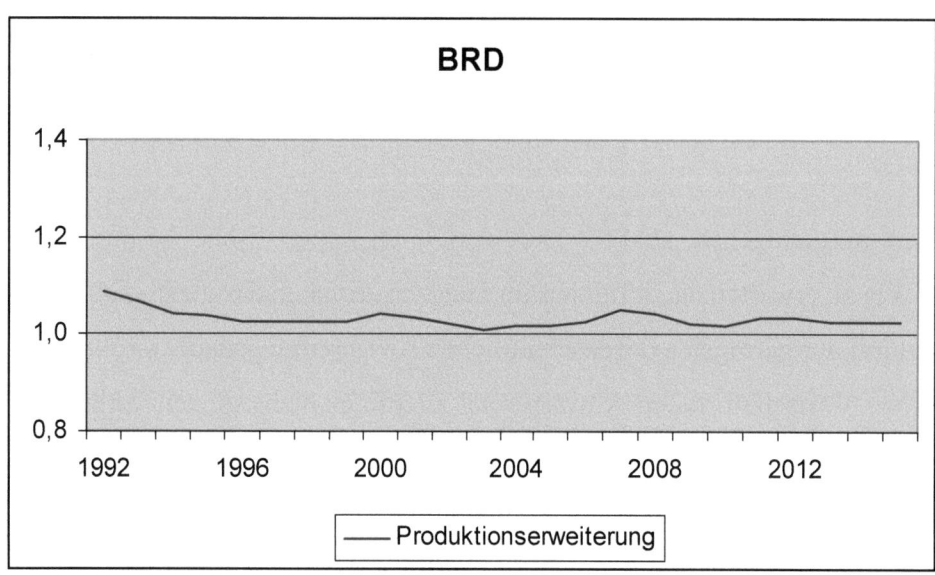

---

[12] Ernest Mandel: a.a.O., S. 205ff.

[13] Zur Kapitalproduktivität siehe http://de.wikipedia.org/wiki/Kapitalproduktivität

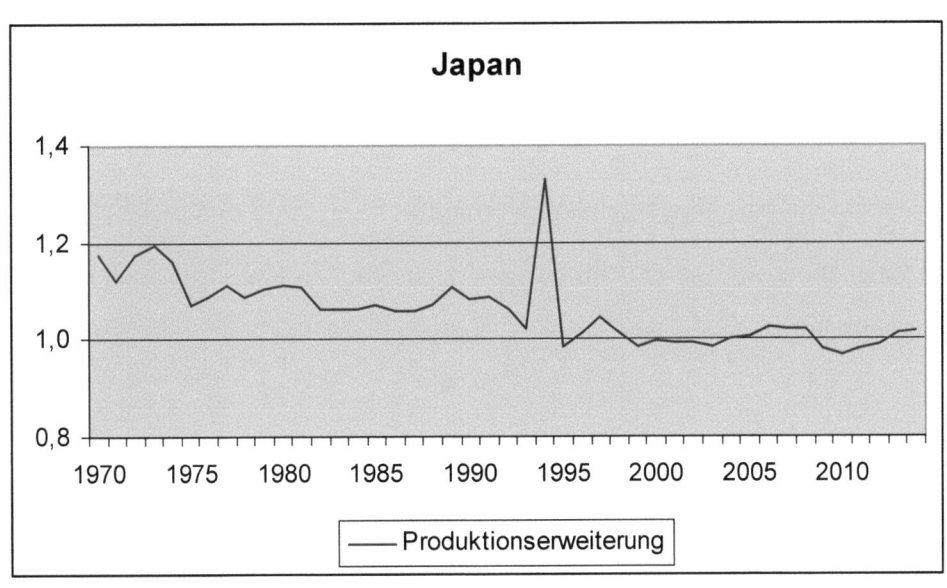

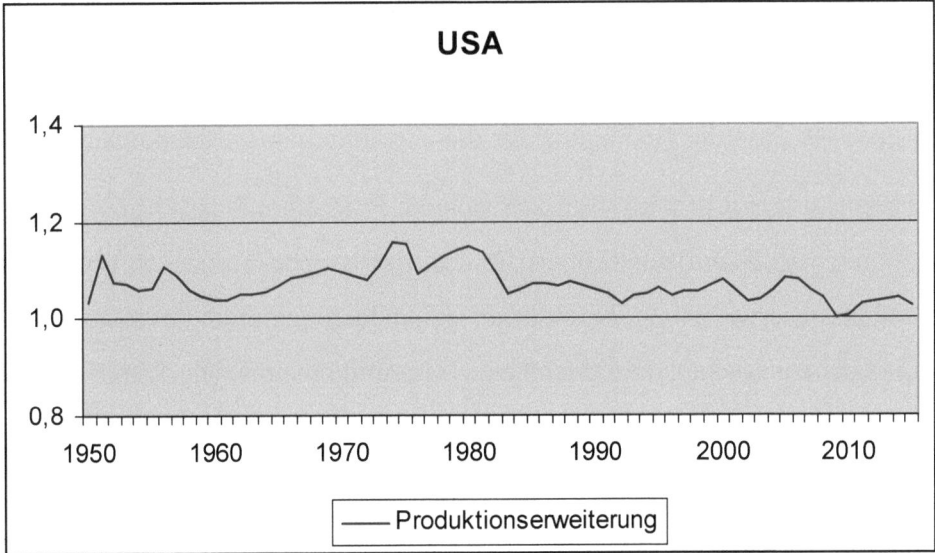

Quelle: Eigene Berechnungen nach den Statistiken des ‚Statistisches Bundesamt Deutschland' (DESTATIS), ‚Economic and Social Research Institute' (ESRI), ‚Bureau of Economic Analysis' (BEA).

Die in den Grafiken aufgetragenen $\frac{D}{D_0}$-Werte weisen charakteristische konjunkturelle Schwankungen auf. Auch hier dominiert im Langzeitverhalten der gleichmäßige Abwärtstrend. Die Abnahme des Verhältnisses $\frac{D}{D_0}$ im Zeitraum von 1950 bis 2015 betrachten wir als die *dritte historische Grundtendenz* der Wirtschaftsentwicklung in BRD, Japan und USA. Sie ist ein Maß für den Rückgang der Produktionserweiterung und gibt an, wie stark die Produktion jährlich steigen muss, damit bei abnehmender durchschnittlicher Abschreibungsdauer, d.h. bei zunehmender Produktivität, Produktion und Gesamtkonsum (= Konsum + Außenbeitrag) im Gleichgewicht bleiben: Nach Gleichung (6.7) kommt jeder Produktionserweiterung $\frac{D}{D_0}$ ein spezifisches Verhältnis $\frac{I^{br}}{D}$ zu, das einer ganz bestimmten Entwicklungsstufe der durchschnittlichen Abschreibungsdauer entspricht. Mit abnehmendem Verhältnis $\frac{I^{br}}{D}$ und relativ schwach zunehmender Abschreibungsquote $\underline{D}$ ist aber im volkswirtschaftlichen Kreislauf auch die Zunahme der Gesamtkonsumquote

$$\frac{\text{Gesamtkonsum}}{\text{BIP}} = 1 - \underline{I}^{br} = 1 - \underline{D}\left(\frac{I^{br}}{D}\right) \qquad (8.2)$$

historisch festgelegt, d.h. die Produktionserweiterung $\frac{D}{D_0}$ und damit die Abnahme des Verhältnisses $\frac{I^{br}}{D}$ finden unter dem Gesichtspunkt statt, dass die Zunahme des Gesamtkonsums $\frac{\text{BIP} - I^{br}}{\text{BIP}_0 - I^{br}_0}$ gerade so groß ist, dass die Bedingung für die Zunahme der Gesamtkonsumquote (8.2) in historischer Perspektive erfüllt wird. Befindet sich die Produktions- bzw. die Investitionsneigung der betreffenden Volkswirtschaft oberhalb des historischen Trends, so überwiegt auf lange Sicht die Produktionserweiterung; befindet sie sich jedoch unterhalb des historischen Trends, so überwiegt langfristig gesehen die Zunahme des Gesamtkonsums. Die Trends für das Verhältnis $\frac{I^{br}}{D}$ und für die Gesamtkonsumquote (8.2) sind also historische Gleichgewichtsbedingungen für Produktion und Gesamtkonsum unter der Bedingung, dass die durchschnittliche Abschreibungsdauer abnimmt, d.h. die Abschreibungsgeschwindigkeit – die Produktivität – steigt.

9. Abgeleitete historische Trends der kapitalistischen Entwicklung

Marx leitet aus der Grundtendenz ‚Zunahme der organischen Zusammensetzung des Kapitals' nur einen historischen Trend der kapitalistischen Entwicklung ab, nämlich: den tendenziellen Fall der Profitrate. Die empirisch-statistische Behandlung dieses Problems liefert jedoch drei abgeleitete historische Trends der kapitalistischen Entwicklung: 1. die Abnahme des Verhältnisses der Bruttoinvestitionen zu Abschreibungen $\frac{I^{br}}{D}$, 2. die Zunahme der Gesamtkonsumquote $1 - \underline{I}^{br}$, 3. die Abnahme der Nettoinvestitionsquote $\underline{D}\left(\dfrac{I^{br}}{D} - 1\right)$. Wir möchten im Folgenden diese drei historischen Trends der kapitalistischen Entwicklung der Reihe nach analysieren.

* * *

Als Erstes betrachten wir nach Gleichung (6.7) den historischen Trend des Verhältnisses der Bruttoinvestitionen zu Abschreibungen $\dfrac{I^{br}}{D}$. Der Trend der durchschnittlichen Abschreibungsdauer DAD bzw. DAD_0 und der Trend der Produktionserweiterung $a = \dfrac{D}{D_0}$ sind durch die *zweite und dritte historische Grundtendenz* der Wirtschaftsentwicklung in BRD, Japan und USA bereits festgelegt. Daraus folgt nach Gleichung (6.7) der historische Trend des Verhältnisses $\dfrac{I^{br}}{D}$ für BRD, Japan und USA:

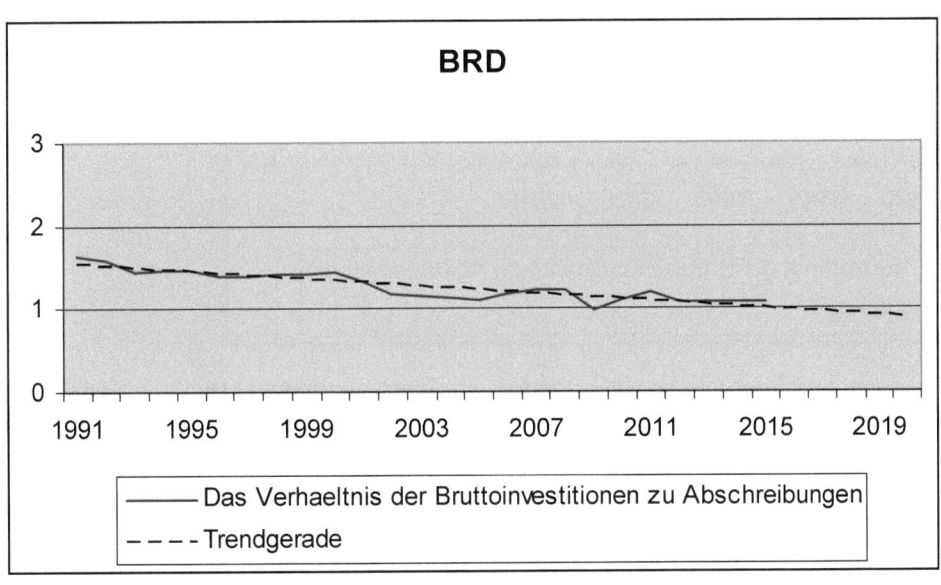

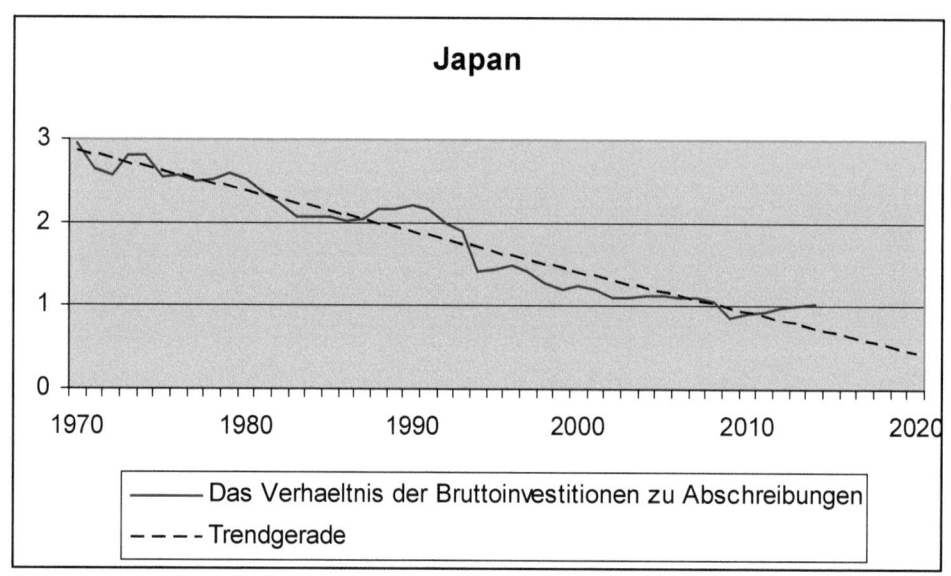

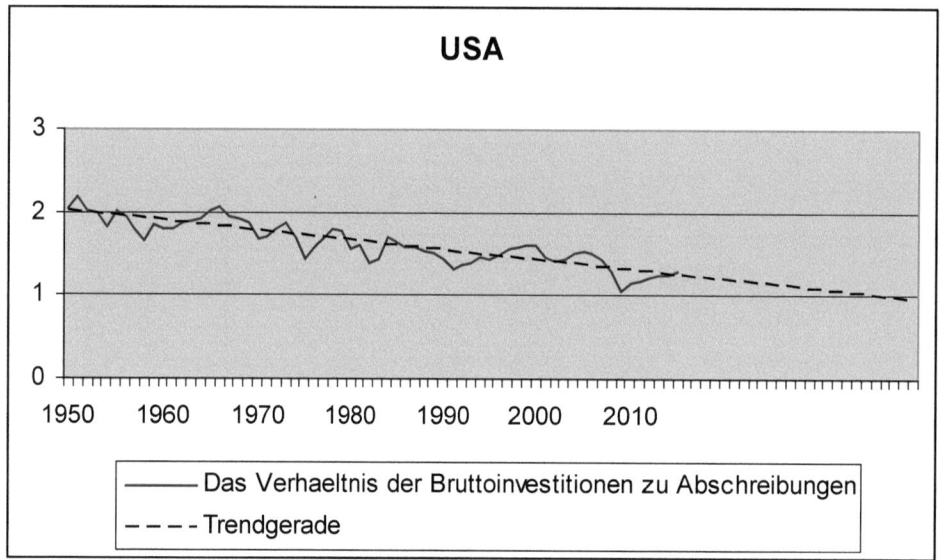

Quelle: Eigene Berechnungen nach den Statistiken des ‚Statistisches Bundesamt Deutschland' (DESTATIS),
          ‚Economic and Social Research Institute' (ESRI), ‚Bureau of Economic Analysis' (BEA).

Die in den Grafiken aufgetragenen $\frac{I^{br}}{D}$-Werte weisen charakteristische konjunkturelle Schwankungen auf. Im Langzeitverhalten dominiert jedoch der gleichmäßige Abwärtstrend. Die Gleichheit von Bruttoinvestitionen und Abschreibungen (y = 1) wird von Japan im Jahr 2008 und von der deutschen Wirtschaft im Jahr 2015 erreicht. Die USA scheinen dieses Stadium erst im Jahr 2037 zu erreichen. Da diese Trendvorhersagen aus den historischen Grundtendenzen der Wirtschaftsentwicklung in BRD, Japan und USA folgen, stellen sie sich mit historischer Notwendigkeit ein.

* * *

Um zu sehen, ob die Zunahme des Gesamtkonsums $\frac{BIP - I^{br}}{BIP_0 - I^{br}_0}$ bzw. der Gesamtkonsumquote

$1 - \underline{D}\,\frac{I^{br}}{D}$ tatsächlich die Produktionserweiterung $\frac{D}{D_0}$ auslösen kann, betrachten wir die zuge-

hörigen Kurven zusammen mit der Vergleichskurve ‚Zunahme des Gesamteinkommens'

$\frac{BIP - D}{BIP_0 - D_0}$ in einer Graphik für BRD, Japan und USA:

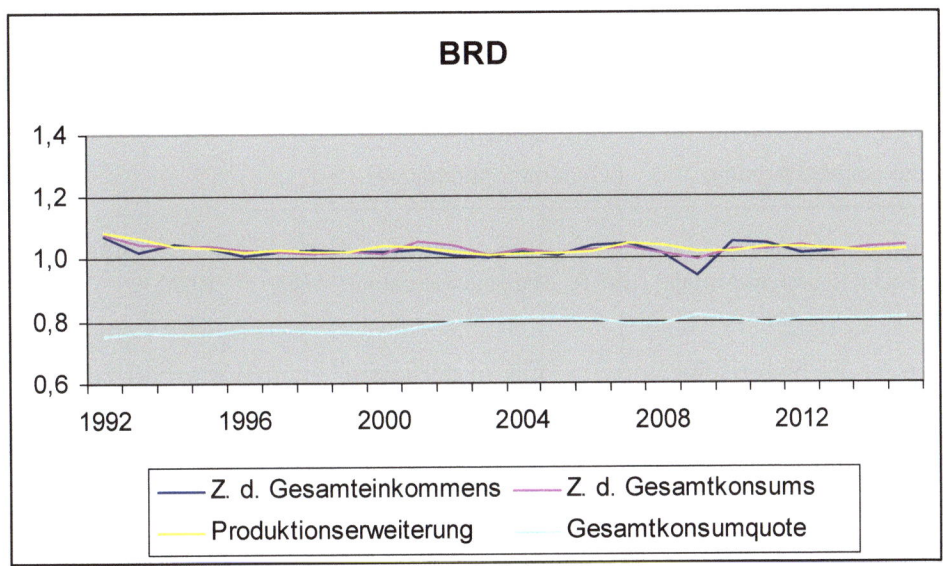

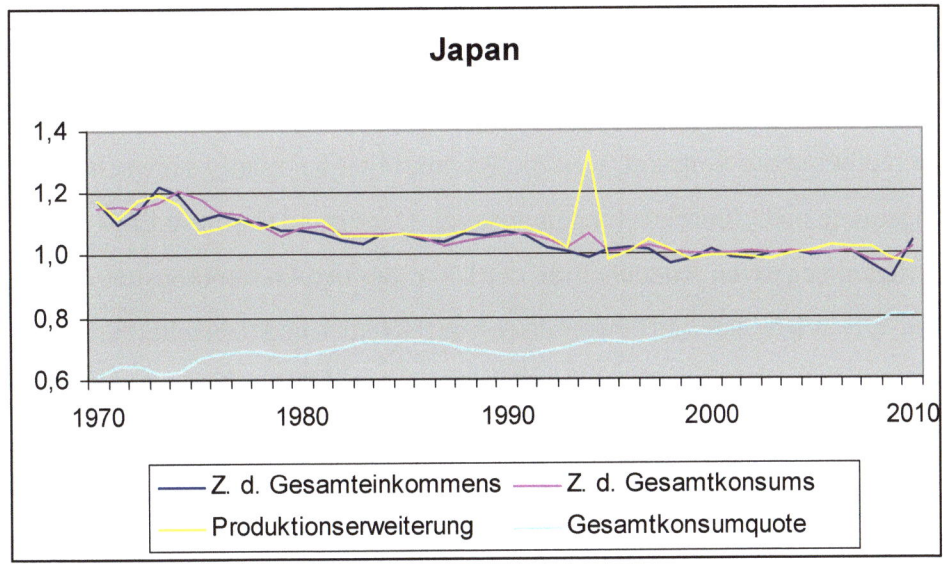

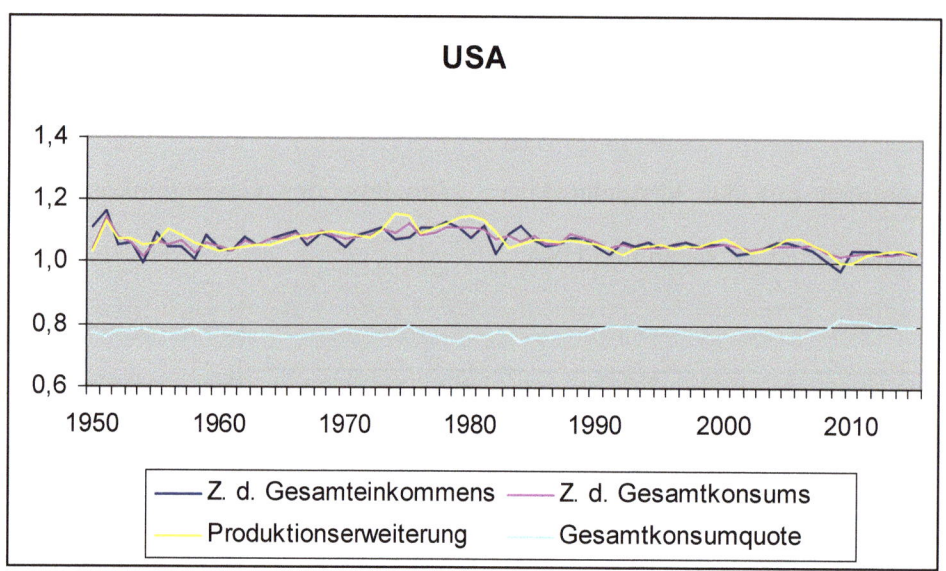

Quelle: Eigene Berechnungen nach den Statistiken des ‚Statistisches Bundesamt Deutschland' (DESTATIS),
          ‚Economic and Social Research Institute' (ESRI), ‚Bureau of Economic Analysis' (BEA).

Am eindrucksvollsten ist die historische Entwicklung an der japanischen Wirtschaft zu sehen; die Abnahme der Produktionserweiterung ist weitgehend in Übereinstimmung mit der Zunahme des Gesamtkonsums und die zugehörige Gesamtkonsumquote nimmt zu, weil im Fall ‚Japan' die Produktivität beständig steigt. – Wenn wir die deutsche Wirtschaft mit der japanischen vergleichen, dann stellen wir fest, dass ähnliche Verhältnisse vorliegen. Allerdings ist der charakteristische Kurvenverlauf nicht dermaßen ausgeprägt, weil die Produktivität in BRD nicht so extrem anstieg wie in Japan. – Der Fall ‚USA' ist ein Sonderfall für sich allein. Die Gesamtkonsumquote bleibt in etwa konstant, weil die Produktivität bei relativ schwach zunehmender Abschreibungsquote nicht hinreichend genug steigt. Der Grund für diese Entwicklung liegt im stark ausgeprägten negativen Außenbeitrag der USA, der den Gesamtkonsum und das Nettoanlagevermögen (zu Wiederbeschaffungspreisen) auf Kredit- und Verschuldungsbasis übermäßig aufblähen lässt, ohne vorher entsprechend produziert zu haben. Unter normalen geschichtlichen Bedingungen wäre diese Entwicklung gar nicht möglich; ein derartiges Vertrauen des Auslands gegenüber dem Inland ist volkswirtschaftlich gesehen nicht zu rechtfertigen und kann nur dadurch erklärt werden, dass die USA – nicht zuletzt wegen ihrer Rolle als „Weltreservewährungshüter" – einen Vertrauensbonus und damit einen Sonderstatus unter den Ländern der Erde genießen.

* * *

178

Der Trend der Abschreibungsquote $\underline{D}$ ist durch die *erste historische Grundtendenz* der Wirtschaftsentwicklung in BRD, Japan und USA festgelegt. Der Trend des Verhältnisses der Bruttoinvestitionen zu Abschreibungen $\frac{I^{br}}{D}$ ergab sich aus der Betrachtung des Trends der Gleichung (6.7). Aus diesen beiden Trends folgt der historische Trend der Nettoinvestitionsquote $\underline{I}^n = \underline{D}\,(\frac{I^{br}}{D} - 1)$ für BRD, Japan und USA:

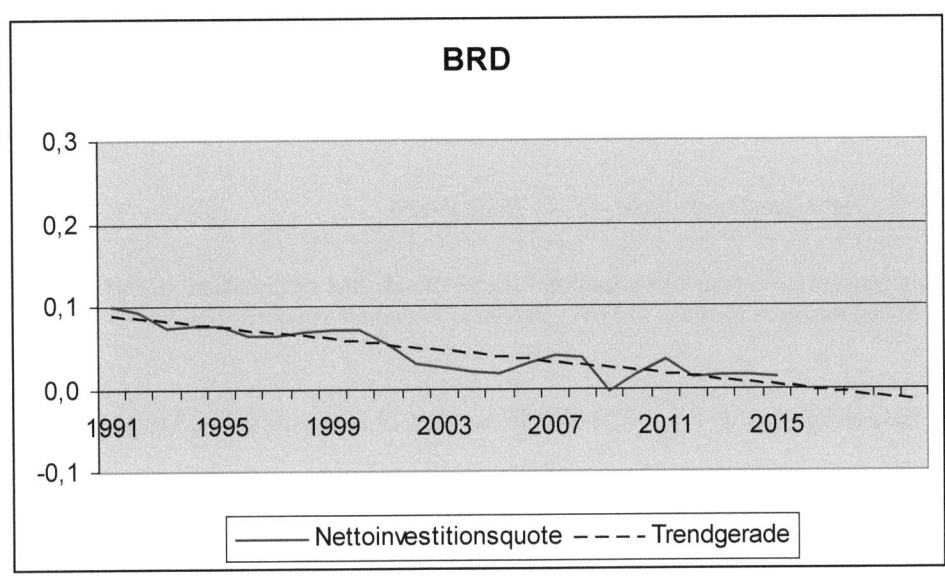

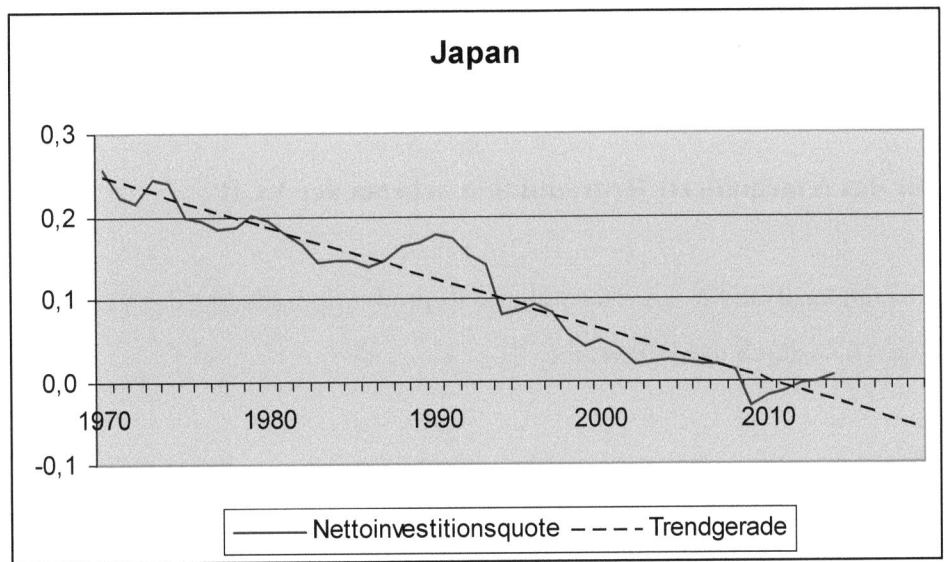

179

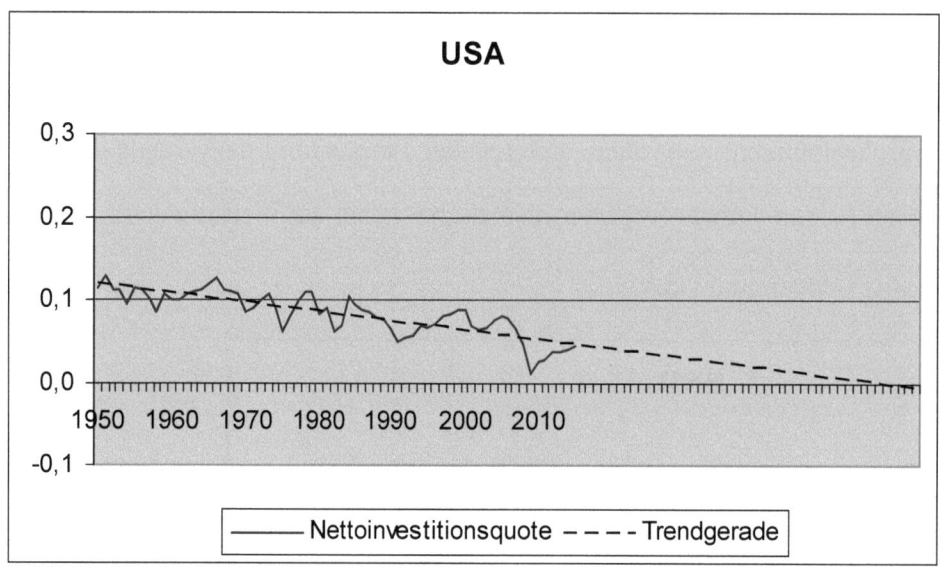

Quelle: Eigene Berechnungen nach den Statistiken des ‚Statistisches Bundesamt Deutschland' (DESTATIS), ‚Economic and Social Research Institute' (ESRI), ‚Bureau of Economic Analysis' (BEA).

Die in den Grafiken aufgetragenen $\underline{D}\,(\dfrac{I^{br}}{D} - 1)$-Werte weisen charakteristische konjunkturelle Schwankungen auf. Im Langzeitverhalten dominiert jedoch der gleichmäßige Abwärtstrend. Die Nulllinie der Nettoinvestitionsquote wird von BRD im Jahr 2016, von Japan im Jahr 2011 und von USA im Jahr 2057 erreicht. Damit ist der Trend der Nettoinvestitionsquote durch den Trend der Größen $\underline{D}$ und $\dfrac{I^{br}}{D}$ historisch zwingend festgelegt.

10. Trendanalyse für das reformulierte Reproduktionsschema der VGR

Wir kommen nun zur Trendanalyse für das reformulierte Reproduktionsschema der VGR (6.4). Division der Gleichung (6.4) durch das BIP ergibt

$$S_{Pr} = \underline{D}_{Pr}\,(\frac{I^{br}_{Pr}}{D_{Pr}} - 1) - \underline{FS}_{St} - \underline{FS}_{A}\,. \tag{10.1}$$

Wir bestimmen den Trend aller Größen in der Gleichung (10.1) in einer Graphik für BRD, Japan und USA:

BRD

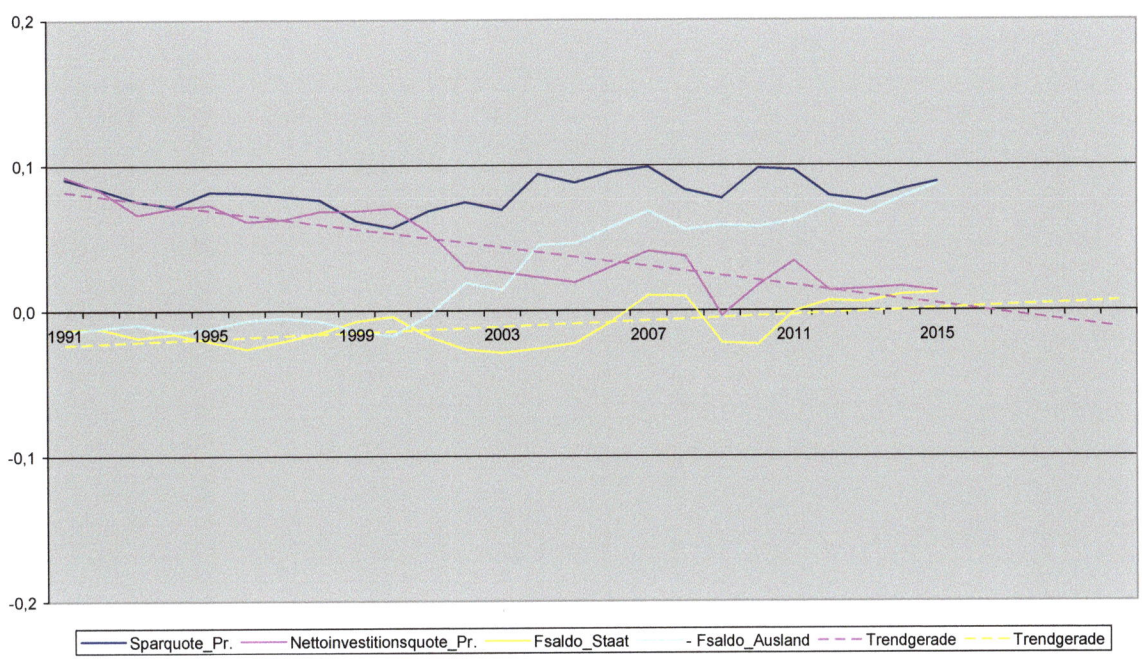

Japan

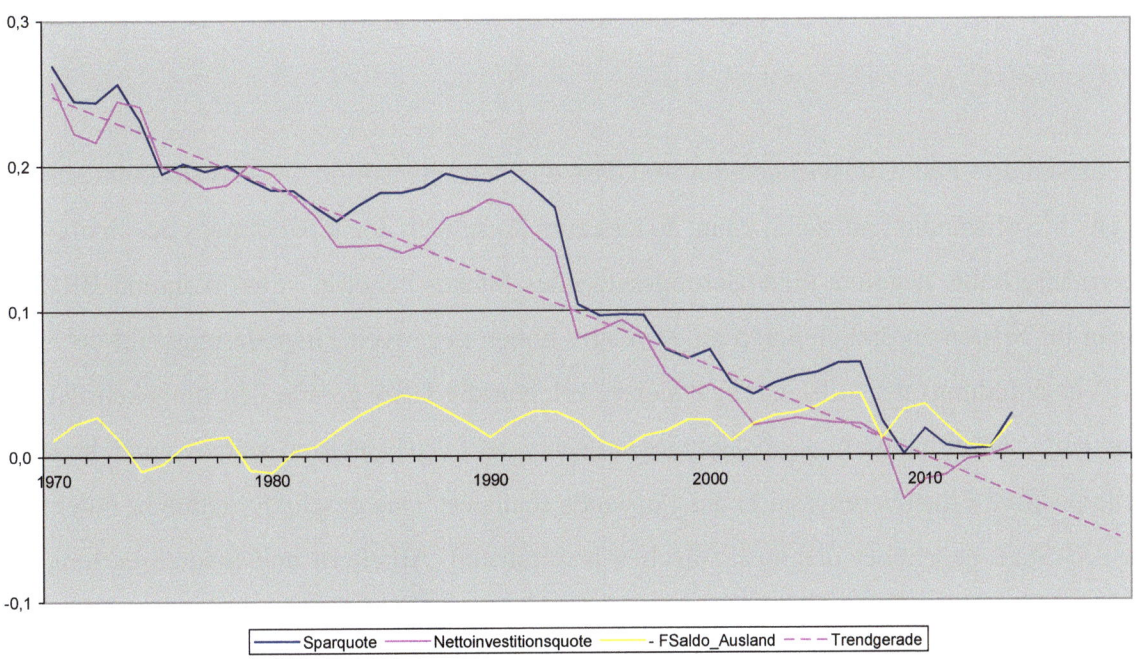

USA

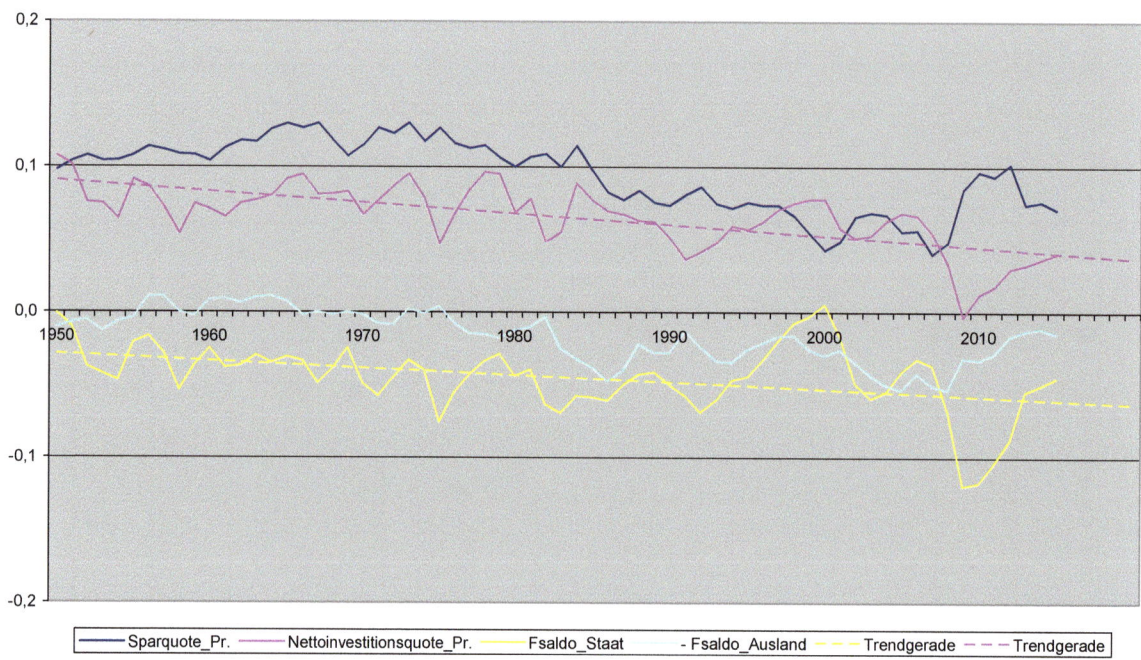

Quelle: Eigene Berechnungen nach den Statistiken des ‚Statistisches Bundesamt Deutschland' (DESTATIS), ‚Economic and Social Research Institute' (ESRI), ‚Bureau of Economic Analysis' (BEA).

All diesen drei Ländern ist es gemeinsam, dass die Nettoinvestition des Privatsektors das Sparen nicht vollständig realisieren kann, sodass zum Ausgleich des Restbetrages des Sparens der übermäßig hohe, negative Finanzierungssaldo des Staates benötigt wird. Während BRD und Japan ihr Sparen zusätzlich durch einen relativ hohen negativen Finanzierungssaldo (= durch die Verschuldung) des Auslands realisieren, erleben die USA gerade den umgekehrten Fall: Auf dem US-Kapitalmarkt wird nicht nur das Sparen des Privatsektors, sondern auch der relativ hohe positive Finanzierungssaldo des Auslands realisiert. Das geschieht dadurch, indem sich der US-Staat gegenüber den ausländischen Kapitalisten, Arbeitern und Staaten extrem hoch verschuldet.[14] Den Grund für diese außergewöhnliche Entwicklung haben wir bereits dargelegt: Das Vertrauen des Auslands gegenüber den USA ist so groß, dass der Gesamtkonsum und das Nettoanlagevermögen (zu Wiederbeschaffungspreisen) auf Kredit- und Verschuldungsbasis über jede tatsächliche Produktion hinaus aufgebläht wird.[15]

---

[14] Das ist genau das Gegenteil von dem, was Rosa Luxemburg behauptet hat. Im Fall ‚USA' realisiert nicht das Ausland den akkumulierten Mehrwertteil des Inlands, sondern das Inland realisiert durch Privat- und Staatsverschuldung ausländisches Kapital.

Entscheidend bei den oben erhaltenen Graphiken ist, dass es eine historische Nulllinie der Wirtschaftsentwicklung gibt, ab der die Nettoinvestitionsquote negativ wird und der Tendenz nach nie wieder ins Positive zurückkehren kann. Diese historisch zwingend festgelegte Nulllinie wird von BRD im Jahr 2016, von Japan im Jahr 2010 und von USA im Jahr 2037 erreicht... *Damit erreicht die Entwicklung des Kapitalismus eine Stufe, auf der das grundsätzliche Akkumulationsproblem keine kapitalistische Lösungsmöglichkeit mehr besitzt.* Das zieht für die aktuelle Wirtschaftslage wichtige Schlussfolgerungen nach sich: *Die gegenwärtige Weltwirtschaftskrise muss im Sinne von Rosa Luxemburg als die Zusammenbruchskrise des Kapitalismus interpretiert werden. Langfristig droht der globale Staatsbankrott, in dessen Folge eine neue Wirtschaftsform entstehen wird, die vom Nullwachstum und von verschwindenden Nettoinvestitionen ausgeht.*[16]

* * *

Man könnte an dieser Stelle geneigt sein, zu argumentieren, dass die von uns festgestellte Nulllinie der Nettoinvestitionsquote keine absolute Wende darstellt und alle entscheidenden Wachstumsgrößen wieder ins Positive zurückkehren würden, wenn der Staat kräftig genug investiert und zusätzliche Konsumanreize schafft. Bei der Weltwirtschaftskrise in den 1930er Jahren hat man ja gesehen, wie die US-Wirtschaft durch Roosevelts ‚New Deal' aus der Talfahrt herausgeholt wurde und später nach dem Zweiten Weltkrieg durch die Etablierung der Staatsverschuldung und des Massenkonsums endgültig das Gleichgewicht zwischen Produktion und Konsum wiederhergestellt werden konnte. Genauso könnte man in der gegenwärtigen Weltwirtschaftskrise vorgehen und zuerst durch die Staatshilfe, dann aber durch Erschließen prinzipiell neuer Investitions- und Konsummöglichkeiten die Wirtschaft wieder in den sicheren Hafen des Wachstums zurückführen. Dazu wären allerdings tatkräftige Politiker nötig, die rechtzeitig die

---

[15] Die Bilanz dieser Entwicklung ist: der US-amerikanische Privatsektor sparte (= akkumulierte) im Zeitraum

von 1929-2015 Kapital in Höhe von	28,6 Billionen USD;
das Ausland trug dazu bei mit	10,3 Billionen USD;
zur Realisierung der Gesamtsumme	38,9 Billionen USD
tätigte der US-amerikanische Privatsektor	
Nettoinvestitionen in Höhe von	18,9 Billionen USD
und der US-Staat verschuldete sich in Höhe von	20,0 Billionen USD.

Quelle: Eigene Berechnungen nach den Statistiken des ‚Bureau of Economic Analysis' (BEA).

[16] Halil Güveniş: a.a.O., S. 22ff.

Vision von einer neuen Zukunft schaffen und die Menschen von der Notwendigkeit des Wandels überzeugen.

Gegen diese Argumentation wäre zunächst einzuwenden, dass die vom Staat getätigten zusätzlichen Investitionen und Konsumanreize zwar geeignet sind, das verloren gegangene Gleichgewicht zwischen Produktion und Gesamtkonsum wieder herzustellen, doch dadurch können entscheidende Wachstumsgrößen nicht automatisch ins Positive zurückgeholt werden. Es gilt hier zu erkennen, dass ab der historischen Nulllinie Gleichgewicht und Wachstum voneinander abgekoppelt sind. Roosevelts ‚New Deal' war deshalb so erfolgreich, weil in der Weltwirtschaftskrise der 1930er Jahre die Kopplung zwischen Gleichgewicht und Wachstum immer noch vorhanden war. Die historische Gleichgewichtsbedingung für das Verhältnis $\frac{I^{br}}{D}$ lag im Jahr 1929, also zu Beginn der Weltwirtschaftskrise, knapp über 2 (Gl. (6.7)) und sorgte dafür, dass jede zusätzliche, vom Staat geförderte Produktionserweiterung im historischen Maßstab die zweifache private Investitionsmenge nach sich zog und dadurch die US-Wirtschaft aus der Stagnation herausgeholt werden konnte. Im Jahr 2015 dagegen liegt das Verhältnis $\frac{I^{br}}{D}$ knapp über 1 (Gl. (6.7)) und bewirkt, dass jede zusätzliche, vom Staat geförderte Produktionserweiterung nur noch eine gleich große Bruttoinvestitionsmenge nach sich zieht. Die US-Wirtschaft kann also im Jahr 2016 ihren Kapitalstock und damit alle anderen relevanten Systemvariablen nicht mehr vergrößern und antwortet auf jede Anregung zur Produktionserweiterung mit ihrer inzwischen enorm gestiegenen Abschreibungsgeschwindigkeit und mit ihren brachliegenden Kapazitäten. Es ist also historisch gesehen eine Situation entstanden, wo technologischer Fortschritt zu einer Produktivitätssteigerung geführt hat, die nicht mehr das Wachstum, sondern unmittelbar das Schrumpfen fördert.

Anhang II

Kritische Aufarbeitung der Marxschen Darstellung der kapitalistischen Produktionsweise mit Hilfe der Methode des Aufsteigens vom Abstrakten zum Konkreten

Zusammenfassung

In der vorliegenden Arbeit wird die Marxsche Darstellung der kapitalistischen Produktionsweise mit Hilfe der Methode des Aufsteigens vom Abstrakten zum Konkreten kritisch aufgearbeitet. Die Marxsche Darstellungsmethode im „*Kapital*", vom Abstrakten zum Konkreten aufzusteigen, wird zunächst als die doppelte Abstraktionsaufgabe ‚zeitliche und räumliche Abstraktion in vertikaler bzw. horizontaler Richtung' interpretiert. Vom Allgemeinen zum Besonderen aufsteigend werden nach dieser Methode vier zeitliche Abstraktionsebenen in vertikaler Richtung unterschieden: 1. Der Arbeitsprozess im Allgemeinen, 2. der Austauschprozess im Allgemeinen, 3. der Akkumulationsprozess im Allgemeinen, 4. die historische Entwicklung der kapitalistischen Produktionsweise. Auf diesen vier zeitlichen Abstraktionsebenen werden durch räumliche Abstraktion in horizontaler Richtung die historischen Entwicklungsstufen der kapitalistischen Produktionsweise eindeutig und vollständig dargestellt.

Einleitung

Marx setzt sich im „*Kapital*" folgendes Ziel:

„*Was ich in diesem Werk zu erforschen habe, ist die kapitalistische Produktionsweise und die ihr entsprechenden Produktions- und Verkehrsverhältnisse.*"[1]

Um dieses Ziel zu erreichen, beginnt Marx seine Darstellung der kapitalistischen Produktionsweise im ersten Abschnitt des „*Kapital*" unter der Überschrift „*Ware und Geld*", weil

„*Für die bürgerliche Gesellschaft (...) die Warenform des Arbeitsprodukts oder die Wertform der Ware die ökonomische Zellenform (ist).*"[2]

Diese Begründung von Marx ist insofern als unzureichend zu bezeichnen, als für die Warenform des Arbeitsprodukts der Arbeitsprozess selbst die Zellenform ist, d.h. die Darstellung der kapitalistischen Produktionsweise kann nach Marx' eigenem Methodenverständnis nicht mit „*Ware und Geld*" beginnen, sondern unmittelbar mit dem Arbeitsprozess. Erst nachdem der Arbeitsprozess in Einzelheiten dargestellt worden ist, darf zur Darstellung der Warenproduktion übergegangen werden. Bei Marx selbst wird aber der Arbeitsprozess erst im dritten Abschnitt des „*Kapital*" unter der Überschrift „*Die Produktion des absoluten Mehrwerts*" behandelt, was nach Marx' eigenem Methodenverständnis unzulässig ist.

Wir möchten in der vorliegenden Arbeit, beginnend mit dem Arbeitsprozess, die Marxsche Darstellung der kapitalistischen Produktionsweise mit Hilfe der Methode des Aufsteigens vom Abstrakten zum Konkreten kritisch aufarbeiten und wenn erforderlich, an einigen problematischen Stellen Korrekturen vornehmen. Die Arbeit ist folgendermaßen aufgebaut: Im ersten Abschnitt diskutieren wir die Methode des Aufsteigens vom Abstrakten zum Konkreten. Der zweite Abschnitt ist für die Darstellung des Arbeitsprozesses vorgesehen. Im dritten Abschnitt wird der Austauschprozess beschrieben. Der vierte Abschnitt hat den Akkumulationsprozess zum Gegenstand. Im fünften Abschnitt wird die historische Entwicklung der kapitalistischen Gesellschaft behandelt.

---

[1] Marx, Karl: *Das Kapital, Bd. 1, MEW 23*, p. 12
[2] ibid p. 12

1 Die Methode des Aufsteigens vom Abstrakten zum Konkreten

Wenn man die Marxsche Darstellung der kapitalistischen Produktionsweise kritisch aufarbeiten will, dann ist es von enormer Bedeutung, zu wissen, dass die einzelnen Abschnitte im „*Kapital*" nicht willkürlich gewählt sind, sondern eine wohl überlegte Struktur aufweisen:

„Allerdings muß sich die Darstellungsweise formell von der Forschungsweise unterscheiden. Die Forschung hat den Stoff sich im Detail anzueignen, seine verschiednen Entwicklungsformen zu analysieren und deren innres Band aufzuspüren. Erst nachdem diese Arbeit vollbracht, kann die wirkliche Bewegung entsprechend dargestellt werden. Gelingt dies und spiegelt sich nun das Leben des Stoffs ideell wider, so mag es aussehn, als habe man es mit einer Konstruktion a priori zu tun."[3]

Nach Marx kann also über die Darstellungsmethode im „*Kapital*" unabhängig vom darzustellenden Stoff nicht verfügt werden; in der Reihenfolge der Abschnitte und Kapitel (= in der Struktur) des „*Kapital*" spiegelt sich nämlich „*die wirkliche Bewegung*", „*das Leben des Stoffs*" wider. Erst nachdem „*die wirkliche Bewegung*" (= die historische Entwicklung) und „*das Leben des Stoffs*" (= die Struktur des Forschungsgegenstands) eindeutig und vollständig in die Struktur des „*Kapital*" abgebildet worden sind, kann die Methodenfrage als endgültig gelöst gelten.

1.1 Marx über seine Darstellungsmethode im „*Kapital*"

Obwohl Marx seiner Darstellungsmethode im „*Kapital*" eine enorme Bedeutung zumisst (praktisch die „Seele" seines Forschungsgegenstands anvertraut), geht er an keiner Stelle seiner Veröffentlichung ausführlich und verbindlich auf dieses Thema ein. Das Merkwürdige an der ganzen Geschichte ist, dass sich Marx durchaus bewusst ist, dass seine im „*Kapital*" angewandte Darstellungsmethode, „*vom Abstrakten zum Konkreten aufzusteigen*",[4] vom Publikum am wenigsten verstanden wird, sodass er schon im Vorwort zur ersten Auflage seines Werks vor der Lektüre des ersten Kapitels warnt:

„Aller Anfang ist schwer, gilt in jeder Wissenschaft. Das Verständnis des ersten Kapitels, namentlich des Abschnitts, der die Analyse der Ware enthält, wird daher die meiste Schwierigkeit machen. Was nun näher die Analyse der Wertsubstanz und der Wertgröße betrifft, so habe ich sie möglichst popularisiert. Die Wertform, deren fertige Gestalt die Geldform, ist sehr inhaltslos und einfach. Dennoch hat der Menschengeist sie seit mehr als 2000 Jahren vergeblich zu ergründen gesucht, während andrerseits die Analyse viel inhaltsvollerer und komplizierterer

---

[3] ebd. S. 27
[4] Marx, Karl: *Aus dem handschriftlichen Nachlass. Einleitung zur Kritik der politischen Ökonomie, MEW 13*, S. 632

*Formen wenigstens annähernd gelang. Warum? Weil der ausgebildete Körper leichter zu stu-
dieren ist als die Körperzelle. Bei der Analyse der ökonomischen Formen kann außerdem weder das Mikroskop dienen noch chemische Reagenzien. Die Abstraktionskraft muß beide ersetzen. Für die bürgerliche Gesellschaft ist aber die Warenform des Arbeitsprodukts oder die
Wertform der Ware die ökonomische Zellenform. Dem Ungebildeten scheint sich ihre Analyse
in bloßen Spitzfindigkeiten herumzutreiben. Es handelt sich dabei in der Tat um Spitzfindigkeiten, aber nur so, wie es sich in der mikrologischen Anatomie darum handelt. "[5]*

Da diese Erläuterungen von den LeserInnen nicht verstanden werden, sieht sich Marx
genötigt, im Nachwort zur zweiten Auflage des *„Kapital"* über die Herkunft seiner
Methode etwas Näheres zu berichten:

*„Meine dialektische Methode ist der Grundlage nach von der Hegelschen nicht nur verschie-
den, sondern ihr direktes Gegenteil. Für Hegel ist der Denkprozeß, den er sogar unter dem
Namen Idee in ein selbständiges Subjekt verwandelt, der Demiurg des Wirklichen, das nur seine
äußere Erscheinung bildet. Bei mir ist umgekehrt das Ideelle nichts andres als das im Men-
schenkopf umgesetzte und übersetzte Materielle.*

*Die mystifizierende Seite der Hegelschen Dialektik habe ich vor beinah 30 Jahren, zu einer
Zeit kritisiert, wo sie noch Tagesmode war. Aber grade als ich den ersten Band des „Kapital"
ausarbeitete, gefiel sich das verdrießliche, anmaßliche und mittelmäßige Epigonentum, welches jetzt im gebildeten Deutschland das große Wort führt, darin, Hegel zu behandeln, wie der
brave Moses Mendelssohn zu Lessings Zeit den Spinoza behandelt hat, nämlich als „toten
Hund". Ich bekannte mich daher offen als Schüler jenes großen Denkers und kokettierte sogar
hier und da im Kapitel über die Werttheorie mit der ihm eigentümlichen Ausdrucksweise. Die
Mystifikation, welche die Dialektik in Hegels Händen erleidet, verhindert in keiner Weise, daß
er ihre allgemeinen Bewegungsformen zuerst in umfassender und bewußter Weise dargestellt
hat. Sie steht bei ihm auf dem Kopf. Man muß sie umstülpen, um den rationellen Kern in der
mystischen Hülle zu entdecken. "[6]*

Auch diese Ausführungen tragen nicht viel dazu bei, dass das *„Kapital"* vom deutschen
Publikum besser verstanden wird. So sieht sich Marx zum wiederholten Male genötigt,
im Vor- und Nachwort zur französischen Ausgabe auf die Schwierigkeiten hinzuweisen, die das französische Publikum bei der Lektüre der ersten Kapitel zu erwarten hat:

*„Die Untersuchungsmethode, deren ich mich bedient habe und die auf ökonomische Probleme
noch nicht angewandt wurde, macht die Lektüre der ersten Kapitel ziemlich schwierig, und es
ist zu befürchten, daß das französische Publikum, stets ungeduldig nach dem Ergebnis und
begierig, den Zusammenhang zwischen den allgemeinen Grundsätzen und den Fragen zu erkennen, die es unmittelbar bewegen, sich abschrecken läßt, weil es nicht sofort weiter vordringen kann.*

*Das ist ein Nachteil, gegen den ich nichts weiter unternehmen kann, als die nach Wahrheit
strebenden Leser von vornherein darauf hinzuweisen und gefaßt zu machen. Es gibt keine Land-
straße für die Wissenschaft, und nur diejenigen haben Aussicht, ihre lichten Höhen zu erreichen, die die Mühe nicht scheuen, ihre steilen Pfade zu erklimmen. "[7]*

---

[5] Marx, Karl: *Das Kapital, Bd. 1, MEW 23*, S. 11f
[6] ebd. S. 27
[7] ebd. S. 31

1.2 Die zeitlichen Abstraktionsebenen

Etwas Konkreter in Bezug auf seine Darstellungsmethode im „*Kapital*" wird Marx erst in seiner unveröffentlichten „*Einleitung zur Kritik der politischen Ökonomie*":

> „*Wenn also von Produktion die Rede ist, ist immer die Rede von Produktion auf einer bestimmten gesellschaftlichen Entwicklungsstufe – von der Produktion gesellschaftlicher Individuen. Es könnte daher scheinen, daß, um überhaupt von der Produktion zu sprechen, wir entweder den geschichtlichen Entwicklungsprozeß in seinen verschiednen Phasen verfolgen müssen, oder von vornherein erklären, daß wir es mit einer bestimmten historischen Epoche zu tun haben, also z.B. mit der modernen bürgerlichen Produktion, die in der Tat unser eigentliches Thema ist. Allein alle Epochen der Produktion haben gewisse Merkmale gemein, gemeinsame Bestimmungen. Die Produktion im allgemeinen ist eine Abstraktion, aber eine verständige Abstraktion, sofern sie wirklich das Gemeinsame hervorhebt, fixiert und uns daher die Wiederholung erspart. Indes dies Allgemeine, oder das durch Vergleichung herausgesonderte Gemeinsame, ist selbst ein vielfach Gegliedertes, in verschiedne Bestimmungen Auseinanderfahrendes. Einiges davon gehört allen Epochen; andres einigen gemeinsam. [Einige] Bestimmungen werden der modernsten Epoche mit der ältesten gemeinsam sein. Es wird sich keine Produktion ohne sie denken lassen*".[8]

Nach Marx lässt sich also die kapitalistische Produktionsweise als historische Aufeinanderfolge von Entwicklungsstufen der Produktion beschreiben. Jede Entwicklungsstufe(-epoche) der Produktion repräsentiert dabei eine zeitliche Abstraktionsebene, die durch die Methode des Aufsteigens vom Abstrakten zum Konkreten dargestellt werden muss. Versucht man die historische Entwicklung der kapitalistischen Produktionsweise konkret darzustellen, so muss man nach dieser Methode, vom Allgemeinen zum Besonderen aufsteigend, vier zeitliche Abstraktionsebenen unterscheiden: 1. *Auf der tiefsten Abstraktionsebene* wird *der Arbeitsprozess im Allgemeinen* abstrahiert. 2. *Auf der zweittiefsten Abstraktionsebene* wird *der Austauschprozess im Allgemeinen* abstrahiert. 3. *Auf der zweithöchsten Abstraktionsebene* wird *der Akkumulationsprozess im Allgemeinen* abstrahiert. 4. *Auf der höchsten Abstraktionsebene* wird schließlich *die historische Entwicklung der kapitalistischen Produktionsweise* konkret beschrieben.

Nach der Methode des Aufsteigens vom Abstrakten zum Konkreten muss also die Darstellung der kapitalistischen Produktionsweise im ersten Abschnitt des „*Kapital*" mit dem Arbeitsprozess im Allgemeinen beginnen. Marx behandelt aber den Arbeitsprozess erst im dritten Abschnitt des „*Kapital*" unter der Überschrift „*Die Produktion des absoluten Mehrwerts*", was nach Marx' eigenem Methodenverständnis unzulässig ist.

---

[8] Marx, Karl: *Aus dem handschriftlichen Nachlass. Einleitung zur Kritik der politischen Ökonomie, MEW 13*, S. 616f

Deshalb möchten wir in der vorliegenden Arbeit, beginnend mit dem Arbeitsprozess im Allgemeinen, die Marxsche Darstellung der kapitalistischen Produktionsweise mit Hilfe der Methode des Aufsteigens vom Abstrakten zum Konkreten kritisch aufarbeiten und wenn erforderlich, an einigen problematischen Stellen Korrekturen vornehmen.

1.3 Räumliche Abstraktion in horizontaler Richtung

Die Methode des Aufsteigens vom Abstrakten zum Konkreten erweist sich im ersten Schritt als Bestimmung der Reihenfolge der zeitlichen Abstraktionsebenen in vertikaler Richtung. Ist eine bestimmte zeitliche Abstraktionsebene erreicht, so wird im zweiten Schritt durch erneutes Aufsteigen vom Abstrakten zum Konkreten die jeweilige Entwicklungsstufe des Forschungsgegenstands eindeutig und vollständig dargestellt. Zur Unterscheidung dieser zweiten Abstraktion von der ersten führen wir die Bezeichnung ,räumliche Abstraktion in horizontaler Richtung' ein.

Mit der doppelten Abstraktionsaufgabe ,zeitliche und räumliche Abstraktion in vertikaler bzw. horizontaler Richtung' ist die Darstellungsmethode im „*Kapital*" eindeutig und vollständig festgelegt. – Marx hingegen lässt im „*Kapital*" seine LeserInnen im Unklaren darüber, was er eigentlich unter Darstellungsmethode versteht und wie er die Eindeutigkeit und Vollständigkeit seiner Methode erreichen will. Als Wissenschaftler wäre er verpflichtet gewesen, jeden seiner Abstraktionsschritte nachvollziehbar, d.h. empirisch verifizierbar oder falsifizierbar, zu machen. Stattdessen benutzt er seine Abstraktionskraft stellenweise als willkürliches Instrument, „*als habe man es mit einer Konstruktion a priori zu tun*". Deshalb möchten wir im Folgenden bei der kritischen Aufarbeitung der Marxschen Darstellung der kapitalistischen Produktionsweise die Methode des Aufsteigens vom Abstrakten zum Konkreten als einen hypothetischen Methodenansatz auffassen und erst dann als verifiziert ansehen, wenn „*die wirkliche Bewegung*" (= die historische Entwicklung) und „*das Leben des Stoffs*" (= die Struktur des Forschungsgegenstands) eindeutig und vollständig in die Abschnitts- und Kapitelstruktur der vorliegenden Arbeit abgebildet worden sind.

2 Der Arbeitsprozess im Allgemeinen

Auf der tiefsten zeitlichen und räumlichen Abstraktionsebene lässt sich die kapitalistische Produktionsweise als *Arbeitsprozess im Allgemeinen* darstellen:

„Als Bildnerin von Gebrauchswerten, als nützliche Arbeit, ist die Arbeit (...) eine von allen Gesellschaftsformen unabhängige Existenzbedingung des Menschen, ewige Naturnotwendigkeit, um den Stoffwechsel zwischen Mensch und Natur, also das menschliche Leben zu vermitteln.“[9] *„Der Arbeitsprozess ist daher zunächst unabhängig von jeder bestimmten gesellschaftlichen Form zu betrachten.“*[10]

Die abstrakten Momente des Arbeitsprozesses sind Produktivkräfte, Produktion, Produkt und Konsumtion. Wir betrachten zunächst die Produktivkräfte und die Produktion.

2.1 Die Produktivkräfte

Um produzieren zu können, müssen gewisse Vorbedingungen erfüllt sein. Unsere Analyse beginnt daher mit der Abstraktion dieser Vorbedingungen (= der Produktivkräfte).

2.1.1 Die Arbeitskraft

Die erste und wichtigste Vorbedingung der Produktion ist die Arbeitskraft:

„Unter Arbeitskraft oder Arbeitsvermögen verstehen wir den Inbegriff der physischen und geistigen Fähigkeiten, die in der Leiblichkeit, der lebendigen Persönlichkeit eines Menschen existieren und die er in Bewegung setzt, sooft er Gebrauchswerte irgendeiner Art produziert.“[11]

Dieser Marxschen Definition der Arbeitskraft liegt eine beträchtliche Abstraktion zugrunde. Vergleichen wir z. B. die Arbeitskraft eines Jägers aus urgesellschaftlichen Zeiten mit der Arbeitskraft eines Wissenschaftlers aus der Neuzeit, so stellen wir fest, dass ihre *„physischen und geistigen Fähigkeiten“* grundverschieden geartet sind. Während der Jäger in erster Linie seine physischen Fähigkeiten in Bewegung setzt, ist der Wissenschaftler gerade seiner geistig-rationalen Denkweise wegen bekannt.

---

[9] Marx, Karl: *Das Kapital, Bd. 1, MEW 23,* S. 57
[10] ebd. S. 192
[11] ebd. S. 181

2.1.2 Die Produktionsmittel

Die zweite Vorbedingung der Produktion sind die Produktionsmittel, die wir, in Anlehnung an Marx' Definition, als der unbelebte Gegenpol zur belebten Arbeitskraft definieren: Unter Produktionsmittel verstehen wir den Inbegriff aller Sachmittel, die außerhalb der Leiblichkeit, der lebendigen Persönlichkeit eines Menschen existieren und die eingesetzt werden, sooft Gebrauchswerte irgendeiner Art produziert werden. – Demnach sind Produktionsmittel und Sachmittel synonyme Bezeichnungen für denselben Gegenstand.

Die Produktionsmittel lassen sich in folgende Unterkategorien einteilen:

2.1.2.1 Der Arbeitsgegenstand

„Alle Dinge, welche die Arbeit nur von ihrem unmittelbaren Zusammenhang mit dem Erdganzen loslöst, sind von Natur vorgefundene Arbeitsgegenstände. So der Fisch, der von seinem Lebenselement, dem Wasser, getrennt, gefangen wird, das Holz, das im Urwald gefällt, das Erz, das aus seiner Ader losgebrochen wird. Ist der Arbeitsgegenstand dagegen selbst schon sozusagen durch frühere Arbeit filtriert, so nennen wir ihn Rohmaterial. Z. B. das bereits losgebrochene Erz, das nun ausgewaschen wird. Alles Rohmaterial ist Arbeitsgegenstand, aber nicht jeder Arbeitsgegenstand ist Rohmaterial. Rohmaterial ist der Arbeitsgegenstand nur, sobald er bereits eine durch Arbeit vermittelte Veränderung erfahren hat."[12]

2.1.2.2 Das Arbeitsmittel

„Das Arbeitsmittel ist ein Ding oder ein Komplex von Dingen, die der Arbeiter zwischen sich und den Arbeitsgegenstand schiebt und die ihm als Leiter seiner Tätigkeit auf diesen Gegenstand dienen."[13]

„Unter den Arbeitsmitteln selbst bieten die mechanischen Arbeitsmittel, deren Gesamtheit man das Knochen und Muskelsystem der Produktion nennen kann, viel entscheidendere Charaktermerkmale einer gesellschaftlichen Produktionsepoche als solche Arbeitsmittel, die nur zu Behältern des Arbeitsgegenstandes dienen und deren Gesamtheit ganz allgemein als das Gefäßsystem der Produktion bezeichnet werden kann, wie z.B. Röhren, Fässer, Körbe, Krüge usw."[14]

---

[12] ebd. S. 193
[13] ebd. S. 194
[14] ebd. S. 195

2.1.2.3 Dienstleistungen

„Im weitren Sinn zählt der Arbeitsprozeß unter seine Mittel außer den Dingen, welche die Wirkung der Arbeit auf ihren Gegenstand vermitteln und daher in einer oder der andren Weise als Leiter der Tätigkeit dienen, alle gegenständlichen Bedingungen, die überhaupt erheischt sind, damit der Prozeß stattfinde. Sie gehn nicht direkt in ihn ein, aber er kann ohne sie gar nicht oder nur unvollkommen vorgehn. Das allgemeine Arbeitsmittel dieser Art ist wieder die Erde selbst, denn sie gibt dem Arbeiter den locus standi (Standort) und seinem Prozeß den Wirkungsraum (field of employment). Durch die Arbeit schon vermittelte Arbeitsmittel dieser Art sind z. B. Arbeitsgebäude, Kanäle, Straßen usw. "[15]

„Gewisse <u>Dienstleistungen</u> oder die <u>Gebrauchswerte</u>, (...) lassen kein handgreifliches, von der Person selbst <u>unterschiednes</u> Resultat zurück; oder ihr Resultat ist keine <u>verkaufbare Ware</u>. Z. B. der Dienst, den mir ein Sänger leistet, befriedigt mein ästhetisches Bedürfnis, aber was ich genieße, existiert nur in einer von dem Sänger selbst untrennbaren Aktion, und sobald seine Arbeit, das Singen, am Ende ist, ist auch mein Genuß am Ende: Ich genieße die Tätigkeit selbst - ihre Reverberation auf mein Ohr. Diese Dienste selbst, wie die Ware, die ich kaufe, können notwendige sein oder nur notwendig scheinen, z. B. der Dienst eines Soldaten oder Arztes oder Advokaten, oder sie können Dienste sein, die mir Genüsse gewähren. Dies ändert an ihrer ökonomischen Bestimmtheit nichts. Wenn ich gesund bin und den Arzt nicht brauche oder das Glück habe, keine Prozesse führen zu müssen, so vermeide ich es wie die Pest, Geld in ärztlichen oder juristischen Dienstleistungen auszulegen. "[16]

Dienstleistungen sind: 1. personenbezogen (z. B. ärztliche Behandlung, Lehrtätigkeit usw.), 2. sachbezogen (z. B. Banken, Versicherungen oder alle Arten von öffentlichem Dienst), 3. ortsbezogen (z. B. Transport oder Kommunikation), 4. zeitbezogen (z. B. Lagerung von Produkten). Darüber hinaus sind Dienstleistungen branchenunabhängig; sie können sowohl in der Produktions- als auch in der Konsumtionssphäre eingesetzt werden.

2.1.2.4 Die Produktions- und Konsumtionsverhältnisse

Damit der Produktionsprozess stattfinden kann, *„gehen die Menschen bestimmte, notwendige, von ihrem Willen unabhängige Verhältnisse ein, "* Produktions- und Konsumtionsverhältnisse, *„die einer bestimmten Entwicklungsstufe ihrer materiellen Produktivkräfte entsprechen. "*[17] Die Produktions- und Konsumtionsverhältnisse sind organisiert nach folgenden, für alle Gesellschaftsformen gültigen Kriterien: 1. Arbeit in Gesellschaft, 2. Arbeitsteilung nach Geschlecht, Alter und Fähigkeit, 3. Eigentums- und Besitzrechte, 4. Familien-, Verwandtschafts- und Volksverhältnisse, 5. territoriale Zugehörigkeit,

---

[15] ebd. S. 195
[16] Marx, Karl: *Theorien über den Mehrwert, MEW 26.1,* S. 380
[17] Marx, Karl: *Zur Kritik der politischen Ökonomie, MEW 13,* S. 8

6. moralische Legitimation der betreffenden Gesellschaftsordnung durch historische Erfahrung, Erkenntnis und Glauben.

Die Produktions- und Konsumtionsverhältnisse sind Vorbedingungen (= Sachmittel) der Produktion in allen Epochen der Menschengesellschaft. Trotzdem werden sie von Marx im *„Kapital"* nicht als Produktionsmittel erwähnt. An anderen Stellen seiner Veröffentlichung wird aber diese Meinung durchaus vertreten:

„In der Produktion wirken die Menschen nicht allein auf die Natur, sondern auch aufeinander. Sie produzieren nur, indem sie auf eine bestimmte Weise zusammenwirken und ihre Tätigkeiten gegeneinander austauschen. Um zu produzieren, treten sie in bestimmte Beziehungen und Verhältnisse zueinander, und nur innerhalb dieser gesellschaftlichen Beziehungen und Verhältnisse findet ihre Einwirkung auf die Natur, findet die Produktion statt."[18]

„(...) Die Menschen (fertigen) Tuch, Leinwand, Seidenstoffe unter bestimmten Produktionsverhältnissen an. (...) Diese bestimmten sozialen Verhältnisse (sind) ebenso gut Produkte der Menschen wie Tuch, Leinen etc."[19]

2.2 Besitzer von Arbeitskraft und Produktionsmitteln

Nachdem wir *auf der tiefsten zeitlichen und räumlichen Abstraktionsebene* die Produktivkräfte (= Arbeitskraft und Produktionsmittel) als Vorbedingungen der Produktion im Einzelnen definiert haben, steigen wir nun auf der räumlichen Abstraktionsachse eine Stufe höher, um die Besitzverhältnisse zu definieren.

Um produzieren zu können, müssen die zwei Komponenten der Produktivkräfte (= Arbeitskraft und Produktionsmittel) zusammengeführt und gemeinsam in Aktion gesetzt werden. Dieses Zusammenführen und Gemeinsam-in-Aktion-Setzen der Produktivkräfte gelten nicht nur unabhängig von bestimmten Gesellschaftsformen, sondern überhaupt unabhängig vom Menschen, weil z. B. auch der Schimpanse fähig ist, auf die beschriebene Art und Weise den Produktionsprozess durchzuführen. Wir müssen uns daher überlegen, wie wir unsere Begriffsbildung spezifizieren wollen, damit sie allein für den Menschen gültig ist.

---

[18] Marx, Karl: *Lohnarbeit und Kapital, MEW 6,* S. 407
[19] Marx, Karl: *Elend der Philosophie, MEW 4,* S. 130

Auf den ersten Blick wäre man geneigt, zu behaupten, die Besonderheit des Menschen bestehe darin, den Produktionsprozess grundsätzlich in Gesellschaft zu vollziehen. Dagegen wäre jedoch einzuwenden, dass der Mensch nicht das einzige gesellschaftliche Lebewesen ist; die Ameisen z. B. sind nicht weniger gesellschaftlich als die Menschen. Ihre Gesellschaftlichkeit beruht allerdings auf Instinkthandlungen, im Gegensatz zur Menschengesellschaft, die auf moralische Grundwerte gegründet ist. In der Tat ist die Dominanz der moralisch bedingten Gefühle über die fast verkümmerten Instinkte das Grundcharakteristikum der Menschengesellschaft gegenüber allen anderen vormenschlichen Gesellschaften. Deshalb muss berücksichtigt werden, dass die Gesellschaftlichkeit des Menschen stets von moralischen Grundwerten begleitet ist.

Eigentlich haben wir dieses Grundcharakteristikum der Menschengesellschaft bereits berücksichtigt, als wir bei der Definition der Produktions- und Konsumtionsverhältnisse als Grundkriterium die moralische Legitimation der betreffenden Gesellschaftsordnung forderten. Es reicht also, aus der Definition der Produktions- und Konsumtionsverhältnisse die Moralität der Besitzer der Produktivkräfte zu extrahieren (= zu abstrahieren), damit die Menschengesellschaft von allen vormenschlichen Gesellschaften unterschieden werden kann. Das geschieht dadurch, indem wir den „*Inbegriff*" der Arbeitskraft und der Produktionsmittel mit den moralisch definierten Eigentums- und Besitzrechten in Verbindung bringen, d.h. die zwei Komponenten der Produktivkräfte (= Arbeitskraft und Produktionsmittel) sind untrennbar mit einer Rechtsperson, mit ihrem Besitzer, verbunden, sodass Zusammenführen und Gemeinsam-in-Aktion-Setzen der Produktivkräfte nichts anderes bedeutet als Zusammenführen und Gemeinsam-in-Aktion-Setzen von zwei unabhängigen Rechtspersonen. – Diese Rechtspersonen nennen wir Besitzer von Arbeitskraft und Produktionsmitteln.

2.3 Die Produzenten

Wenn die Besitzer von Arbeitskraft und Produktionsmitteln zwecks Produktion zusammengeführt und gemeinsam in Aktion gesetzt werden, dann müssen für diesen Vorgang ganz bestimmte Besitzer verantwortlich sein. Wir nennen diese für die Produktion verantwortlichen Besitzer ‚Produzenten = Besitzer von Produkten' und stellen sie als abstraktes Moment über die Besitzer von Arbeitskraft und Produktionsmitteln. Sind die Produktions- und Konsumtionsverhältnisse einer bestimmten Epoche gegeben, so ist unter anderem auch festgelegt, welche Art von Besitzern der Produktivkräfte die historische Verantwortung für die Produktion trägt.

2.4 Das Produkt

Bisher haben wir die Produktion von ihren Vorbedingungen (= von Produktivkräften) her betrachtet. Wir betrachten sie nun von ihrem Resultat, vom Produkt, her.

„Der Prozess erlischt im Produkt.“[20], d.h. das Produkt ist der Endpunkt des Produktionsprozesses; es zerfällt in zwei Abteilungen: Produktions- und Konsumtionsmittel. Die Produktionsmittel haben wir bei der Analyse der Produktivkräfte näher betrachtet. Die Produktionsmittel beim Produkt unterscheiden sich von den Produktionsmitteln bei den Produktivkräften nur in einem einzigen Punkt: Während die Produktionsmittel bei den Produktivkräften die Unterkategorie ‚Produktions- und Konsumtionsverhältnisse‘ aufweisen, haben die Produktionsmittel beim Produkt keine derartige Kategorie. An ihre Stelle treten solche öffentliche und private Dienstleistungen, bei deren Konsumtion die Produktions- und Konsumtionsverhältnisse reproduziert werden.

Konsumtionsmittel sind Produkte, die der Arbeitskraft zum Verzehr (= zur Reproduktion) dienen; sie zerfallen in Mittel, Gegenstand und Dienstleistungen der Konsumtion. Fleisch und Brot z. B. sind Gegenstände der Konsumtion, während Löffel, Gabel, Kühlschrank usw. Mittel der Konsumtion sind. Beispiele für Dienstleistungen der Konsumtionssphäre sind Haushaltshilfen jeder Art oder Reisen für touristische Zwecke.

2.5 Die Konsumenten

Wenn die Besitzer von Konsumtions- oder Produktionsmitteln zwecks Konsumtion in Aktion treten, dann müssen für diesen Vorgang ganz bestimmte Besitzer verantwortlich sein. Wir nennen diese für die Konsumtion verantwortlichen Besitzer ‚Konsumenten = Besitzer von Produktivkräften‘ und stellen sie als abstraktes Moment über die Besitzer von Konsumtions- und Produktionsmitteln. Sind die Produktions- und Konsumtionsverhältnisse einer bestimmten Epoche gegeben, so ist unter anderem auch festgelegt,

---

[20] Marx, Karl: *Das Kapital, Bd. 1, MEW 23,* S. 195

welche Art von Besitzern der Produktivkräfte die historische Verantwortung für die Konsumtion trägt.

2.6 Identität von Produktion und Konsumtion

Bisher haben wir die Produktion von ihrem Resultat, von der Erzeugung irgendwelcher Produkte, her verstanden. Der gleiche Vorgang kann jedoch bezüglich ihres Ausgangspunktes auch als Konsumtion, als Verbrauch von Produktivkräften, verstanden werden. Daraus folgt, dass ein und derselbe Prozess Produktion und Konsumtion zugleich ist, je nachdem auf welchen Punkt man sich bezieht.

Gleiches gilt von der Konsumtion: Konsumtion, d.h. Verbrauch von Produkten, heißt zugleich Produktion, d.h. Erzeugung von Produktivkräften. *„Die Produktion ist also unmittelbar Konsumtion, die Konsumtion ist unmittelbar Produktion."[21]*

2.7 Das abstrakte Schema des Arbeitsprozesses

Wir stellen nun die bisher erhaltenen Resultate unserer Analyse in einem abstrakten Schema des Arbeitsprozesses dar:

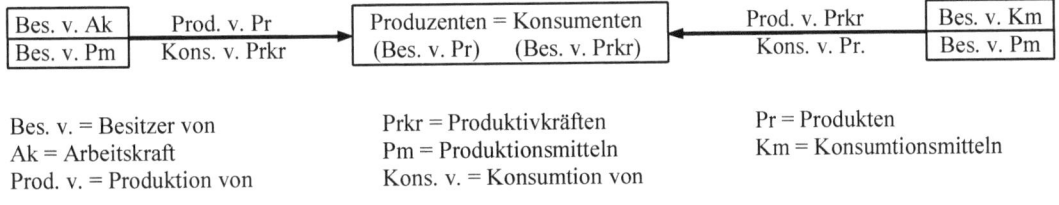

| Bes. v. Ak | Prod. v. Pr | Produzenten = Konsumenten | Prod. v. Prkr | Bes. v. Km |
| Bes. v. Pm | Kons. v. Prkr | (Bes. v. Pr)   (Bes. v. Prkr) | Kons. v. Pr. | Bes. v. Pm |

Bes. v. = Besitzer von   Prkr = Produktivkräften   Pr = Produkten
Ak = Arbeitskraft   Pm = Produktionsmitteln   Km = Konsumtionsmitteln
Prod. v. = Produktion von   Kons. v. = Konsumtion von

Abbildung 1: Schema des Arbeitsprozesses

Im Einzelnen soll dieses abstrakte Schema Folgendes darstellen: Die Produktion findet unter der Verfügungsgewalt der Produzenten statt. Sie führen die Besitzer der Produktivkräfte (= Arbeitskraft und Produktionsmittel) zusammen und lassen sie gemeinsam in Aktion treten, sodass bei diesem Vorgang Produktivkräfte konsumiert und Produkte

---

[21] Marx, Karl: *Aus dem handschriftlichen Nachlass. Einleitung zur Kritik der politischen Ökonomie, MEW 13,* S. 622

(= Konsumtions- und Produktionsmittel) produziert werden. Nach Abschluss des Produktionsprozesses befinden sich die Produzenten im Besitz der Produkte, weshalb sie auch ‚Besitzer von Produkten' genannt werden. Während die Produzenten mit der Produktion von Produkten beschäftigt sind, haben die Konsumenten die Verantwortung, *unabhängig voneinander* die Produkte (= Konsumtions- und Produktionsmittel) zu konsumieren, sodass die bei der Produktion verbrauchte Menge an Produktivkräften wiederhergestellt (= reproduziert) wird. Nach Abschluss der Konsumtion der Produkte befinden sich die Konsumenten im Besitz der reproduzierten Produktivkräfte, weshalb sie auch ‚Besitzer von Produktivkräften' genannt werden. Damit der Arbeitsprozess von Neuem beginnen kann, müssen die Produzenten und die Konsumenten am Ende des Produktions- und Konsumtionsvorgangs die in ihrem Besitz befindlichen Produkte und Produktivkräfte (= Gebrauchswerte) gegeneinander austauschen. Der Austauschprozess selbst kann aber auf der tiefsten zeitlichen Abstraktionsebene in einer für alle Gesellschaftsformen allgemein gültigen Weise nicht angegeben werden. Trotzdem haben wir in Abb. 1 zur abstrakten Veranschaulichung des Arbeitsprozesses angenommen, dass die Produzenten und Konsumenten identische Rechtspersonen sind (Gleichheitszeichen!), folglich mit sich selbst nicht austauschen können; diese Annahme trifft nur für die Urgesellschaft, d.h. für die Jäger- und Sammlergesellschaft, zu.

3 Der Austauschprozess im Allgemeinen

Nachdem wir *auf der tiefsten zeitlichen Abstraktionsebene* durch aufsteigende räumliche Abstraktion die einzelnen Momente des *Arbeitsprozesses im Allgemeinen* definiert haben, steigen wir nun *auf der zeitlichen Abstraktionsachse eine Stufe höher*, um die kapitalistische Produktionsweise als *Austauschprozess im Allgemeinen* darzustellen.

3.1 Das abstrakte Schema des Austauschprozesses

Wir haben den Arbeitsprozess im Allgemeinen *durch aufsteigende räumliche Abstraktion* dargestellt. Bei der Betrachtung des Austauschprozesses im Allgemeinen möchten wir den umgekehrten Weg einschlagen; wir beginnen mit dem abstrakten Schema des Austauschprozesses (Abb. 2) und definieren anschließend *durch absteigende räumliche Abstraktion* die einzelnen Momente des Austauschprozesses im Allgemeinen.

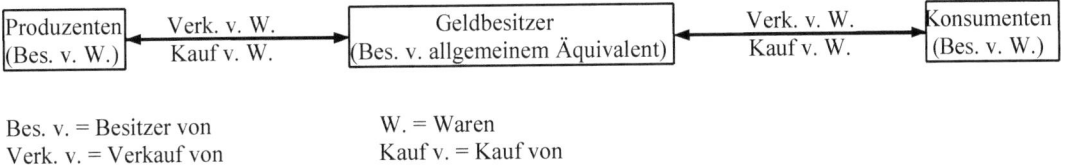

Bes. v. = Besitzer von   W. = Waren
Verk. v. = Verkauf von   Kauf v. = Kauf von

Abbildung 2: Schema des Austauschprozesses

Im Einzelnen soll dieses abstrakte Schema Folgendes darstellen: In Abb. 1 haben wir angenommen, dass Produzenten (= Besitzer von Produkten) und Konsumenten (= Besitzer von Produktivkräften) identische Rechtspersonen sind. Die der Identität von Produzenten und Konsumenten entsprechenden Produktions- und Konsumtionsverhältnisse sind nur in der Urgesellschaft (= in der Jäger- und Sammlergesellschaft) gegeben, weil diese Gesellschaftsform lediglich die natürliche Arbeitsteilung nach Geschlecht, Alter und Fähigkeit kennt, aber keine weitere Arbeitsteilung auf Produktbasis besitzt, d.h. jeder Produzent und jeder Konsument der Urgesellschaft produziert bzw. konsumiert genau dieselben Gebrauchswerte, sodass kein Austausch von Produktivkräften und Produkten benötigt wird. – Lassen wir in Abb. 1 unter den Produzenten und Konsumenten eine Arbeitsteilung auf Produktbasis zu und setzen wir einen voll entwickelten Warenaustausch voraus, so erhalten wir *für nicht identische Produzenten und Konsumenten* das in Abb. 2 dargestellte abstrakte Schema des Austauschprozesses. Das Grundcharakteristikum des Austauschprozesses gegenüber dem Arbeitsprozess ist, dass zwischen die Produzenten und Konsumenten in Abb. 1 zur Vermittlung des Austauschprozesses die Geldbesitzer (= Besitzer von allgemeinem Äquivalent) getreten sind. Die Produzenten und Konsumenten sind Besitzer von Waren, d.h. von Tauschwerten, die von Produkten bzw. von Produktivkräften (= von Gebrauchswerten) getragen werden. Der Austausch von Waren zwischen Produzenten, Konsumenten und Geldbesitzern wird Kauf bzw. Verkauf von Waren genannt. Die der Scheidung von Produzenten und Konsumenten entsprechenden Produktions- und Konsumtionsverhältnisse sind erst mit der städtischen Kultur (mit Beginn der Zivilisation in den sogenannten Hochkulturen) gegeben; erst diese Gesellschaftsform kennt nämlich die messende Erkenntnisweise als historische Erfahrung, die dringend benötigt wird, um den Tauschwert einer Ware durch das Tauschmittel (= Messmittel) ‚Geld‘ auszudrücken.

3.2 Die messende Erkenntnisweise

Als messende Erkenntnisweise wird jene Erkenntnisgewinnung bezeichnet, bei der ein Messmittel durch Vergleich mit einer Maßeinheit eine Messgröße vermittelt. Bei der messenden Erkenntnisweise steht also das Messmittel im Mittelpunkt des Geschehens; im Gegensatz dazu stehen der sinnlichen Erkenntnisweise als Messmittel allein die Sinnesorgane zur Verfügung. Deshalb kann die sinnliche Erkenntnisweise über qualitativ definierte Begriffe und Zusammenhänge hinaus kein weiteres Instrumentarium entwickeln, während die messende Erkenntnisweise über die Qualität der Dinge hinaus eine Vielzahl von quantitativen Beschreibungen des Weltgeschehens entwickelt. In diesen Zusammenhang gehören die historischen Fortschritte der Mess- und Gerätetechnik, der Mathematik und der Wissenschaften.

Die relevante Messgröße beim Warenaustausch ist der Tauschwert. Man kann den Tauschwert an den Produkten und den Produktivkräften (= den Gebrauchswerten) allein mit Hilfe der Sinnesorgane nicht erkennen. Man braucht dazu vor allem noch das Tauschmittel (= Messmittel) ‚Geld‘. Der Tauschwert (= der Preis) einer Ware ist eine Eigenschaft, die sich allein am Messmittel ‚Geld‘ ablesen lässt. Folglich ist es den Produzenten, Konsumenten und Geldbesitzern gemeinsam, den Tauschwert (= den Preis) einer Ware durch das Tauschmittel (= Messmittel) ‚Geld‘ zu erkennen.

3.3 Der Tauschwert

„Als Gebrauchswerte sind die Waren vor allem verschiedner Qualität, als Tauschwerte können sie nur verschiedner Quantität sein, enthalten also kein Atom Gebrauchswert.
Sieht man nun vom Gebrauchswert der Warenkörper ab, so bleibt ihnen nur noch eine Eigenschaft, die von Arbeitsprodukten. Jedoch ist uns auch das Arbeitsprodukt bereits in der Hand verwandelt. Abstrahieren wir von seinem Gebrauchswert, so abstrahieren wir auch von den körperlichen Bestandteilen und Formen, die es zum Gebrauchswert machen. Es ist nicht länger Tisch oder Haus oder Garn oder sonst ein nützlich Ding. Alle seine sinnlichen Beschaffenheiten sind ausgelöscht. Es ist auch nicht länger das Produkt der Tischlerarbeit oder der Bauarbeit oder der Spinnarbeit oder sonst einer bestimmten produktiven Arbeit. Mit dem nützlichen Charakter der Arbeitsprodukte verschwindet der nützliche Charakter der in ihnen dargestellten Arbeiten, es verschwinden also auch die verschiedenen konkreten Formen dieser Arbeiten, sie unterscheiden sich nicht länger, sondern sind allzusamt reduziert auf gleiche menschliche Arbeit, abstrakt menschliche Arbeit. "[22]

---

[22] Marx, Karl: *Das Kapital, Bd. 1, MEW 23*, S. 52

3.3.1 Der Maßstab der abstrakt menschlichen Arbeit

„Ein Gebrauchswert oder Gut hat also nur einen Wert, weil abstrakt menschliche Arbeit in ihm vergegenständlicht oder materialisiert ist. Wie nun die Größe seines Werts messen? Durch das Quantum der in ihm enthaltenen „wertbildenden Substanz", der Arbeit. Die Quantität der Arbeit selbst mißt sich an ihrer Zeitdauer, und die Arbeitszeit besitzt wieder ihren Maßstab an bestimmten Zeitteilen, wie Stunde, Tag usw.

Es könnte scheinen, daß, wenn der Wert einer Ware durch das während ihrer Produktion verausgabte Arbeitsquantum bestimmt ist, je fauler oder ungeschickter ein Mann, desto wertvoller seine Ware, weil er desto mehr Zeit zu ihrer Verfertigung braucht. Die Arbeit jedoch, welche die Substanz der Werte bildet, ist gleiche menschliche Arbeit, Verausgabung derselben menschlichen Arbeitskraft. Die gesamte Arbeitskraft der Gesellschaft, die sich in den Werten der Warenwelt darstellt, gilt hier als eine und dieselbe menschliche Arbeitskraft, obgleich sie aus zahllosen individuellen Arbeitskräften besteht. Jede dieser individuellen Arbeitskräfte ist dieselbe menschliche Arbeitskraft wie die andere, soweit sie den Charakter einer gesellschaftlichen Durchschnitts-Arbeitskraft besitzt und als solche gesellschaftliche Durchschnitts-Arbeitskraft wirkt, also in der Produktion einer Ware auch nur die im Durchschnitt notwendige oder gesellschaftlich notwendige Arbeitszeit braucht. Gesellschaftlich notwendige Arbeitszeit ist Arbeitszeit, erheischt, um irgendeinen Gebrauchswert mit den vorhandenen gesellschaftlich-normalen Produktionsbedingungen und dem gesellschaftlichen Durchschnittsgrad von Geschick und Intensität der Arbeit darzustellen."[23]

„Es ist also nur das Quantum gesellschaftlich notwendiger Arbeit oder die zur Herstellung eines Gebrauchswerts gesellschaftlich notwendige Arbeitszeit, welche seine Wertgröße bestimmt. Die einzelne Ware gilt hier überhaupt als Durchschnittsexemplar ihrer Art. Waren, worin gleich große Arbeitsquanta enthalten sind oder die in derselben Arbeitszeit hergestellt werden können, haben daher dieselbe Wertgröße. Der Wert einer Ware verhält sich zum Wert jeder andren Ware wie die zur Produktion der einen notwendigen Arbeitszeit zu der für die Produktion der andren notwendigen Arbeitszeit."[24]

„Als Tauschwert sind alle Waren nur bestimmte Maße <u>festgeronnener Arbeitszeit</u>."[25]

3.3.2 Einfache und komplizierte Arbeit

„Der Wert der Ware aber stellt menschliche Arbeit schlechthin dar, Verausgabung menschlicher Arbeit überhaupt. Wie nun in der bürgerlichen Gesellschaft ein General oder Bankier eine große, der Mensch schlechthin dagegen eine sehr schäbige Rolle spielt, so steht es auch hier mit der menschlichen Arbeit. Sie ist Verausgabung einfacher Arbeitskraft, die im Durchschnitt jeder gewöhnliche Mensch, ohne besondere Entwicklung, in seinem leiblichen Organismus besitzt. <u>Die einfache Durchschnittsarbeit</u> selbst wechselt zwar in verschiednen Ländern und Kulturepochen ihren Charakter, ist aber in einer vorhandenen Gesellschaft gegeben. Kompliziertere Arbeit gilt nur als <u>potenzierte</u> oder vielmehr <u>multiplizierte</u> einfache Arbeit, so daß ein kleineres Quantum komplizierter Arbeit gleich einem größeren Quantum einfacher Arbeit. Daß diese Reduktion beständig vorgeht, zeigt die Erfahrung. Eine Ware mag das Produkt der kompliziertesten Arbeit sein, ihr <u>Wert</u> setzt sie dem Produkt einfacher Arbeit gleich und stellt daher selbst nur ein bestimmtes Quantum einfacher Arbeit dar. Die verschiednen Proportionen, worin verschiedne Arbeitsarten auf einfache Arbeit als ihre Maßeinheit reduziert sind, werden durch

---

[23] ebd. S. 53
[24] ebd. S. 54
[25] Marx, Karl: *Zur Kritik der politischen Ökonomie, MEW 13*, S. 18

einen gesellschaftlichen Prozeß hinter dem Rücken der Produzenten festgesetzt und scheinen ihnen daher durch das Herkommen gegeben. "[26]

3.3.3 Der Wert der Arbeitskraft

„Der Wert der Arbeitskraft, gleich dem jeder andren Ware, ist bestimmt durch die zur Produktion, also auch Reproduktion, dieses spezifischen Artikels notwendige Arbeitszeit. Soweit sie Wert, repräsentiert die Arbeitskraft selbst nur ein bestimmtes Quantum in ihr vergegenständlichter gesellschaftlicher Durchschnittsarbeit. Die Arbeitskraft existiert nur als Anlage des lebendigen Individuums. Ihre Produktion setzt also seine Existenz voraus. Die Existenz des Individuums gegeben, besteht die Produktion der Arbeitskraft in seiner eignen Reproduktion oder Erhaltung. Zu seiner Erhaltung bedarf das lebendige Individuum einer gewissen Summe von Lebensmitteln. Die zur Produktion der Arbeitskraft notwendige Arbeitszeit löst sich also auf in die zur Produktion dieser Lebensmittel notwendige Arbeitszeit, oder der Wert der Arbeitskraft ist der Wert der zur Erhaltung ihres Besitzers notwendigen Lebensmittel. Die Arbeitskraft verwirklicht sich jedoch nur durch ihre Äußerung, betätigt sich nur in der Arbeit. Durch ihre Betätigung, die Arbeit, wird aber ein bestimmtes Quantum von menschlichem Muskel, Nerv, Hirn usw. verausgabt, das wieder ersetzt werden muß. Diese vermehrte Ausgabe bedingt eine vermehrte Einnahme. Wenn der Eigentümer der Arbeitskraft heute gearbeitet hat, muß er denselben Prozeß morgen unter denselben Bedingungen von Kraft und Gesundheit wiederholen können. Die Summe der Lebensmittel muß also hinreichen, das arbeitende Individuum als arbeitendes Individuum in seinem normalen Lebenszustand zu erhalten. Die natürlichen Bedürfnisse selbst, wie Nahrung, Kleidung, Heizung, Wohnung usw., sind verschieden je nach den klimatischen und andren natürlichen Eigentümlichkeiten eines Landes. Andrerseits ist der Umfang sog. notwendiger Bedürfnisse, wie die Art ihrer Befriedigung, selbst ein historisches Produkt und hängt daher großenteils von der Kulturstufe eines Landes, unter andrem auch wesentlich davon ab, unter welchen Bedingungen, und daher mit welchen Gewohnheiten und Lebensansprüchen die Klasse der freien Arbeiter sich gebildet hat. Im Gegensatz zu den andren Waren enthält also die Wertbestimmung der Arbeitskraft ein historisches und moralisches Element. Für ein bestimmtes Land, zu einer bestimmten Periode jedoch, ist der Durchschnitts-Umkreis der notwendigen Lebensmittel gegeben. "[27]

3.3.4 Der Mehrwert

„Um aus dem Verbrauch einer Ware Wert herauszuziehn, müßte unser Geldbesitzer so glücklich sein, innerhalb der Zirkulationssphäre, auf dem Markt, eine Ware zu entdecken, deren Gebrauchswert selbst die eigentümliche Beschaffenheit besäße, Quelle von Wert zu sein (...) Und der Geldbesitzer findet auf dem Markt eine solche spezifische Ware vor – das Arbeitsvermögen oder die Arbeitskraft. "[28]

„Der Wert der Arbeitskraft löst sich auf in den Wert einer bestimmten Summe von Lebensmitteln. Er wechselt daher auch mit dem Wert dieser Lebensmittel, d.h. der Größe der zu ihrer Produktion erheischten Arbeitszeit. "[29]

„Der Gebrauchswert, den (der Geldbesitzer) seinerseits im Austausch erhält, zeigt sich erst im wirklichen Verbrauch, im Konsumtionsprozeß der Arbeitskraft. Alle zu diesem Prozeß nötigen Dinge, wie Rohmaterial usw., kauft der Geldbesitzer auf dem Warenmarkt und zahlt sie

[26] Marx, Karl: *Das Kapital, Bd. 1, MEW 23,* S. 59
[27] ebd. S. 184f
[28] ebd. S. 181
[29] ebd. S. 186

zum vollen Preis. Der Konsumtionsprozeß der Arbeitskraft ist zugleich der Produktionsprozeß von Ware und von Mehrwert. Die Konsumtion der Arbeitskraft, gleich der Konsumtion jeder andren Ware, vollzieht sich außerhalb des Markts oder der Zirkulationssphäre."[30]

„Der Wert der Arbeitskraft und ihre Verwertung im Arbeitsprozeß sind also zwei verschiedne Größen. Diese Wertdifferenz hatte der Kapitalist im Auge, als er die Arbeitskraft kaufte. (...) Der Geldbesitzer hat den Tageswert der Arbeitskraft gezahlt; ihm gehört daher ihr Gebrauch während des Tages, die tagelange Arbeit."[31]

„Der in Arbeitskraft umgesetzte Teil des Kapitals verändert (...) seinen Wert im Produktionsprozeß. Er reproduziert sein eignes Äquivalent und einen Überschuß darüber, Mehrwert, der selbst wechseln, größer oder kleiner sein kann."[32]

Die Frage, die wir nun anhand der Abbildungen 1 und 2 klären müssen, ist, welche Besitzverhältnisse bei der Aneignung des Mehrwerts vorherrschend sind? – Wir haben gesehen, dass der Wert der Arbeitskraft von Rechts wegen dem Besitzer der Arbeitskraft gehört. Analoges gilt vom Wert der während der Produktion verbrauchten Produktionsmittel: er gehört von Rechts wegen dem Besitzer der Produktionsmittel. Der Mehrwert schließlich gehört von Rechts wegen dem Produzenten, dem gleichzeitigen Besitzer von Arbeitskraft und Produktionsmitteln, weil er für eine begrenzte Zeit Arbeitskräfte und Produktionsmittel gekauft hat und nun als verantwortliche Rechtsperson die Produktion ausführt. Da der Produzent gleichzeitig Besitzer der erzeugten Produkte ist, verwandelt er sich durch Verkauf seiner Produkte in Geldbesitzer und anschließend durch Kauf der Produktivkräfte in Besitzer der Produktivkräfte. Darüber hinaus ist der Produzent als Besitzer des Mehrwerts gezwungen, seine noch nicht produktiv verbrauchten Besitztümer in Form von Produktionsmitteln und Geld aufzubewahren, sodass sich der Produzent nicht für eine begrenzte Zeit, sondern für immer in Besitzer der Produktionsmittel und Geldbesitzer verwandelt. Damit werden die verschiedenen Rollen des Produzenten im Produktions- und Austauschprozess, voneinander fast nicht unterscheidbar, in ein und derselben Rechtsperson vereinigt. Zur Unterscheidung der verschiedenen warenproduzierenden Gesellschaftsformen bleibt dann nur noch das eine Kriterium übrig, in welchem Verhältnis die Besitzer der Produktionsmittel zu den Besitzern der Arbeitskraft stehen.

---

[30] ebd. S. 189
[31] ebd. S. 208
[32] ebd. S. 224

3.4 Das Geld

„Die allgemeine Äquivalentform ist eine Form des Werts überhaupt. Sie kann also jeder Ware zukommen. (...) Die spezifische Warenart nun, mit deren Naturalform die Äquivalentform gesellschaftlich verwächst, wird zur Geldware oder funktioniert als Geld. Es wird ihre spezifisch gesellschaftliche Funktion, und daher ihr gesellschaftliches Monopol, innerhalb der Warenwelt die Rolle des allgemeinen Äquivalents zu spielen. Diesen bevorzugten Platz hat unter den Waren (...) eine bestimmte Ware historisch erobert, das Gold."[33]

„Ich setze überall in dieser Schrift, der Vereinfachung halber, Gold als die Geldware voraus.
Die erste Funktion des Goldes besteht darin, der Warenwelt das Material ihres Wertausdrucks zu liefern oder die Warenwerte als gleichnamige Größen, qualitativ gleiche und quantitativ vergleichbare, darzustellen. So funktioniert es als allgemeines Maß der Werte, und nur durch diese Funktion wird Gold, die spezifische Äquivalentware, zunächst Geld.
Die Waren werden nicht durch das Geld kommensurabel. Umgekehrt. Weil alle Waren als Werte vergegenständlichte menschliche Arbeit, daher an und für sich kommensurabel sind, können sie ihre Werte gemeinschaftlich in derselben spezifischen Ware messen und diese dadurch in ihr gemeinschaftliches Wertmaß oder Geld verwandeln. Geld als Wertmaß ist notwendige Erscheinungsform des immanenten Wertmaßes der Waren, der Arbeitszeit.
Der Wertausdruck einer Ware in Gold – x Ware A = y Geldware – ist ihre Geldform oder ihr Preis."[34]

„Der Preis ist der Geldname der in der Ware vergegenständlichten Arbeit."[35]

„Die Möglichkeit quantitativer Inkongruenz zwischen Preis und Wertgröße, oder der Abweichung des Preises von der Wertgröße, liegt also in der Preisform selbst. Es ist dies kein Mangel dieser Form, sondern macht sie umgekehrt zur adäquaten Form einer Produktionsweise, worin sich die Regel nur als blindwirkendes Durchschnittsgesetz der Regellosigkeit durchsetzen kann."[36]

Marx räumt also an dieser Stelle ein, dass der Preis von der Wertgröße abweichen kann. Er macht darauf aufmerksam, dass *„sich die Regel"*, konkret vorgegebene Warenpreise in die in gesellschaftlich notwendiger Arbeitszeit gemessenen Warenwerte umzurechnen, *„als blindwirkendes Durchschnittsgesetz der Regellosigkeit"* durchsetzt. Das bedeutet, dass die Nachfrage nach einem Gebrauchswert zu einer gegebenen Zeit an einem gegebenen Ort niemals mit dem Angebot für diesen Gebrauchswert übereinstimmen kann. Je nach Abweichung des Angebots von der Nachfrage schwankt der Warenpreis scheinbar *regellos* um den durchschnittlich gegebenen Tauschwert. Bildet man jedoch einen von Ort und Zeit unabhängigen Durchschnitt über den Warenpreis, so wird sich wie ein *„blindwirkendes Durchschnittsgesetz"* der Tauschwert ergeben. Dabei ist der Durchschnitt über den gesamten Konjunkturzyklus, also über rund zehn Jahre, zu erstrecken, weil

---

[33] ebd. S. 83f
[34] ebd. S. 109f
[35] ebd. S. 116
[36] ebd. S. 117

erst in diesem Zeitraum die Produktion von Waren das Gleichgewicht zwischen Angebot und Nachfrage wiederherstellen kann.

Wir sehen, dass bei beliebig reproduzierbaren Gebrauchswerten der Tauschwert gleich dem Durchschnittspreis ist. Was geschieht aber, wenn die Gebrauchswerte nicht beliebig reproduzierbar sind. Dürfen wir auch in diesem Fall annehmen, dass der Durchschnittspreis gleich dem Tauschwert ist? – Nein, das dürfen wir nicht tun. Es gibt nämlich noch jene Gebrauchswerte, die nach Marx' Worten *„einen Preis haben, ohne einen Wert zu haben."*

„Die Preisform läßt jedoch nicht nur die Möglichkeit quantitativer Inkongruenz zwischen Wertgröße und Preis, d.h. zwischen der Wertgröße und ihrem eignen Geldausdruck zu, sondern kann einen qualitativen Widerspruch beherbergen, so daß der Preis überhaupt aufhört, Wertausdruck zu sein, obgleich Geld nur die Wertform der Waren ist. Dinge, die an und für sich keine Waren sind, z.B. Gewissen, Ehre usw., können ihren Besitzern für Geld feil sein und so durch ihren Preis die Warenform erhalten. Ein Ding kann daher formell einen Preis haben, ohne einen Wert zu haben. Der Preisausdruck wird hier imaginär wie gewisse Größen der Mathematik. Andrerseits kann auch die imaginäre Preisform, wie z.B. der Preis des unkultivierten Bodens, der keinen Wert hat, weil keine menschliche Arbeit in ihm vergegenständlicht ist, ein wirkliches Wertverhältnis oder von ihm abgeleitete Beziehung verbergen. "[37]

Dass Gewissen, Ehre und der unkultivierte Boden einen imaginären Preis haben, sieht man vor allem daran, dass bei der Durchschnittsbildung über den gesamten Konjunkturzyklus doch ein Restbetrag von Preis übrigbleibt, obwohl keine abstrakt menschliche Arbeit in diesen Gebrauchswerten vergegenständlicht worden ist. Daraus folgt, dass bei der Durchschnittsbildung über den gesamten Konjunkturzyklus das Gleichgewicht von Angebot und Nachfrage nicht erreicht werden kann, weil die betreffenden Gebrauchswerte *nicht beliebig reproduzierbar* sind. Alle natürlich oder gesamtgesellschaftlich gegebenen Gebrauchswerte wie Luft, Wasser, Erde, Bodenschätze oder moralische Grundwerte aus den Produktions- und Konsumtionsverhältnissen werden einen imaginären Seltenheitspreis haben, der bei der Durchschnittsbildung über den gesamten Konjunkturzyklus nicht verschwindet.

Darüber hinaus gibt es einen zentralen Gebrauchswert, den Marx bei der Diskussion über die imaginäre Preisform nicht erwähnt – nämlich das Geld selbst. Der Gebrauchswert des Geldes besteht darin, als Tauschmittel den gesamtgesellschaftlichen Austauschprozess zu ermöglichen. Das im Umlauf befindliche Geld kann dieser Aufgabe

---

[37] ebd. S. 117

optimal gerecht werden, wenn es in einer ganz bestimmten Menge zirkuliert. Wird das auf dem Markt angebotene Geld aus welchen Gründen auch immer über diese optimale Nachfragemenge hinaus erhöht oder vermindert, so werden die Warenpreise mit einem zusätzlichen imaginären Preis belastet, der sich in der Praxis als Inflation bzw. Deflation äußert; dieser Effekt kann mit der fehlerhaften Messung eines nicht korrekt justierten Messgeräts verglichen werden. Dabei ist die zusätzliche Preisübertragung auf die Produkte unkontrollierbar (= nicht objektiv berechenbar), weil man im Voraus nicht exakt wissen kann, nach welchen Produkten auf dem Markt die Besitzer des überschüssigen Geldes nachfragen und welche Preiserhöhung bzw. Preisnachlass (= imaginären Preis) sie dabei erwirken.

All diese aufgezählten Effekte zusammen machen es unmöglich, den Tauschwert der Waren ganz allgemein mit ihrem Durchschnittspreis zu identifizieren. Von daher kommen für alle empirischen Betrachtungen nur die Preisangaben der volkswirtschaftlichen Gesamtrechnungen (VGR) in Frage. Der Tauschwert muss für theoretische Betrachtungen vorbehalten werden.

3.5 Der Reproduktionsprozess auf der Grundlage der VGR

„Welches immer die gesellschaftliche Form des Produktionsprozesses, er muß kontinuierlich sein oder periodisch stets von neuem dieselben Stadien durchlaufen. So wenig eine Gesellschaft aufhören kann zu konsumieren, so wenig kann sie aufhören zu produzieren. In einem stetigen Zusammenhang und dem beständigen Fluß seiner Erneuerung betrachtet, ist jeder gesellschaftliche Produktionsprozeß daher zugleich Reproduktionsprozeß.

Die Bedingungen der Produktion sind zugleich die Bedingungen der Reproduktion. Keine Gesellschaft kann fortwährend produzieren, d.h. reproduzieren, ohne fortwährend einen Teil ihrer Produkte in Produktionsmittel oder Elemente der Neuproduktion rückzuverwandeln. Unter sonst gleichbleibenden Umständen kann sie ihren Reichtum nur auf derselben Stufenleiter reproduzieren oder erhalten, indem sie die, während des Jahres z.B., verbrauchten Produktionsmittel, d.h. Arbeitsmittel, Rohmateriale und Hilfsstoffe, in natura durch ein gleiches Quantum neuer Exemplare ersetzt, welches von der jährlichen Produktenmasse abgeschieden und von neuem dem Produktionsprozeß einverleibt wird. Ein bestimmtes Quantum des jährlichen Produkts gehört also der Produktion. "[38]

„Betrachten wir die jährliche Funktion des gesellschaftlichen Kapitals – also des Gesamtkapitals, wovon die individuellen Kapitale nur Bruchstücke bilden, deren Bewegung sowohl ihre individuelle Bewegung ist, wie gleichzeitig integrierendes Glied der Bewegung des Gesamtkapitals – in ihrem Resultat, d.h. betrachten wir das Warenprodukt, welches die Gesellschaft während des Jahrs liefert, so muß sich zeigen, wie der Reproduktionsprozeß des gesellschaftli-

---

[38] ebd. S. 591

chen Kapitals vonstatten geht, welche Charaktere diesen Reproduktionsprozeß vom Reproduktionsprozeß eines individuellen Kapitals unterscheiden und welche Charaktere beiden gemeinsam sind."[39]

Marx betrachtet den Reproduktionsprozess auf der Grundlage „*des gesellschaftlichen Kapitals – also des Gesamtkapitals*". Reproduktion ist aber kein spezifisch kapitalistischer Prozess. Sie tritt auf, noch vor der kapitalistischen Produktion *auf der Abstraktionsebene des Austauschprozesses* nach Abb. 2. Summiert man über die einzelnen Austauschakte, so ergibt sich das jährliche Gesamtprodukt (= Gesamtangebot) der Gesellschaft, dem die jährlich benötigten Produktivkräfte als Gesamtnachfrage gegenüberstehen. Von daher ist der Reproduktionsprozess als Resultat des Gleichgewichts von Angebot und Nachfrage beim Warenaustausch zu verstehen.

Darüber hinaus ist es nicht möglich, den Reproduktionsprozess auf der Grundlage der Tauschwerteigenschaften der Waren zu verstehen. Wie wir oben ausgeführt haben, kommen für alle empirisch-statistischen Betrachtungen nur die Preisangaben der VGR in Frage. Deshalb möchten wir im Folgenden versuchen, den Reproduktionsprozess auf der Grundlage der VGR zu formulieren.[40]

Der Ausgangspunkt der VGR ist ein Wirtschaftssystem, das aus Privat- und Staatssektor und Ausland besteht. Die Grundgröße der VGR ist das Bruttoinlandsprodukt (BIP), das *im gesamtgesellschaftlichen Kreislauf* von der Verteilungs- und Verwendungsseite her folgendermaßen definiert wird:[41]

$$
\begin{aligned}
\text{I. BIP} \ &= \text{Abschreibungen} + \text{Nettonationaleinkommen} \\
&\quad - \text{Saldo der Primäreinkommen aus der übrigen Welt,} \\
\text{II. BIP} \ &= \text{Konsum} + \text{Bruttoinvestitionen} + \text{Exporte} - \text{Importe.}
\end{aligned}
\tag{1}
$$

[39] Marx, Karl: *Das Kapital, Bd. 2, MEW 24*, S. 391
[40] Güveniş, Halil: *Die Zusammenbruchstheorie Rosa Luxemburgs und die gegenwärtige Weltwirtschaftskrise;* The General Science Journal, 2016; http://gsjournal.net/Science-Journals/Essays/View/6596
[41] Zur Definition des Bruttoinlandprodukts siehe http://de.wikipedia.org/wiki/Bruttoinlandprodukt

Gleichsetzen und Umformen dieser beiden Gleichungen ergibt:

$$
\begin{aligned}
\text{Sparen} \ &= \text{Nettonationaleinkommen} - \text{Konsum} \\
&= \text{Bruttoinvestitionen} - \text{Abschreibungen} + \text{Exporte} - \text{Importe} \quad\quad (2) \\
&\quad\, + \text{Saldo der Primäreinkommen aus der übrigen Welt.}
\end{aligned}
$$

Wenn wir die Abkürzungen

$\quad$ S $\quad\quad$ = Sparen,

$\quad$ I^{br} $\quad\quad$ = Bruttoinvestitionen,

$\quad$ D $\quad\quad$ = Abschreibungen,

$\quad$ FS_A $\quad$ = Finanzierungssaldo des Auslands

$\quad\quad\quad\quad\quad$ = − Exporte + Importe − Saldo der Primäreinkommen aus der übrigen Welt

einführen und S, I^{br} und D nach Privat- und Staatssektor auflösen, dann lässt sich Gleichung (2) umformen in

$$
(I^{br}{}_{Pr} - D_{Pr}) = S_{Pr} + FS_{St} + FS_A , \quad\quad\quad\quad (3)
$$

wobei $FS_{St} = S_{St} - (I^{br}{}_{St} - D_{St})$ = Finanzierungssaldo des Staates ist.

Mit Hilfe der in Gleichung (3) auftretenden Größe ‚Nettoinvestition' ($I^n{}_{Pr} = I^{br}{}_{Pr} - D_{Pr}$) lässt sich der Reproduktionsprozess folgendermaßen beschreiben: Einfache Reproduktion liegt vor, wenn die Nettoinvestition in Gleichung (3) gleich Null ist. Erweiterte Reproduktion liegt vor, wenn die Nettoinvestition in Gleichung (3) ungleich Null wird. Bei beiden Fällen ist die Nettoinvestition gleich der Summe aus Sparen des Privatsektors und Finanzierungssaldo des Staates und des Auslands. Während in Gleichung (3) Finanzierungssaldo des Staates und des Auslands eher als äußere Faktoren beim Gleichgewicht von Angebot und Nachfrage auftreten, ist Sparen des Privatsektors die eigentliche dynamische Größe beim gesamtgesellschaftlichen Reproduktionsprozess. Je nachdem, welche Annahme wir fürs Sparen des Privatsektors treffen können, lassen sich die verschiedenen warenproduzierenden Gesellschaftsformen unterscheiden. Sparen des Privatsektors ist daher, neben dem Verhältnis der Besitzer der Produktionsmittel zu den Besitzern der Arbeitskraft, das historisch gegebene Grundcharakteristikum der warenproduzierenden Gesellschaftsformen.

4 Der Akkumulationsprozess im Allgemeinen

Nachdem wir *auf der zweittiefsten zeitlichen Abstraktionsebene* durch absteigende räumliche Abstraktion die einzelnen Momente des *Austauschprozesses im Allgemeinen* definiert haben, steigen wir nun *auf der zeitlichen Abstraktionsachse eine Stufe höher*, um die kapitalistische Produktionsweise als *Akkumulationsprozess im Allgemeinen* darzustellen.

4.1 Kapitalistische Produktionsverhältnisse

Vorkapitalistische Produktionsverhältnisse sind gegeben, wenn in Abb. 1 die Besitzer der Arbeitskraft zu den Besitzern der Produktionsmittel im Identitätsverhältnis stehen, d.h. die natürlichen Besitzer der Arbeitskraft sind zugleich Besitzer der von ihnen in der Produktion eingesetzten Produktionsmittel. Da ferner die Besitzer von Arbeitskraft und Produktionsmitteln zugleich Produzenten in ein und derselben Rechtsperson sind, haben sie die natürliche Verfügungsgewalt über den von ihnen selbst produzierten Mehrwert.

Kapitalistische Produktionsverhältnisse sind gegeben, wenn in Abb. 1 die Besitzer der Arbeitskraft von den Besitzern der Produktionsmittel historisch geschieden sind, d.h. die Produktivkräfte der Gesellschaft liegen polarisiert (= gespalten) in den Händen der Besitzer der Arbeitskraft und der Produktionsmittel. Den Besitzern der Produktionsmittel fällt dabei die historische Aufgabe zu, in ihrer Eigenschaft als Produzenten (= Warenkapitalisten) die Besitzer von Arbeitskraft und Produktionsmitteln *aufgrund eines Zeitvertrages* zusammenzuführen und gemeinsam in Aktion zu setzen. Der bei diesem Prozess vom Produzenten erwirtschaftete Mehrwert heißt kapitalistisch, weil er physisch und psychisch von den Besitzern der Arbeitskraft produziert wurde, aber aufgrund eines rechtmäßigen Zeitvertrages von den Besitzern der Produktionsmittel angeeignet wird.

Der Produzent (= der Warenkapitalist) verkauft nach Abb. 2 die in seinem Besitz befindlichen Produkte an die Geldbesitzer und verwandelt sich dadurch in einen Geldkapitalisten. Anschließend kauft der Geldkapitalist von Warenbesitzern die von ihm benötigten Produktivkräfte für den nächsten Produktionszyklus und verwandelt sich dadurch wieder in einen Warenkapitalisten. Der Kapitalist heißt vor allem deshalb Kapitalist, weil er bei der Reproduktion des Kapitals Jahr für Jahr den noch nicht verbrauchten Anteil an Produktionsmitteln zu seinem bestehenden Kapitalstock hinzufügt und damit den nicht konsumierten Teil seines neu hinzugewonnenen Mehrwerts akkumuliert.

4.2 Kapitalistische Reproduktion

Wir sprechen von vorkapitalistischer Reproduktion, wenn in Gleichung (3) Sparen des Privatsektors gleich Null ist. Nehmen wir ferner an, dass die Summe aus Finanzierungssaldo des Staates und des Auslands gleich Null ist, dann liegt einfache Reproduktion vor. Erweiterte Reproduktion ist gegeben, wenn die Summe aus Finanzierungssaldo des Staates und des Auslands ungleich Null wird.

Wenn in Gleichung (3) Sparen des Privatsektors ungleich Null wird, also ein gewisser Teil des Nettonationaleinkommens nicht für Konsumzwecke, sondern für Nettoinvestitionen ausgegeben wird, dann sprechen wir von kapitalistischer Reproduktion auf erweiterter Basis. Da sich die Nettoinvestitionen nach VGR im Nettoanlagevermögen (= im Kapitalstock) der Gesellschaft ansammeln (= aufsummieren), wird die kapitalistische Reproduktion auf erweiterter Basis auch als Akkumulation des Gesamtkapitals bezeichnet. Damit wird der Akkumulationsprozess zum historischen Grundcharakteristikum des Kapitalismus auf der Ebene des Gesamtkapitals; auf der Ebene des Einzelkapitals wird dann der Kapitalismus durch die historische Scheidung der Besitzer der Arbeitskraft von den Besitzern der Produktionsmittel charakterisiert.

5 Die historische Entwicklung der kapitalistischen Produktionsweise

Nachdem wir *auf der zweithöchsten zeitlichen Abstraktionsebene* durch aufsteigende räumliche Abstraktion die einzelnen Momente des *Akkumulationsprozesses im Allgemeinen* definiert haben, steigen wir nun *auf der zeitlichen Abstraktionsachse eine Stufe höher*, um *die historische Entwicklung der kapitalistischen Produktionsweise* konkret darzustellen.

5.1 Die Produktion des relativen Mehrwerts

Marx versucht im ‚*Kapital*' unter der Überschrift ‚*Die Produktion des relativen Mehrwerts*' die historische Entwicklung der kapitalistischen Produktionsweise darzustellen.[42] Auf die Hauptpunkte seiner Argumentation soll im Folgenden eingegangen werden.

Marx beginnt seine Darlegung mit der Unterscheidung von relativem und absolutem Mehrwert. Er argumentiert: Um bei gleicher Anzahl der Arbeitskräfte den Mehrwert zu erhöhen, hat der Kapitalist zweierlei Möglichkeiten. Zum einen kann er den Arbeitstag ausdehnen (oder, was ebenfalls in diesen Bereich gehört, die Intensität der Arbeit erhöhen). Die Ausdehnung des Arbeitstages lässt den Lohn der Arbeiter unberührt, sie erhalten so viel Lohn, wie gesellschaftlich zur Reproduktion ihrer Arbeitskraft notwendig ist. Aber die Arbeitszeit, während der der Arbeiter unentgeltlich arbeitet, wird dadurch ausgedehnt, also der Mehrwert erhöht. Marx nennt dies die Erhöhung des absoluten Mehrwerts. Diese Form der Mehrwerterhöhung findet rasch ihre natürlichen Schranken in der Notwendigkeit, auf Dauer den Arbeitern ausreichend Zeit für Schlaf, Essen, Fortpflanzung etc., also für die Reproduktion zu lassen.

Zum anderen kann der Kapitalist die Produktion des relativen Mehrwerts erhöhen. Allgemein geschieht dies durch die Einführung neuer Produktionstechniken, heutzutage kurz Rationalisierung genannt. Dazu stellt Marx fest:

> „*Die Entwicklung der Produktivkraft der Arbeit, innerhalb der kapitalistischen Produktion, bezweckt, den Teil des Arbeitstags, den der Arbeiter für sich selbst arbeiten muß, zu verkürzen, um grade dadurch den andren Teil des Arbeitstags, den er für den Kapitalisten umsonst arbeiten kann, zu verlängern.*"[43]

---

[42] Marx, Karl: *Das Kapital, Bd. 1, MEW 23*, S. 331ff
[43] ebd. S. 340

An anderer Stelle heißt es ganz analog:

„Gleich jeder andren Entwicklung der Produktivkraft der Arbeit soll (die kapitalistisch verwandte Maschinerie, d. V.) Waren verwohlfeilern und den Teil des Arbeitstags, den der Arbeiter für sich selbst braucht, verkürzen, um den andren Teil seines Arbeitstags, den er dem Kapitalisten umsonst gibt, zu verlängern. Sie ist Mittel zur Produktion von Mehrwert.“[44]

Wenn Marx hier von der Verkürzung jenes Teils des Arbeitstages, den der Arbeiter für sich selbst braucht, spricht, so kann diese Verkürzung – vorausgesetzt, die Arbeitskraft wird weiterhin zu ihrem Wert bezahlt – nur erfolgen, indem die Lebensmittel, die zur Reproduktion der Arbeitskraft notwendig sind, sich verbilligen, also rationeller produziert werden. Diese Form der Erhöhung des relativen Mehrwerts entspringt also nicht der Rationalisierung im Allgemeinen, sondern speziell der Rationalisierung in der Lebensmittelindustrie. Dies unterstreicht auch Marx:

„Um den Wert der Arbeitskraft zu senken, muß die Steigerung der Produktivkraft Industriezweige ergreifen, deren Produkte den Wert der Arbeitskraft bestimmen, also entweder dem Umkreis der gewohnheitsmäßigen Lebensmittel angehören oder sie ersetzen können. (...) In Produktionszweigen dagegen, die weder notwendige Lebensmittel liefern noch Produktionsmittel zu ihrer Herstellung, läßt die erhöhte Produktivkraft den Wert der Arbeitskraft unberührt.“[45]

Damit ergibt sich ein grundlegendes Problem: Wenn tatsächlich nur die Steigerung der Produktivkraft in bestimmten Industriezweigen den relativen Mehrwert steigert, was passiert dann in den Industriezweigen, die z. B. Luxusgüter für die Kapitalisten herstellen, also ganz zweifelsohne den Wert der Arbeitskraft nicht senken? Im ersten Marx-Zitat dieses Kapitels heißt es generell, dass die Entwicklung der Produktivkraft der Arbeit bezwecke, den Teil des Arbeitstages, den der Arbeiter für sich selbst arbeiten muss, zu verkürzen. Sollte dies wirklich der einzige Zweck sein, so ist nicht einzusehen, warum auch in der Luxusgüterindustrie rationalisiert wird.

Doch damit nicht genug ergibt sich ein noch wesentlich grundsätzlicherer Widerspruch: Die Rationalisierung der Produktion erbringt als Ergebnis, das in jeder einzelnen Ware weniger Arbeit vergegenständlicht ist als vor der Rationalisierung; die Waren werden billiger und damit auch die Reproduktionskosten der Arbeiter. Angenommen der zur Reproduktion der Arbeiter notwendige Warenkorb sei der gleiche geblieben, das heißt, vom Gebrauchswert her gesehen ist ihr Konsum konstant, so produzieren die Arbeiter immer mehr Waren, die nicht für ihren Konsum bestimmt sind. Es stellt sich damit die

---

[44] ebd. S. 391
[45] ebd. S. 334

Frage nach den Abnehmern dieser Waren und allgemeiner das Problem, wie in einer mehrwertproduzierenden Gesellschaft die Reproduktion überhaupt möglich ist.[46]

Doch selbst wenn gesamtgesellschaftlich die Rationalisierung zu einer Erhöhung des relativen Mehrwerts führt, ist dies vom Standpunkt des Einzelkapitalisten kein Argument: Die Erhöhung des relativen Mehrwerts kommt für den einzelnen Kapitalisten im Wesentlichen von außen. Es ist die Verbilligung der Produktion in anderen Industriezweigen als dem eigenen, die es möglich macht, die Lohnkosten zu senken. Aber kein Kapitalist wird seine Produktion rationalisieren, um damit anderen Kapitalisten die Erhöhung ihres relativen Mehrwerts zu ermöglichen; schließlich haben wir es hier mit Geschäftsleuten und nicht mit der Heilsarmee zu tun.

Offenkundig liegt also für den einzelnen Kapitalisten der Antrieb zur Rationalisierung nicht in der Erhöhung des relativen Mehrwerts auf gesamtgesellschaftlicher Ebene. Es ist das Verwirrende an dem Abschnitt über *Die Produktion des relativen Mehrwerts* im *„Kapital"*, dass Marx stellenweise dies durchaus erkennt. Deshalb benennt er einen zweiten Mechanismus, der auch für die Luxusgüterindustrie etc. gültig ist:

„Verkauft also der Kapitalist, der die neue Methode anwendet, seine Ware zu ihrem gesellschaftlichen Wert von 1 sh., so verkauft er sie 3 d. über ihrem individuellen Wert und realisiert so einen Extramehrwert von 3 d. Andrerseits stellt sich aber der zwölfstündige Arbeitstag jetzt für ihn in 24 Stück Ware dar statt früher in 12. Um also das Produkt eines Arbeitstags zu verkaufen, bedarf er doppelten Absatzes oder eines zweifach größern Markts. Unter sonst gleichbleibenden Umständen erobern seine Waren nur größern Marktraum durch Kontraktion ihrer Preise. Er wird sie daher über ihrem individuellen, aber unter ihrem gesellschaftlichen Wert verkaufen, sage zu 10 d. das Stück. So schlägt er an jedem einzelnen Stück immer noch einen Extramehrwert von 1 d. heraus. Diese Steigerung des Mehrwerts findet für ihn statt, ob oder ob nicht seine Ware dem Umkreis der notwendigen Lebensmittel angehört und daher bestimmend in den allgemeinen Wert der Arbeitskraft eingeht. Vom letztren Umstand abgesehn, existiert also für jeden einzelnen Kapitalisten das Motiv, die Ware durch erhöhte Produktivkraft der Arbeit zu verwohlfeilern."[47]

Hier ist also das treibende Moment der Entwicklung die Konkurrenz unter den Kapitalisten, die jeden Kapitalisten zwingt, bei Strafe des Untergangs, neue Produktionstechniken einzuführen, um der Konkurrenz das Feld nicht zu überlassen. Der Antrieb ist also nicht die Vorstellung, die Produktion des relativen Mehrwerts zu erhöhen, sondern

[46] Güveniş, Halil: *Die Zusammenbruchstheorie Rosa Luxemburgs und die gegenwärtige Weltwirtschaftskrise;* The General Science Journal, 2016; http://gsjournal.net/Science-Journals/Essays/View/6596

[47] Marx, Karl: *Das Kapital, Bd. 1, MEW 23,* S. 336

der Zwang, konkurrenzfähig zu bleiben. Auch dies durchaus in Übereinstimmung mit Marx:

*„Wenn ein einzelner Kapitalist durch Steigerung **der** Produktivkraft der Arbeit z.B. Hemden verwohlfeilert, schwebt ihm keineswegs notwendig der Zweck vor, den Wert der Arbeitskraft und daher die notwendige Arbeitszeit pro tanto zu senken, aber nur soweit er schließlich zu diesem Resultat beiträgt, trägt er bei zur Erhöhung der allgemeinen Rate des Mehrwerts. Die allgemeinen und notwendigen Tendenzen des Kapitals sind zu unterscheiden von ihren Erscheinungsformen."[48]*

Doch eben an dieser Stelle bricht Marx den Gedankengang ab. Für ihn ist es nicht wichtig, was die Kapitalisten zu ihrem Handeln treibt, sondern dass unter dem Strich die Erhöhung der Mehrwertrate herauskommt:

„Die Art und Weise, wie die immanenten Gesetze der kapitalistischen Produktion in der äußern Bewegung der Kapitale erscheinen, sich als Zwangsgesetze der Konkurrenz geltend machen und daher als treibende Motive dem individuellen Kapitalisten zum Bewußtsein kommen, ist jetzt nicht zu betrachten".[49]

Damit benennt Marx in ein und demselben Kapitel zwei höchst unterschiedliche Triebkräfte der kapitalistischen Entwicklung: a) Die Steigerung des relativen Mehrwerts durch Verbilligung der notwendigen Lebensmittel, b) die Konkurrenz als subjektiven Antrieb der Kapitalisten, die letztlich zur Erhöhung des relativen Mehrwerts führt.

Damit aber sind mehr Fragen aufgeworfen als gelöst, denn da für Marx objektiv der Hauptpunkt in der Erhöhung des relativen Mehrwerts liegt, muss er die entscheidende Entwicklung in der Verbilligung der notwendigen Lebensmittelproduktion sehen, während die Rationalisierung in der Realität als ein allgemeines Phänomen auftritt. Daneben tritt als Antrieb kapitalistischen Handelns die Konkurrenz, die jedoch keineswegs auf den Lebensmittelsektor beschränkt ist. Die Verwirrung löst sich, wenn wir uns der Frage zuwenden, warum für Marx der relative Mehrwert und seine Erhöhung eine solche zentrale Rolle spielt.

5.2 Die Triebkraft des Kapitalismus

Marx' entschiedenes Eintreten für die Sache der Arbeiter ist in der Überlegung begründet, dass im Kapitalismus die Arbeiterklasse die einzige wirklich revolutionäre Klasse

---

[48] ebd. S. 335
[49] ebd. S. 335

bildet. Gleichzeitig sieht Marx die historische Entwicklung aller menschlichen Gesellschaftsformen als Ergebnis von Klassenkämpfen:

„Die Geschichte aller bisherigen Gesellschaft ist die Geschichte von Klassenkämpfen."[50]

Folglich ist auch im Kapitalismus das vorwärtstreibende Moment der Klassenkampf, der sich aus dem Kampf um Lohn- und Arbeitsbedingungen ergibt:

„Von Zeit zu Zeit siegen die Arbeiter, aber nur vorübergehend. Das eigentliche Resultat ihrer Kämpfe ist nicht der unmittelbare Erfolg, sondern die immer weiter um sich greifende Vereinigung der Arbeiter. Sie wird befördert durch die wachsenden Kommunikationsmittel, die von der großen Industrie erzeugt werden und die Arbeiter der verschiedenen Lokalitäten miteinander in Verbindung setzen. Es bedarf aber bloß der Verbindung, um die vielen Lokalkämpfe von überall gleichem Charakter zu einem nationalen, zu einem Klassenkampf zu zentralisieren. Jeder Klassenkampf ist aber ein politischer Kampf."[51]

Von Marx' Standpunkt aus, den Klassenkampf als das treibende Moment der kapitalistischen Entwicklung zu sehen, ist es völlig verständlich, wenn er dem Verhältnis von Mehrwert und Lohn eine zentrale Rolle zuteilt. Bei gegebenem konstantem Arbeitstag gilt:

„Da Kapitalist und Arbeiter nur diesen begrenzten Wert zu teilen haben, d.h. den durch die Gesamtarbeit des Arbeiters gemessenen Wert, so erhält der eine desto mehr, je weniger dem andern zufällt, und umgekehrt. Sobald ein Quantum gegeben ist, wird der eine Teil davon zunehmen, wie, umgekehrt, der andre abnimmt. Wenn der Arbeitslohn sich ändert, wird der Profit sich in entgegengesetzter Richtung ändern."[52]

Die aktuelle Auswirkung des Lohnkampfes ist also die Senkung des Mehrwerts. Wenn dieser Kampf, zum Klassenkampf zusammengefasst, die Triebkraft des Kapitalismus ausmacht, dann ist es konsequent, das zentrale Interesse der Kapitalisten in der Erhöhung des Mehrwerts zu sehen. Von diesem Ansatz her ist auch der vierte Abschnitt ‚Die Produktion des relativen Mehrwerts' im ‚Kapital' geschrieben. Marx musste daran gelegen sein, seine politischen Vorstellungen auch ökonomisch zu belegen. Dass dabei ein verwirrendes Durcheinander entstanden ist, verweist darauf, dass diese Vorstellung von Marx nicht korrekt sein kann.

Zusammenfassend lässt sich also sagen, dass es in jeder kapitalistischen Gesellschaft zwei offenkundig zu Tage tretende Gegensätze gibt; zum einen den Gegensatz zwischen den Kapitalisten und den Arbeitern, zum anderen den Gegensatz der Konkurrenz unter den Kapitalisten. Der erstere ist, gesamtgesellschaftlich zusammengefasst, der

---

[50] Marx, Karl: *Manifest der kommunistischen Partei, MEW 4*, S. 462
[51] ebd. S. 471
[52] Marx, Karl: *Lohn, Preis und Profit, MEW 16*, S. 140

Klassenkampf, der zweite ein Gegensatz innerhalb der herrschenden Klasse. Für Marx, der den Klassenkampf als Triebkraft der Geschichte sah, war es, bei allem Bemühen um Wissenschaftlichkeit, unvermeidlich, dass er aus dem Klassenkampf auch die Entwicklung des Kapitalismus herzuleiten versuchte. Darin liegt historisch die Beschränktheit seiner Theorie. Die Triebkraft des Kapitalismus resultiert aus der Konkurrenz unter den Kapitalisten und die Aufhebung dieser Konkurrenz ist kein Problem, das sich aus dem Lohnkampf entwickeln ließe.

5.3 Die Epochen des Kapitalismus

Marx behandelt die geschichtlichen Formen der Produktivitätssteigerung und der Entwicklung des Kapitalismus aufgrund seiner Einstellung zum Klassenkampf als Triebkraft der Geschichte unter dem Motto *Die Produktion des relativen Mehrwerts*. Neben dem bislang dargelegten, befindet sich aber im vierten Abschnitt des *Kapital* auch noch eine ausführliche Darlegung der kapitalistischen Entwicklung von der Manufaktur zur modernen Industrie, die er unabhängig von dem Motto ,relativer Mehrwert', worunter sie auftaucht, untersucht.

Wir haben bereits an anderer Stelle ausführlich dargelegt,[53] dass Marx' Epocheneinteilung des Kapitalismus in Manufaktur und große Industrie eine rein technisch-naturwissenschaftliche Darstellung auf der Abstraktionsebene des Arbeitsprozesses ist, während es nach Marx' eigenem Anspruch notwendig wäre, *innerhalb seiner ökonomischen Begriffsbildung* eine Erklärung dafür zu finden, dass der Kapitalismus ein in sich entwicklungsfähiger Organismus ist, d.h. eine innere Struktur mit qualitativ verschiedenen Stadien besitzt. Von daher muss die Geschichte des Kapitalismus, wie jede Geschichte Waren produzierender Gesellschaften, unter Berücksichtigung der Technologie an der Entfaltung der ökonomischen Begriffe und Bewegungen verfolgt werden.

---

[53] Güveniş, Halil: *Die Epochen und Perioden der kapitalistischen Entwicklung;*
The General Science Journal, 2016;
http://gsjournal.net/Science-Journals/Essays/View/6646

Wir haben die Epocheneinteilung von Marx und Ernest Mandel kritisch aufgearbeitet und auf der Abstraktionsebene des Arbeitsprozesses nach Abb. 1 die folgende technisch-naturwissenschaftliche Epochen- und Periodeneinteilung des Kapitalismus erhalten:[54]

Die erste Epoche der kapitalistischen Entwicklung: Manufakturkapitalismus (1550-1770) – Der Manufakturbetrieb revolutioniert auf der Grundlage der manufakturistischen Arbeitsteilung unmittelbar die Arbeitskraft und erreicht damit gegenüber dem Handwerksbetrieb eine deutlich höhere Arbeitsproduktivität (= Konkurrenzfähigkeit). In der Epoche des Manufakturkapitalismus kommt jedoch keine Periodeneinteilung vor, weil die Revolutionierung der Arbeitskraft ohne technologische Generationen (= Basisinnovationen) vor sich geht.

Die zweite Epoche der kapitalistischen Entwicklung: Große Industrie (1770-1950) – Die große Industrie revolutioniert unmittelbar die Produktionsmittel und erreicht damit gegenüber dem Manufakturbetrieb eine wesentlich höhere Produktivität (= Konkurrenzfähigkeit). Die Epoche der großen Industrie wird in Perioden eingeteilt, weil die Revolutionierung der Produktionsmittel auf der Grundlage von technologischen Generationen stattfindet.

Die erste Periode: Dampfkraft (1770-1890) – Mandels erste und zweite lange Welle ergeben zusammengefasst die erste technologische Generation = die Periode der Dampfkraft auf der Grundlage der Thermodynamik, wobei alle Arten von Produktionsmitteln (Arbeitsgegenstand, Arbeitsmittel, Kommunikations- und Transportmittel = z. B. Dampfschiffe und Eisenbahnen) revolutioniert werden.

Die zweite Periode: Elektro- und Explosionsenergie (1890-1950) – Mandels dritte lange Welle ergibt die zweite technologische Generation = die Periode der Elektro- und Explosionsenergie auf der Grundlage der Elektrodynamik und Chemie, wobei alle Arten von Produktionsmitteln (Arbeitsgegenstand, Arbeitsmittel, Kommunikations- und Transportmittel = z. B. Telefon, Flugzeug, Fließband) revolutioniert werden.

---

[54] ebd. S. 9f

Die dritte Epoche der kapitalistischen Entwicklung: Steuerung von Produktionsmitteln mit elektronischen Geräten (1950-?) – Mandels vierte lange Welle ergibt die dritte technologische Generation = Steuerung von Produktionsmitteln mit elektronischen Geräten auf der Grundlage der Elektronik, Informations-, System- und Steuerungstheorie, wobei alle Arten von Produktionsmitteln (Arbeitsgegenstand, Arbeitsmittel, Kommunikations- und Transportmittel = z. B. PC, Handy, TV) revolutioniert (gesteuert) werden. Obwohl die Basisinnovationen dieser Epoche in Form von permanenten technologischen Generationen kommen, werden diese dicht aufeinander folgenden Perioden formal in der dritten Epoche der kapitalistischen Entwicklung zusammengefasst. Der Grund für diese Zusammenfassung und Epocheneinteilung liegt darin, dass es sich hier um eine kontinuierliche Ersetzung der Steuerungsfunktionen der Arbeitskraft handelt, d.h. hier wird wie im Manufakturkapitalismus die Arbeitskraft revolutioniert (= rationalisiert = aus dem Produktionsprozess ausgeschlossen), allerdings diesmal über den Umweg der Revolutionierung der Produktionsmittel auf der Grundlage von steuerungstechnologischen Generationen.

5.4 Ökonomische Charakterisierung der Epochen des Kapitalismus

Wir kommen nun zur Beschreibung der Epochen des Kapitalismus mit ökonomischen Begriffen. Wir haben bereits an anderer Stelle anhand der Darstellung des historischen Trends der Produktivitätssteigerungsgrößen ‚Abschreibungsquote des Privatsektors $\underline{D}_{Pr}$' und ‚Abschreibungsgeschwindigkeit $\frac{1}{DAD}$' für Japan und USA gezeigt,[55] dass der Kapitalismus in Marx' und Mandels Begriffen ökonomisch gesehen in drei Epochen eingeteilt werden kann:

---

[55] ebd. S. 13ff

Japan

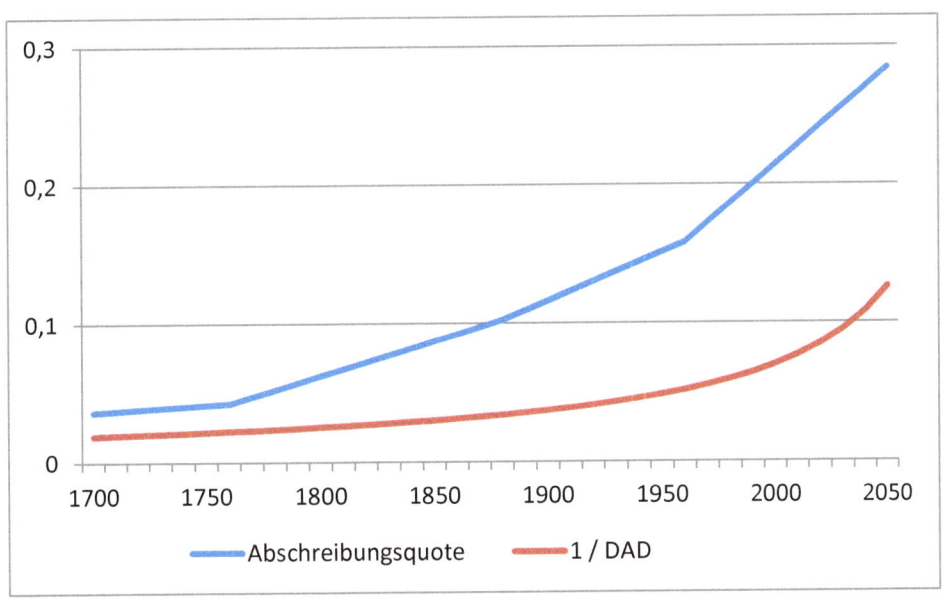

USA

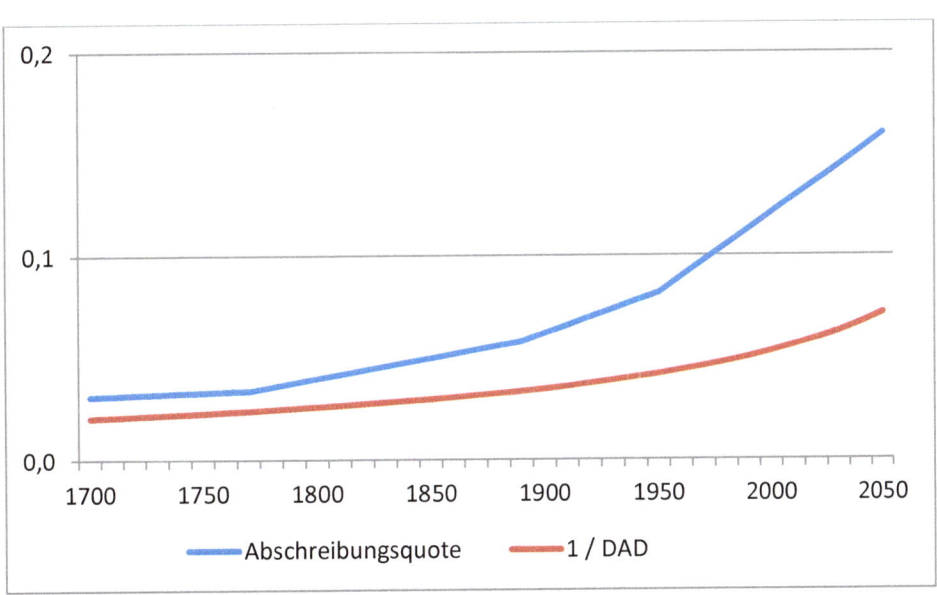

Quelle: Eigene Berechnungen nach den Statistiken des ,Economic and Social Research Institute' (ESRI), ,Bureau of Economic Analysis' (BEA).

Die erste Epoche der kapitalistischen Entwicklung: Manufakturkapitalismus (1700-1770) – Der Manufakturbetrieb erhöht auf der Grundlage einer einmaligen, manufakturistischen Arbeitsteilung die Arbeitsproduktivität (= die Abschreibungsquote) und erreicht damit gegenüber dem Handwerksbetrieb einen eindeutigen Konkurrenzvorteil.

In der Epoche des Manufakturkapitalismus gibt es allerdings keine ausgeprägten Konkurrenzkämpfe unter den Kapitalisten, weil dafür die technologischen Generationen (= Zunahme der Abschreibungsgeschwindigkeit) fehlen. Der Manufakturkapitalismus ist damit durch den parallelen Anstieg der Abschreibungsquote und der Abschreibungsgeschwindigkeit ökonomisch charakterisiert.

Die zweite Epoche der kapitalistischen Entwicklung: Große Industrie (1770-1950) – Die Parallelität beim Ansteigen der Abschreibungsquote und der Abschreibungsgeschwindigkeit geht verloren, weil die Einführung technologischer Generationen die Abschreibungsquote zunächst schneller steigen lässt als die Abschreibungsgeschwindigkeit. Erst gegen Ende dieser Epoche (1920-1950) steigt die Abschreibungsgeschwindigkeit schneller als die Abschreibungsquote, sodass die Parallelität beim Ansteigen der Abschreibungsquote und der Abschreibungsgeschwindigkeit zum Schluss der Tendenz nach wiederhergestellt wird. Damit lässt sich die Epoche der Großen Industrie durch den nicht parallelen Anstieg der Abschreibungsquote und der Abschreibungsgeschwindigkeit ökonomisch charakterisieren.

Die dritte Epoche der kapitalistischen Entwicklung: Steuerung von Produktionsmitteln mit elektronischen Geräten (1950-?) – Die ökonomische Charakterisierung der Epoche der ,Steuerung von Produktionsmitteln mit elektronischen Geräten' erfolgt wie im Manufakturkapitalismus durch den parallelen Anstieg der Abschreibungsquote und der Abschreibungsgeschwindigkeit. Die dritte Epoche der kapitalistischen Entwicklung ist aber keine Wiederholung der ersten; der Abstand zwischen der parallel verlaufenden Abschreibungsquote und Abschreibungsgeschwindigkeit ist in der dritten Epoche viel größer als in der ersten, und zwar so groß, wie die Abschreibungsquote und die Abschreibungsgeschwindigkeit in der zweiten Epoche der kapitalistischen Entwicklung auseinandergelaufen sind.

* * *

Nachdem wir *auf der höchsten zeitlichen Abstraktionsebene* durch aufsteigende räumliche Abstraktion *die historische Entwicklung der kapitalistischen Produktionsweise* konkret beschrieben haben, bleibt uns nur noch festzustellen, dass unsere Darstellungsmethode ,zeitliche und räumliche Abstraktion in vertikaler bzw. horizontaler Richtung' verifiziert ist, weil es uns gelang, *„die wirkliche Bewegung"* (= die historische Entwicklung) und *„das Leben des Stoffs"* (= die Struktur des Forschungsgegenstands) eindeutig und vollständig in die Abschnitts- und Kapitelstruktur der vorliegenden Arbeit abzubilden (siehe **Inhalt**).

Inhalt

Einleitung

1 Die Methode des Aufsteigens vom Abstrakten zum Konkreten
   1.1 Marx über seine Darstellungsmethode im *„Kapital"*
   1.2 Die zeitlichen Abstraktionsebenen
   1.3 Räumliche Abstraktion in horizontaler Richtung

2 Der Arbeitsprozess im Allgemeinen
   2.1 Die Produktivkräfte
      2.1.1 Die Arbeitskraft
      2.1.2 Die Produktionsmittel
         2.1.2.1 Der Arbeitsgegenstand
         2.1.2.2 Das Arbeitsmittel
         2.1.2.3 Dienstleistungen
         2.1.2.4 Produktions- und Konsumtionsverhältnisse
   2.2 Besitzer von Arbeitskraft und Produktionsmitteln
   2.3 Die Produzenten
   2.4 Das Produkt
   2.5 Die Konsumenten
   2.6 Identität von Produktion und Konsumtion
   2.7 Das abstrakte Schema des Arbeitsprozesses

3 Der Austauschprozess im Allgemeinen
   3.1 Das abstrakte Schema des Austauschprozesses
   3.2 Die messende Erkenntnisweise
   3.3 Der Tauschwert
      3.3.1 Der Maßstab der abstrakt menschlichen Arbeit
      3.3.2 Einfache und komplizierte Arbeit
      3.3.3 Der Wert der Arbeitskraft
      3.3.4 Der Mehrwert
   3.4 Das Geld
   3.5 Der Reproduktionsprozess auf der Grundlage der VGR

4 Der Akkumulationsprozess im Allgemeinen
   4.1 Kapitalistische Produktionsverhältnisse
   4.2 Kapitalistische Reproduktion

5 Die historische Entwicklung der kapitalistischen Produktionsweise
   5.1 Die Produktion des relativen Mehrwerts
   5.2 Die Triebkraft des Kapitalismus
   5.3 Die Epochen des Kapitalismus
   5.4 Ökonomische Charakterisierung der Epochen des Kapitalismus

Anhang III

Darstellung der Evolution der metamodal-symbolischen Verhaltenssteuerung

Zusammenfassung

In der vorliegenden Arbeit wird die Evolution der metamodal-symbolischen Verhaltenssteuerung dargestellt. Auf der Grundlage der Input-Verarbeitung-Output-Verhältnisse im menschlichen Gehirn werden ganz allgemein vier Ebenen der Verhaltenssteuerung unterschieden: 1. Monosensorische, 2. multisensorisch-modale, 3. multimodal-assoziative, 4. metamodal-symbolische Informationsverarbeitung. Darüber hinaus werden auf der nächsthöheren Abstraktionsebene von den Verhaltenssteuerungsmitteln her drei Komplexitätsstufen der metamodal-symbolischen Verhaltenssteuerung konkret beschrieben: 1. Die Stufe der Bildintegration, 2. die Stufe des Abstraktions- und Generalisierungsvermögens, 3. die Stufe des Identifikationsvermögens und des Wahrnehmungsorgans für die Geisterwelt.

Einleitung

In einer vorangegangenen Arbeit[1] haben wir die historische Entwicklung der Jäger- und Sammlergesellschaft mit Hilfe der Methode des Aufsteigens vom Abstrakten zum Konkreten dargestellt. Wir haben festgestellt,[2] dass die sinnliche Erkenntnisweise voll entwickelt sein muss, damit sich die Jäger- und Sammlergesellschaft durch historische Erfahrung, Erkenntnis und Glauben legitimieren kann. Dabei ist unter sinnlicher Erkenntnisweise jene Erkenntnisgewinnung zu verstehen, bei der allein die von der biologischen Evolution her gegebenen natürlichen Erkenntnismittel zur Verfügung stehen. Im Einzelnen sind es folgende Erkenntnismittel: *In der ersten Entwicklungsstufe der sinnlichen Erkenntnisweise* sind es die Sinnesorgane und das sensorische und das motorische Gedächtnis. *In der zweiten Entwicklungsstufe der sinnlichen Erkenntnisweise* sind es das Abstraktionsvermögen und die Vorstellungskraft (= das Generalisierungsvermögen). *In der dritten Entwicklungsstufe der sinnlichen Erkenntnisweise* sind es das Identifikationsvermögen und das Wahrnehmungsorgan für die Geisterwelt.

In der vorliegenden Arbeit verstehen wir unter ‚Evolution der natürlichen Erkenntnismittel‘, neurobiologisch gesehen, die Evolution der Verhaltenssteuerungsmittel und beschreiben konkret die der sinnlichen Erkenntnisweise entsprechende Evolution der metamodal-symbolischen Verhaltenssteuerung. Doch bevor wir zur metamodal-symbolischen Verhaltenssteuerung kommen, werden im ersten Kapitel der vorliegenden Arbeit auf der tiefsten Abstraktionsebene ganz allgemein die Ebenen der Verhaltenssteuerung dargestellt. Anschließend wird im zweiten Kapitel auf der nächsthöheren Abstraktionsebene die Stufen der metamodal-symbolischen Verhaltenssteuerung konkret beschrieben.

---

[1] Güveniş, Halil: *Darstellung der historischen Entwicklung der Jäger- und Sammlergesellschaft;*
The General Science Journal, 2017; http://gsjournal.net/Science-Journals/Research Papers/View/6882
[2] ebd. S. 8f

1. Die Ebenen der Verhaltenssteuerung

Auf der Grundlage der Input-Verarbeitung-Output-Verhältnisse im menschlichen Ge-hirn lässt sich folgendes Gesamtmodell der Verhaltungssteuerung angeben (Abb. 1):[3]

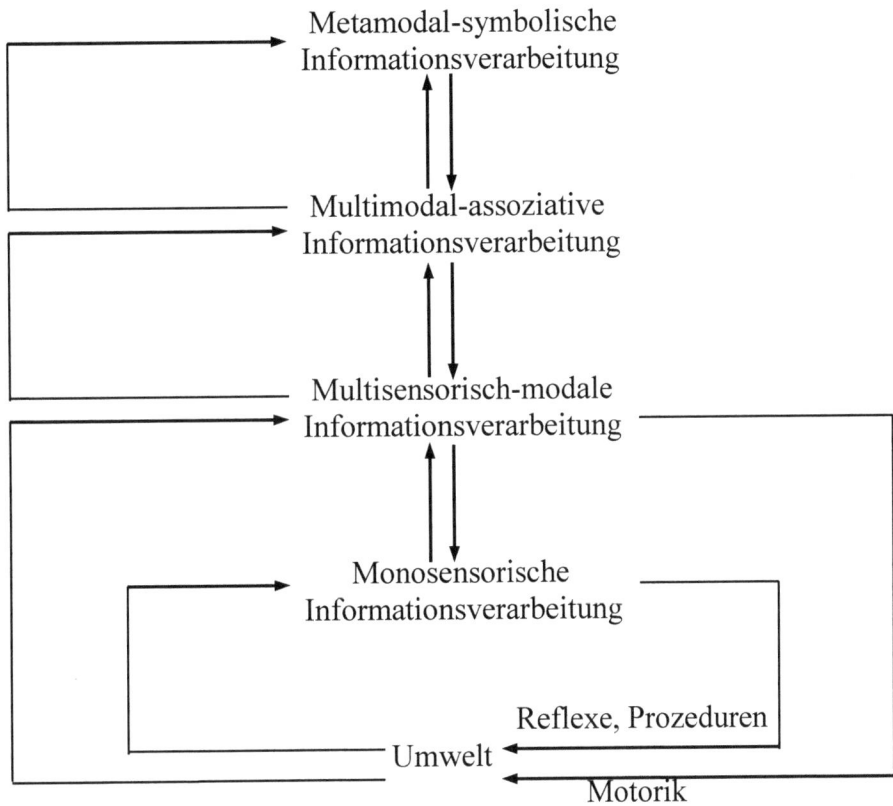

Abbildung 1: Das Gesamtmodell der Verhaltenssteuerung

Es handelt sich hierbei um vier Steuerungsebenen, die zunehmende Komplexität auf-weisen. *Die erste Ebene der Verhaltenssteuerung* ist gegeben, wenn zwischen Sensoren und Effektoren eine monosensorische Informationsverarbeitung existiert. Überlebens-relevante Informationen aus der Umwelt werden durch eine einzige Sensorart der Ver-arbeitung zur Verfügung gestellt und anschließend wird die Systemantwort in Form von Reflexen und Prozeduren an die Effektoren weitergeleitet. Jede Art von Informati-onsverarbeitung im Stamm- und Mittelhirn geschieht auf dieser Grundlage. Vor allem

---

[3] Güveniş, Halil: *Fortschritt in der Darwinschen Evolution?,* General Science Journal (2013), http://gsjournal.net/Science-Journals/Essays/View/4974

225

die Homöostase, das Triebverhalten[4] und die Auslösung von emotionalen Körperzuständen (= das angeborene Verhalten) werden von dieser Ebene aus gesteuert.

Die zweite Ebene der Verhaltenssteuerung ist gegeben, wenn mehrere Sensorarten gemeinsam die kortikale Repräsentation einer bestimmten Sinnesmodalität hervorbringen (*multisensorisch-modale Informationsverarbeitung*). Durch die multisensorische Abbildung wird der tatsächlichen Struktur der Umwelt Rechnung getragen und in der jeweiligen Sinnesmodalität (Tast-, Gehör- oder Gesichtssinn) eine viel bessere Bildqualität erreicht. Um die Erfüllung überlebenswichtiger Funktionen von der Ausführung zweitrangiger Ziele zu trennen, wird die Verhaltenssteuerung auf modaler Basis über einen von Reflexen und Prozeduren unabhängigen motorischen Kanal abgewickelt. Mit der multisensorisch-modalen Informationsverarbeitung beginnt das systematische Lernverhalten der biologischen Organismen.

Auf die multisensorisch-modale Steuerung folgt *die multimodal-assoziative Steuerung*. Die Besonderheit dieser neuen Informationsverarbeitungsart besteht darin, dass nicht unmittelbar die Umwelt der Ausgangspunkt einer neuen Information ist, sondern diejenigen Bilder, die von verschiedenen Sinnesmodalitäten stammen. Indem die modalen Bilder in den dafür vorgesehenen kortikalen Feldern zu multimodalen Bildern assoziiert werden, wird dem Umstand Rechnung getragen, dass Objekte und Erfahrungen in der Umwelt aus zusammenhängenden, modalen Aspekten bestehen. Die multimodale Steuerungsebene hat allerdings keinen selbständigen Zugang zur Umwelt; sie muss ihre Steuerungsanweisungen über den motorischen Kanal abwickeln.

Die vierte und letzte Steuerungsebene wird gebildet, indem ein multimodales Realitätsbild durch ein anderes multimodales Bild in den dafür vorgesehenen kortikalen Feldern symbolisiert wird (*metamodal-symbolische Informationsverarbeitung*). Da durch die symbolische Abbildung keine neue Umweltinformation gewonnen wird, scheint zunächst unerklärlich zu sein, warum die Evolution diesen Weg ging. Der Evolutionsvorteil liegt offenbar darin, dass erst durch die Symbolisierung eine allseitige, kognitive

---

[4] Güveniş, Halil: *Simulation eines triebgesteuerten Agenten,* General Science Journal (2013),
http://gsjournal.net/Science-Journals/Essays/View/4875

Durchdringung der Struktur der Umwelt möglich wird. Die metamodale Steuerungsebene hat allerdings keinen selbständigen Zugang zur Umwelt; sie muss ihre Steuerungsanweisungen über den motorischen Kanal abwickeln.

Zusammenfassend lässt sich zu den oben dargestellten Steuerungsebenen sagen, dass es sich hier um eine aufsteigende, hierarchische Organisierung der Informationsverarbeitung über vier Stationen handelt: 1. monosensorische, 2. multisensorisch-modale, 3. multimodal-assoziative, 4. metamodal-symbolische Informationsverarbeitung. Die Hierarchie der Steuerungsebenen wird so gebildet, dass bei Steuerungsentscheidungen jede Ebene über den Verarbeitungszustand der tiefer liegenden Ebenen informiert ist und auf ihre Funktionen zurückgreifen kann. Umgekehrt haben aber die tiefer liegenden Ebenen nicht die Kompetenz, die Funktionen der höher liegenden Ebenen zu Hilfe zu nehmen. – Eine sehr wichtige Entscheidungshilfe für die höheren Steuerungsebenen ist die Auslösung von emotionalen Körperzuständen durch die monosensorische Steuerungsebene. Jeder Verarbeitungszustand in den höheren Steuerungsebenen wird in die monosensorische Steuerungsebene projiziert, damit diese den betreffenden Verarbeitungszustand nach angeborenen Kriterien durch Auslösung von charakteristischen emotionalen Körperzuständen bewertet. Die erzeugten emotionalen Körperzustände (= Motivationen) haben für die höheren Steuerungsebenen die Funktion einer Signalwirkung, um bei ihren Steuerungsentscheidungen den jeweiligen Überlebensmodus zu erkennen. Viel bedeutender ist diese Signalwirkung für das motorische System, das ohne emotionale Motivationen nicht freigeschaltet wird.

2. Die Stufen der metamodal-symbolischen Verhaltenssteuerung

Bisher haben wir auf der Grundlage der Input-Verarbeitung-Output-Verhältnisse im menschlichen Gehirn das Gesamtmodell der Verhaltenssteuerung entwickelt und vier aufsteigende, hierarchische Ebenen der Informationsverarbeitung festgestellt. Nun suchen wir auf der metamodal-symbolischen Steuerungsebene nach geeigneten Komplexitätsstufen, die folgendes Teilmodell der Verhaltenssteuerung ergeben (Abb. 2):

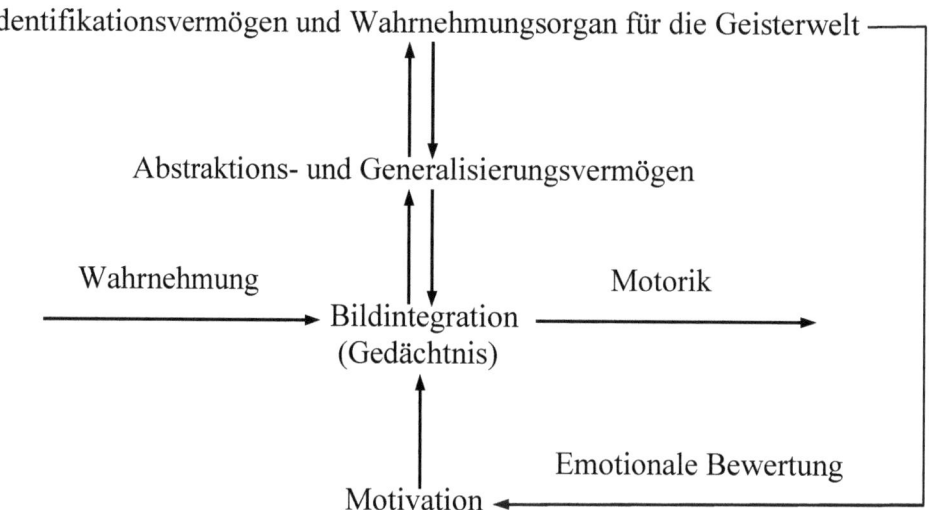

Abbildung 2: Das Teilmodell der metamodal-symbolischen Verhaltenssteuerung

Es handelt sich hierbei um drei Steuerungsstufen, die zunehmende Komplexität aufweisen. *Die erste Stufe der metamodal-symbolischen Verhaltenssteuerung* ist gegeben, wenn die metamodal-symbolischen Bilder in einem speziell für diese Aufgabe vorgesehenen sensorischen Gedächtnis (zwischen Wahrnehmung und Motorik) gespeichert (bzw. integriert) werden. Außerdem wird von der monosensorischen Steuerungsebene eine emotionale Motivation zur Verfügung gestellt, damit der jeweilige Überlebensmodus erkannt und die in Frage kommenden Gedächtnisfelder aufgerufen werden können. Darüber hinaus existiert ein frühkindlich und sozialisationsmäßig eingeübtes motorisches Gedächtnis, um die im jeweiligen Überlebensmodus vorkommenden, vielfältigen Verhaltensanweisungen auszuführen.

Die zweite Stufe der metamodal-symbolischen Verhaltenssteuerung ist gegeben, wenn die metamodal-symbolischen Bilder zwei Datenbanken durchlaufen, die die eingegebenen Daten 1. nach qualitativ-inhaltlichen und 2. nach quantitativ-förmlichen Gesichtspunkten analysieren. Beide Datenbanken zusammen ergeben das Abstraktionsvermögen, wenn die metamodal-symbolischen Bilder die Datenbanken *von unten nach oben* entlang einer Abstraktionslinie durchlaufen. Entsprechend ist das Generalisierungsvermögen definiert als Durchlaufen der Datenbanken *von oben nach unten* entgegengesetzt der Abstraktionslinie. Damit die beiden Datenbanken von unten nach oben tatsächlich Abstraktionslinien beschreiben, wird im frühkindlichen Stadium und später sozialisationsmäßig dafür gesorgt, dass die abstrakte Struktur der Umwelt in den Datenbanken „wahrheitsgetreu" abgebildet wird. Zu diesem Zweck steht als Lernverfahren in erster Linie die Nachahmung (= Kopieren des Verhaltens der Artgenossen) zur Verfügung. Sollte aber auf dem Wege der Nachahmung keine Übereinstimmung zwischen der abstrakten Struktur der Umwelt und den eigenen Abstraktionslinien erzielt werden, so steht in diesem Fall dem Individuum das Lernen einer neuen Abstraktionsbzw. Generalisierungslinie durch Versuch und Irrtum zur Verfügung. Außerdem wird von der monosensorischen Steuerungsebene eine emotionale Motivation zur Verfügung gestellt, damit der Abstraktions- bzw. Generalisierungsvorgang als selbständiger Überlebensmodus erkannt und mit den hierfür erforderlichen Informationsverarbeitungsmitteln versorgt wird. Erst auf der Grundlage des voll entwickelten, emotional angetriebenen Abstraktions- und Generalisierungsvermögens wird es möglich, aus dem Umweltgeschehen die Verhaltenskategorien ‚Raum, Zeit, Objekt, Subjekt, Kausalität' zu extrahieren und in der Praxis als wesentliche Lern- bzw. Denkschemata einzusetzen.

Die dritte Stufe der metamodal-symbolischen Verhaltenssteuerung ist gegeben, wenn mit Hilfe der Verhaltenskategorien ‚Raum, Zeit, Objekt, Subjekt, Kausalität' das eigene Verhalten des Urmenschen im Zusammenhang mit einem Welt- und Menschenbild im Areal über den beiden Datenbanken abstrakt abgebildet wird und die so geschaffenen Identitätsbilder mittels emotionaler Bewertung (= Identifikationsvermögen) in Form von moralischen Grundwerten und Verhaltensnormen die fast verkümmerten Instinkte ersetzen. – Die dritte Stufe der metamodal-symbolischen Verhaltenssteuerung kann nur dann optimal funktionieren, wenn zwei wesentliche Kriterien erfüllt sind: 1. Das Welt- und Menschenbild des Urmenschen muss von den Verhaltenskategorien ‚Raum, Zeit, Objekt, Subjekt, Kausalität' her eine besondere Legitimation fürs moralische Verhalten enthalten, damit kein grundsätzlicher Widerspruch entsteht und dieser Widerspruch von der emotionalen Bewertung *negativ* beurteilt und das gesamte Verhaltenssteuerungssystem destabilisiert wird. 2. Das Welt- und Menschenbild des Urmenschen muss von den Verhaltenskategorien ‚Raum, Zeit, Objekt, Subjekt, Kausalität' her nicht nur die reale Welt erklären, sondern auch eine Antwort auf das Geschehen in der „irrealen Welt" (= in der Geisterwelt) enthalten, damit diese beiden Wirkungsräume des Urmenschen einheitlich beschrieben werden und dadurch von der emotionalen Bewertung her als Belohnung für die widerspruchsfreie, einheitliche Weltbeschreibung das Gefühl der

Glückseligkeit (= das Signal für die erfolgreiche Optimierung der Verhaltenssteuerung) erzeugt wird.

Das Erste der oben genannten Kriterien wird erfüllt, indem die moralischen Grundwerte und Verhaltensnormen auf den Mythos der am Anfang vom Großen Geist offenbarten Wahrheit zurückgeführt und durch spirituelle Erfahrungen in der Geisterwelt legitimiert werden.[5] Das zweite Kriterium wird erfüllt, indem der Wahrheitsanspruch der spirituellen Erfahrungen mit Hilfe des Wahrnehmungsorgans für die Geisterwelt befriedigt wird. Dabei ist unter ‚Wahrnehmungsorgan für die Geisterwelt' jene Hirnregion zu verstehen, die ausgehend von den Identitätsbildern der dritten Stufe der meta-modal-symbolischen Verhaltenssteuerung auf die Funktionen der monosensorischen Steuerungsebene zurückgreift und mit allen Mitteln der künstlerischen, symbolhaften Ausdrucksweise das Szenario fürs Erleben von spirituellen Erfahrungen erzeugt.

---

[5] Güveniş, Halil: *Darstellung der historischen Entwicklung der Jäger- und Sammlergesellschaft;* The General Science Journal, 2017, S. 7f; http://gsjournal.net/Science-Journals/Research Papers/View/6882

Anhang IV

Welchen Einfluss hatte Rosa Luxemburgs und Hermann Hesses Verhalten im Ersten Weltkrieg auf meine persönliche Entwicklung?

Mein politischer Werdegang in den Jahren 1974-83

Während Millionen von Menschen den Ausbruch des Ersten Weltkrieges mit fanatischem Jubel begrüßten und sich anschließend wie eine Schafsherde zu den Schlachtfeldern führen ließen, gab es einige wenige Pioniere wie Rosa Luxemburg und Hermann Hesse, die sich von Anfang an dem gegenseitigen Morden der Völker entgegensetzten und unerschrocken den Militarismus verurteilten. – Rosa Luxemburgs und Hermann Hesses Verhalten im Ersten Weltkrieg hatte einen sehr großen Einfluss auf meine persönliche Entwicklung. Ich möchte deshalb im Folgenden meinen politischen Werdegang in den Jahren 1974-83 kurz skizzieren.

Die Zypernkrise stellt meine nationale Identität auf die Probe

Anfang 1974 konnte ich noch nicht wissen, dass meine nationale Identität schon recht bald auf eine harte Probe gestellt werden würde: Im Sommer 1974 brach die Zypernkrise aus und führte zur Invasion der Insel… Die Zypernkrise war für mich deshalb so wichtig, weil ich mich mit dem türkischen Premier Bülent Ecevit geistig verwandt fühlte. Er war ein anerkannter Humanist und Dichter und hatte sich bei einem langjährigen Auslandsaufenthalt den Griechen besonders nahe gefühlt und Gedichte über die griechisch-türkische Freundschaft geschrieben. Von daher durfte man von ihm ein humanes Vorgehen in der Krise erwarten... Die Krise selbst war nicht von Ecevit, sondern von der griechischen Junta heraufbeschworen worden. Die Junta hatte in Zypern putschen lassen und den Staatspräsidenten Makarios zur Flucht gezwungen. Damit trat die Türkei auf die Bühne. Um die vertraglich festgelegten Interessen der türkischen Zyprioten zu wahren, sah sich Ecevit zur Intervention genötigt.

Die Situation war schicksalhaft. Die berechtigten nationalen Interessen der Türkei hatten den Humanisten und Dichter Ecevit zu einer militärischen „Friedensaktion" gezwungen. Ecevit war gewohnt, Friedenstauben fliegen zu lassen. Doch es zeigte sich, dass er auch ein Adler mit scharfen Krallen sein konnte. Auf seinen Befehl hin landeten die türkischen Truppen auf Zypern. Sie stießen zunächst auf heftigen Widerstand. Es gelang ihnen aber, einen Brückenkopf zu bilden. Ihre Lage war jedoch militärisch nicht günstig; früher oder später musste etwas geschehen. Ecevit gab den Befehl zur zweiten „Friedensaktion", sobald es sich herausstellte, dass der Konflikt auf politischem Wege nicht beizulegen war.

Damit begannen endgültig meine Zweifel an der nationalen Sache. Die türkische Armee war nicht von einer Rechtsposition aus in Angriff übergegangen. Sie schob militärische Gründe vor und vertrieb die Zyprioten von ihrem Heim. Zur Einschüchterung bombardierte sie die Zivilbevölkerung. Die Insel war faktisch geteilt. Um von den eigentlichen Zielen des Krieges abzulenken, „entdeckten" die türkischen Soldaten überall Massengräber. Tatsache war jedoch, dass die griechischen Zyprioten die eigentlichen Leidtragenden waren. Die türkischen Soldaten hatten keine Scheu davor, den Reportern als Beweis ihres Sieges feindliche Köpfe vorzuführen. Sie erklärten das eroberte Land zu ihrem Besitz. Die militärische Führung gestand ihnen dieses Recht ohne weiteres zu.

Diese politisch-militärischen Ereignisse ließen bei mir endgültig das Gefühl entstehen, dass die Menschlichkeit und das nationale Interesse grundsätzlich nicht zu vereinbaren sind. Die Masse der gedemütigten Soldaten ließ es sich nicht nehmen, an den Angehörigen eines fremden Volkes Gräueltaten zu verüben. Die Appelle an die Menschlichkeit blieben ein Hohn. Selbst wenn man zu Beginn des Krieges im Recht war, machte die Masse daraus ein Unrecht. Das Schlimmste war, dass auch human denkende Menschen keinen Anstoß an diesen Gräueltaten nahmen. Nationale Abscheulichkeiten wurden von ihnen als notwendiges Übel angesehen, sofern dadurch ein größeres Unrecht verhindert werden konnte.

Ich persönlich war nicht bereit, dieses Unrecht zu akzeptieren, selbst wenn es in Form des kleineren Übels in Erscheinung trat. Ich hatte eine Erfahrungsebene erreicht, auf der die nationale Identität für mich nicht mehr wegweisend sein konnte. Ich brauchte eine neue Identität – eine Identität, die den internationalen Charakter des Menschen hervorhob und für nationale Abscheulichkeiten keinen Raum ließ. – Ich fand diese neue Identität im Marxismus.

Ein Abstecher in den Marxismus

Für die Marxisten war alles kinderleicht: Die werktätigen Massen würden deshalb zu nationalen Abscheulichkeiten greifen, weil ihnen das richtige Klassenbewusstsein fehlt. Wenn sie ihrer Unterdrückung bewusst werden, können sie erkennen, dass alle arbeitenden Menschen eine internationale Klasse bilden und sich von nationalen Machenschaften der Kapitalisten nicht manipulieren lassen dürfen... Das war es also: dem Peiniger fehlte es an Klassenbewusstsein. Nach einer korrekten Aufklärung würde er sich nicht gegen fremde Nationen, sondern gegen die eigene Bourgeoisie stellen... Ich muss gestehen, ich war lange Zeit (bis Ende 1982) Anhänger dieser Schwarzweißmalerei. Hinterher habe ich mich natürlich gefragt, warum ich so lange an diesem einfachen marxistischen Schema hängen blieb. Die einzige Antwort, die mir einfiel, war die, dass der Marxismus der letzte Zufluchtsort für human denkende, in der Tradition der Aufklärung aufgewachsene Menschen war. Über das National- und Klassenbewusstsein hinaus gab es keine progressive Identität, auf deren Grundlage die Menschen Staaten gründen konnten. Unter diesen Umständen das Klassenbewusstsein ablehnen, hieße ja nichts anderes, als dass ich endgültig heimatlos geworden wäre. – Was sollte an die Stelle des Klassenbewusstseins treten? Etwa das Menschenbewusstsein? Oder, gar das Gewissen? Das waren Fragen, denen ich in meiner marxistischen Phase systematisch aus dem Weg ging.

Trotzdem konnte ich nicht übersehen, dass irgendetwas mit dem Klassenbewusstsein nicht stimmte. Menschen, die im Namen des Internationalismus handelten, brachten im lokalen und nationalen Maßstab Lösungen hervor, die menschlich gesehen viel zu wünschen übrigließen. Es klaffte ein grundsätzlicher Widerspruch zwischen historischem Anspruch und Klassenwirklichkeit. Das störte aber die Marxisten nicht. Sie interpretierten diese „Ausrutscher" als Kinderkrankheiten des Sozialismus und behaupteten, dass in einer späteren Phase der Entwicklung die werktätigen Massen ein höheres Bildungsniveau erreichen und diese Fehler automatisch unterlassen würden. Bis dahin müsse man eben mit dem vorhandenen Menschenmaterial auskommen. Wohl oder übel musste ich diese Argumentationen hinnehmen und mich auf spätere Zeiten vertrösten. Mit der Zeit häuften sich aber die „Fehltritte" und meine innere Distanz zum Marxismus wurde immer größer. Alles hing davon ab, ob ich die Abscheulichkeiten, die aus Klasseninteresse geschahen, dulden konnte oder nicht. Solange sich das Geschehene im Rahmen des kleineren Übels hielt, hatte ich nicht zu befürchten, dass der seidene Faden, der mich mit dem Marxismus verband, abreißen würde.

Eine starke Unterstützung für mein ambivalentes Verhalten erhielt ich von einer berühmten Persönlichkeit des Sozialismus – von Rosa Luxemburg. Das Verhalten dieser zierlichen Frau war in mehrfacher Hinsicht ambivalent: Sie war Jüdin und eine sozialdemokratische Frau, hatte aber mit dieser Herkunft keine Zukunftschancen in der russisch besetzten, polnischen Heimat. Sie wanderte aus und wählte, nach einem Studium in Zürich, die deutsche Sozialdemokratie zu ihrer neuen Heimat. Obwohl sie als Frau, Künstlerin und Moralistin ein tief empfindsamer Mensch war, kämpfte sie als Politikerin und Theoretikerin in den Männerreihen des internationalen Sozialismus. Beim Ausbruch des Ersten Weltkrieges bezeichnete sie den fanatischen Jubel und das gegenseitige Morden der Völker als Barbarei – als einen „Rückfall in die Psychologie des Neanderthal-Menschen" und versuchte der Wandelbarkeit der menschlichen Psyche den durch historische Gesetze geschärften Blick des politischen Führers entgegenzusetzen.

Ich konnte in fast allen Punkten Rosa Luxemburgs Argumentationen folgen. Ihre Kompromisse hielten sich im Rahmen des kleineren Übels und dienten stets der großen Aufgabe, das Ideal von einer menschlichen Gesellschaft zu realisieren. Schwer war jedoch für mich, ihren Erklärungen bezüglich des Ersten Weltkrieges zu folgen. Wieso sollte für den Verrat der Sozialdemokratie im Ersten Weltkrieg die Wandelbarkeit der menschlichen Psyche schuld sein? Schließlich bereitete sie sich seit Jahren auf diesen Krieg vor und empfahl den Mitgliedsparteien, den Krieg zum Sturz der kapitalistischen Klassenherrschaft auszunutzen. Wenn es dennoch zum Verrat an der eigenen Sache kam, dann musste daran das Klassenbewusstsein selbst schuld sein. Offenbar reichte das Klassenbewusstsein nicht aus, den Krieg und das gegenseitige

Morden der Völker zu verhindern. Und dort, wo es zur Machtergreifung auszureichen schien (z. B. in Russland), führte es zu fürchterlichen Gräueltaten.

Diese und ähnliche Überlegungen führten dazu, dass ich mit der Zeit aus dem Marxismus hinauskatapultiert wurde. So wie ich in den Marxismus hineingeglitten war, so rutschte ich wieder raus: weder das Nationalbewusstsein noch das Klassenbewusstsein waren imstande, das Ideal von einer menschlichen Gesellschaft zu verwirklichen. In Notsituationen verhielten sich beide Systeme unmenschlich. – Damit ging mein Abstecher in den Marxismus zu Ende.

Auf der Suche nach einem neuen Lebensweg

Der Marxismus war eine perfekte Heimat für mich gewesen – der letzte Zufluchtsort, der mir das Gefühl von kollektiver Geborgenheit gab. Mit dem Verlassen des Marxismus trat das ein, was ich immer befürchtet hatte: frei vom schützenden Gefühl einer kollektiven Identität musste ich das Ideal von einer menschlichen Gesellschaft aufgeben und einen neuen Lebensweg gehen… Die Suche nach einem neuen Lebensweg gestaltete sich aber derart schwierig, dass ich es in meinem späteren Leben sehr oft bereut habe, diese Suche überhaupt begonnen zu haben und mich heimatlos in der Welt herumzuirren. Wie gern hätte ich meine Seelenruhe, meine legitimen Feindbilder zurückgehabt! Wäre ich Nationalist oder Sozialist geblieben, so hätte ich vielleicht Fahnen fremder Nationen verbrannt oder gar fremde Länder überfallen – doch die Welt wäre für mich in Ordnung gewesen und ich hätte glücklich unter Gleichgesinnten gelebt! Aber so, ohne die kollektive Geborgenheit einer nationalen oder sozialistischen Heimat, war ich, wie der einsame Vogel im Nietzsche-Gedicht, *„zur Winter-Wanderschaft verflucht"*:

Friedrich Nietzsche

Vereinsamt

Die Krähen schrein
Und ziehen schwirren Flugs zur Stadt:
Bald wird es schnein, -
Wohl dem, der jetzt noch - Heimat hat!

Nun stehst du starr,
Schaust rückwärts, ach! wie lange schon!
Was bist du Narr
Vor Winters in die Welt entflohn?

Die Welt - ein Tor
Zu tausend Wüsten stumm und kalt!
Wer das verlor,
Was du verlorst, macht nirgends Halt.

Nun stehst du bleich,
Zur Winter-Wanderschaft verflucht,
Dem Rauche gleich,
Der stets nach kältern Himmeln sucht.

Flieg, Vogel, schnarr
Dein Lied im Wüstenvogel-Ton! –
Versteck, du Narr,
Dein blutend Herz in Eis und Hohn!

Die Krähen schrein
Und ziehen schwirren Flugs zur Stadt:
Bald wird es schnein, -
Weh dem, der keine Heimat hat!

In tiefer Not erhielt ich eine entscheidende Hilfe von einer berühmten Persönlichkeit des geistigen Lebens – von Hermann Hesse. Ich fragte Hesse, welchen neuen Lebensweg er an meiner Stelle gewählt hätte? – Hesse gab mir – mit vielen anderen geistigen Traditionen zusammen – den Rat, in erster Linie von Zivilisationskrankheiten wegzukommen und einen naturverbundenen Weg zu gehen. Als Nächstes empfahl er mir, jenen Lebensweg auszusuchen, der dem Individuum seine persönliche Freiheit zurückgibt, sich in Lebensstufen zu entwickeln:

Hermann Hesse
Stufen

Wie jede Blüte welkt und jede Jugend
Dem Alter weicht, blüht jede Lebensstufe,
Blüht jede Weisheit auch und jede Tugend
Zu ihrer Zeit und darf nicht ewig dauern.
Es muss das Herz bei jedem Lebensrufe
Bereit zum Abschied sein und Neubeginne,
Um sich in Tapferkeit und ohne Trauern
In andre, neue Bindungen zu geben.
Und jedem Anfang wohnt ein Zauber inne,
Der uns beschützt und der uns hilft, zu leben.

Wir sollen heiter Raum um Raum durchschreiten,
An keinem wie an einer Heimat hängen,
Der Weltgeist will nicht fesseln uns und engen,
Er will uns Stuf' um Stufe heben, weiten.
Kaum sind wir heimisch einem Lebenskreise
Und traulich eingewohnt, so droht Erschlaffen,
Nur wer bereit zu Aufbruch ist und Reise,
Mag lähmender Gewöhnung sich entraffen.

Es wird vielleicht auch noch die Todesstunde
Uns neuen Räumen jung entgegen senden,
Des Lebens Ruf an uns wird niemals enden...
Wohlan denn, Herz, nimm Abschied und gesunde!

Wie kam aber Hesse zu der Ansicht, dass sich das Individuum in Lebensstufen entwickelt? – Er kam zu dieser Ansicht, weil sich sein eigenes Leben in drei Stufen entwickelt hatte: Kennzeichnend für *die erste Stufe in Hesses Leben* war die Flucht aus dem evangelisch-theologischen Klosterseminar Maulbronn, wodurch er gegen das von seiner schwäbisch-pietistischen Familie auferlegte Schicksal rebellierte. Nach vielen Irrungen und Wirrungen wählte er die Laufbahn eines freien Schriftstellers und entwickelte sich mit der Zeit zu einem Spätromantiker mit starken Wurzeln in der schwäbischen Heimat und mit vielen Bindungen zu internationalen Leitbildern. Mit dem Ausbruch des Ersten Weltkrieges begann *die zweite Stufe in Hesses Leben.* Während er der Kriegsgefangenenfürsorge bei der deutschen Botschaft in Bern zugeteilt war, appellierte er im Namen der Internationalität der künstlerischen Traditionen an die deutschen Intellektuellen, nicht in nationalistische Polemik zu verfallen. Damit begannen in Hesses Leben heftige politische Auseinandersetzungen, die ihn zu einem entschiedenen Kriegsgegner machten und immer mehr von der nationalistisch eingestellten deutschen Heimat entfernten; verstärkt durch familiäre Schicksalsschläge musste sich Hesse in psychotherapeutische Behandlung begeben. Nach dem Ersten Weltkrieg wuchs Hesses Kultur- und Zeitkritik derart, dass ihm nur noch die künstlerisch-spirituellen Traditionen übrigblieben, um heimatliche Gefühle zu entwickeln. Nach Jahrzehnte langem Suchen in allen ihm zur Verfügung stehenden Traditionen baute er sich *in der dritten Stufe seines Lebens* ein künstlerisch-spirituelles Zuhause („*Das Glasperlenspiel*"), das seine freiwillige Rückkehr in die kollektive Geborgenheit des Klosterseminars Maulbronn symbolisiert.

Natürlich fiel es Hesse im Traume nicht ein, mir seinen Lebensweg als die einzig mögliche Alternative anzubieten. Nach der Drei-Stufen-Entwicklung in seinem Leben konnte er mir nur empfehlen, meinen *eigenen* Stufenweg zu gehen und aus den *mir* zur Verfügung stehenden Traditionen mein eigenes Zuhause zu bauen. Dass er auf der Grundlage von künstlerisch-spirituellen Traditionen zur Heimat seiner Kindheit, zur kollektiven Geborgenheit des Klosterseminars Maulbronn, zurückgefunden hatte, sollte für mich nur ein Ansporn und kein Gebot sein! – Ich nahm diese im Jahr 1983 ausgesprochenen Empfehlungen von Hermann Hesse zu Herzen und baute mir in den darauf folgenden dreißig Jahren aus den *mir* zur Verfügung stehenden wissenschaftlich-ethischen Traditionen ein geistiges Zuhause, das meinen *eigenen* Stufenweg zur

Wahrheit und zur Gerechtigkeit darstellt… Aus dieser Zeit stammt mein innerer Drang, berühmte Persönlichkeiten des geistigen Lebens (z. B. Yunus Emre, Werther, Faust und Swedenborg) auf ihrer einsamen Wanderung zwischen zwei Identitätsebenen emotional zu begleiten und ihren langwierigen und leidvollen Lebensweg lyrisch zu interpretieren:

Nachdichtung nach Yunus Emre

Fürs Sterben gern wüsste ich,
Ob es auf Erden noch einen gibt wie mich,
Einen, der leidet wie ich,
Einen, der weint wie ich.

Ich bereiste Anatolien, Syrien
Und alle nördlichen Provinzen.
So sehr ich's mir auch gewünscht:
Ich fand keinen, der so verliebt wie ich.

Keinem wünsche ich die Bürde,
Die mir auferlegt.
Keiner soll im Glutfeuer der Sehnsucht
Brennen wie ich.

Heiße Tränen vergieße ich:
Ich frage jeden,
Ob es im Himmel
Einen einsameren Stern gibt als mich?

Wie lange schon durchglüht mich diese Liebe?
Ich wünschte, ich wäre tot
Und fände im Jenseits einen,
Der so verliebt wie ich.

O Yunus Emre, mein Ärmster,

Gegen dein Leiden ist kein Kraut gewachsen.

Zieh nun von einer Stadt zur andern

Und such einen, der so verliebt wie ich!

(Aus: „*Der Weg der Liebe*")

Über den Autor

Der literarische und wissenschaftliche Essayist Halil Güveniş, geboren 1950 in Istanbul, studierte in den Jahren 1969-77 in Tübingen Physik und war anschließend als Übersetzer tätig. Seit 1989 lebt und arbeitet er wieder in Istanbul. Sein Hauptinteressengebiet ist die Einheit von Wissen und Glauben in der Klimakrise. In den letzten Jahren beschäftigt er sich intensiv mit der Dialektik der Menschengesellschaft nach der Methode des Absteigens vom Konkreten zum Abstrakten.